道化師ツァラトゥストラの黙示録

細川亮一

九州大学出版会

靖治と明子に

目次

凡　例

1　『ツァラトゥストラ』のテキストは，クレーナー・ポケット版である。
Kröners Taschenausgabe Band 75, *Also sprach Zarathustra*, Alfred Kröner Verlag, 1975.

2　『ツァラトゥストラ』からの引用は，（第三部「幻影と謎」一）のように，部および章の表題と，節がある場合は節も記した。

3　ニーチェの他の著作（遺稿・草稿・書簡等を含む）とそれらに対するコメンタールは下記の通りである。引用については2に準ずる。
KGW: Friedrich Nietzsche, *Werke.* Kritische Gesamtausgabe. hrsg. von G. Colli und M. Montinari, Walter de Gruyter, Berlin/ New York 1967-.
KGB: Friedrich Nietzsche, *Briefwechsel.* Kritische Gesamtausgabe. hrsg. von G. Colli und M. Montinari, Walter de Gruyter, Berlin/ New York 1975-.
KSA: Friedrich Nietzsche. *Sämtliche Werke.* Kritische Studienausgabe, hrsg. von G. Colli und M. Montinari, Walter de Gruyter, Berlin/ New York, 1980.

4　本書内の参照箇所を示す際は原則として，（第六節四）のように節と項を記し，章は省略した。また，同じ節のなかでは節も省略し，（四）とのみ記した。

序　章　道化師ツァラトゥストラの黙示録

「人は私のツァラトゥストラを聞くのにふさわしくなければならない……。そしてそのときまで、ここで浪費された技法を理解する者はいないだろう。実際このために創造された新しい前代未聞の芸術的技法を、これ以上に浪費しなければならなかった者はいないのである」。

ニーチェ『この人を見よ』（「なぜ私はかくも良い本を書くのか」四）は『ツァラトゥストラはこう語った』（以下『ツァラトゥストラ』と略）についてこのように述べている。「新しい前代未聞の芸術的技法」は『ツァラトゥストラ』を独自な形象の物語としている。この点を確認することから始めて、本書の基本的な解釈視点（『ツァラトゥストラ』を「道化師ツァラトゥストラの黙示録」として読むこと）を確保することに努めよう。

一　形象が織りなす一つの物語

「形象と比喩を意図的に使っていないことは最も注目すべきことである。何が形象であり比喩であるかもはや分からない。最も近い表現、最も適切な表現、最も端的な表現として、すべてのものが現われる」（『この人を見よ』「ツァラトゥストラ」四）。

『ツァラトゥストラ』という物語は抽象的な概念としてでなく、具体的な形象として展開する。三つの変容（駱駝―獅子―子供）、ツァラトゥストラの動物たち（鷲、蛇、獅子、鳩）、擬人化されたもの（生、知恵、最も静かな時、真夜中）、ツァラトゥストラの敵である重さの霊（小人）などのさまざまな形象に満ちている。形象の物語としての『ツァラトゥストラ』は、豊かなイメージを喚起する物語、神話的な世界を切り拓くミュートスである。形象の物語はさらに時間という形象を舞台とする物語でもある。『ツァラトゥストラ』の展開は、日の出前、朝、正午、午後、夕方、夜、真夜中という時間・時刻によって規定されている。太陽の位置が時刻を決定するが、太陽はツァラトゥストラを比喩する形象である。そしてツァラトゥストラという主人公の名もそれ自体、イメージを喚起する一つの形象である。

『ツァラトゥストラ』は形象が織りなす物語であり、この点にこそ「新しい前代未聞の芸術的技法」がある。『ツァラトゥストラ』を読み解くために、こうした形象とその相互関係を正確に捉えることが不可欠である。形象の置き換えと同一性（道化師＝超人＝子供、獅子が戦う竜＝重さの霊、最も静かな時＝深い真夜中）、形象の変容（牧人の喉をかむ黒い重い蛇から自分の尾をかむ蛇へ、深淵→光の深淵→正午の深淵）、形象の交替（鷲から獅子へ、蛇から鳩へ）、反対形象の一致（山頂と深淵が一つになる、真夜中は正午である）、形象の喚起力（月光と蜘蛛、露がおりる）等。このような豊かな形象を読み解くことこそが、「ツァラトゥストラを聞くのにふさわしくなる」ための唯一の道である。

『ツァラトゥストラ』は形象の物語であるが、しかし形象の単なる詩的な戯れでなく、一つの全体としての物語である。全体はその終わり（テロス）に至ることによってのみ全体である。『ツァラトゥストラ』「序説」はツァラトゥストラの目標（テロス）を語っている。

「私の目標に私は向かおう。私は私の道を行く。ためらう怠惰な者たちを私は跳び越えるだろう。このように私の歩みが彼らの没落であって欲しい」（「序説」九）。

このようにツァラトゥストラは彼が獲得した新たな真理を述べている。「ためらう怠惰な者たちを跳び越える（hinwegspringen）」ことは、「序説」六における「彼の道を塞いでいた者（綱渡り師）を跳び越える（hinwegspringen）」という道化師の行為と同じである。とすればツァラトゥストラの目標は道化師となることであり、『ツァラトゥストラ』はツァラトゥストラが道化師となる物語であろう。道化師が綱渡り師を跳び越えることによって、綱渡り師は綱から落ちる。このことに対応して「私の歩みが彼らの没落であって欲しい」と語られている。この歩みは古き世（ためらう怠惰な者たちの世）の没落と新しき世（ツァラトゥストラの世）の誕生を、つまり黙示録の構図を示唆している。ここから『ツァラトゥストラ』という物語を「道化師ツァラトゥストラの黙示録」として解釈する可能性が開けてくるだろう。(1)

ツァラトゥストラが「ためらう怠惰な者たちを跳び越える」のは、道化師となったツァラトゥストラが「大いなる正午」（＝『ヨハネの黙示録』の「大いなる日」）において永遠回帰の教説を告知することによってである。その告知によって、この最も重い思想に耐えられない者（「ためらう怠惰な者たち」）は没落し、新しき世が始まる。「道化師ツァラトゥストラの黙示録」という解釈視点は、『ツァラトゥストラ』の根本思想である永遠回帰の思想を主題とすることを必要とするだろう。

『ツァラトゥストラ』を一つの物語として読むことは、そのテロス（終わり）に定位することを要求する。そのテロスは、道化師となること（ツァラトゥストラがなるべき者）、永遠回帰の思想（ツァラトゥストラが告知すべき教説）、大いなる正午（ツァラトゥストラが教説を告知する時）によって確定されている。このテロスこそが『ツァラトゥストラ』という物語全体を導いている。

『ツァラトゥストラ』を「道化師ツァラトゥストラの黙示録」として読むことは、「道化師ツァラトゥストラ」、「永遠回帰」、「黙示録」という三つのテーマに即して展開される。この三つのテーマもそれぞれがさまざまな形象によって織りなされている。ツァラトゥストラがなるべき者は「綱渡り師を跳び越える道化師」という形象としてだけでなく、超人として、また「駱駝―獅子―子供」という三つの変容における子供としても形象化され、永遠回帰の教師としても描かれる（第一章）。永遠回帰の思想は深淵、光の深淵、正午の深淵として、さらにツァラトゥストラの動物（黒い重い蛇、鳩の足で来る思想）として形象化されている（第二章）。黙示録の世界は「大いなる正午」（＝大いなる日）という言葉によって端的に表現されているが、さらに『ヨハネの黙示録』からの形象（七つの封印、大淫婦バビロン、千年王国、一二という数字、ユダ族から出た獅子、葡萄摘みの小刀など）が使われていることのうちに読み取りうるだろう。『ヨハネの黙示録』そのものが形象の物語なのである（第三章）。「道化師・永遠回帰・黙示録」が『ツァラトゥストラ』を読み解く鍵概念であることを示すために、『ツァラトゥストラ』の構想がいかにして生まれたか、を見ることにしよう。それによって本書の解釈視点が一層具体的になるだろう。

二　永遠回帰の思想の襲来

「今や私はツァラトゥストラの歴史を語ろう。この作品の根本思想、永遠回帰の思想、そもそも到達しうるかぎりの肯定の最高の定式は、一八八一年の夏に属する。この思想は『人間と時間のかなた六千フィート』という署名のある紙片に走り書きされている」。

ニーチェは『この人を見よ』（「ツァラトゥストラ」一）においてこのように書いている。この紙片は遺稿のうちに見出される。それは「同じものの回帰」という表題を持つ断章であり、「一八八一年八月初めシルス・マリアにおいて、海抜六千フィート、すべての人間的な事物を超えてはるか高く」と書かれている。[2] 永遠回帰の思想の襲来によってニーチェ哲学は新たな段階を迎えるが、[3] この断章のうちにその後のニーチェ哲学のすべてが潜んでいる。「一八八一年八月初め……」という言葉の直前の記述は次のようになっている。

「五、新たな重し、つまり同じものの永遠回帰。……我々はこの教説を教える。これがこの教説を我々自身のものにする最強の手段である。最も偉大な教説の教師としての我々独自の至福」[4]（一八八一年春−秋）。

同じものの永遠回帰は「新たな重し」とされている。永遠回帰の思想が公刊された著作で初めて語られるのは『喜ばしき知』三四一においてであるが、それは「最大の重し」としてである。そして注意すべきなのは、永遠回帰の思想が最初からこの教説を教えることと結びつけられているということである。しかも教えることが、この教説を自分自身のものとする最強の手段と考えられている。つまり永遠回帰の教説を教えることへの歩みは、永遠回帰の思想を自らのものとする歩みなのである。ここにすでに「最も偉大な教説の教師」、つまり「永遠回帰の教師としてのツァラトゥストラ」という『ツァラトゥストラ』の基本構想の萌芽が見られる。『ツァラトゥストラ』はツァラトゥストラが永遠回帰という最も偉大な教説の教師となる物語なのである。しかも「最も偉大な教説の教師」は至福と結びつけられている。ここに独自の至福から永遠回帰の教説を教えることも読み取れるだろう。さらにこの断章は「快の絶対的な過剰」を語っている。

「しかし今や最も重い認識が生じ、すべての生のあり方を極めて疑わしいものにする。つまり快の絶対的な過剰が証明されねばならない。そうでなければ我々自身の絶滅が人類に関して人類の絶滅の手段として選ばれねばならない。……それによって突き倒されないために、我々の同情が大きくてはならない……」[5]。

「最も重い認識」とは、「新たな重し」としての永遠回帰の認識である。最も重い認識としての永遠回帰の思想は、我々をその重さによって押しつぶし、我々を絶滅させる可能性を持っている。その重さに耐え、その否定面を肯定へと転化させるためには「快の絶対的な過剰」が必要である。つまり「快の絶対的な過剰」こそが永遠回帰の否定面を克服し、それを肯定へと転化させうる。「最も重い認識」としての永遠回帰の思想が「肯定の最高の定式」となりうるのは、「快の絶対的な過剰」を通してである。それは『ツァラトゥストラ』の基本構想を導くことになる。つまり『ツァラトゥストラ』第四部「酔歌」一二において、「すべての快は永遠性を欲する、深い深い永遠性を欲する」こととして実現されるだろう（第六節四）。

しかしツァラトゥストラが永遠回帰の教師となるためには、永遠回帰の思想の否定面を肯定へと転化させるだけでは十分でない。永遠回帰の教師はこの教説を教えるが、この教説は最大の重しとして、それに耐えられない者を押しつぶし、絶滅させるだろう。永遠回帰の思想によって没落する者への同情が克服されねばならない。「最も偉大な教説の教師としての我々」において「我々の同情が大きくてはならない」のである。同情の克服というこの課題は、「ためらう怠惰な者たちを私は跳び越えるだろう。このように私の歩みが彼らの没落であって欲しい」と語る「道化師ツァラトゥストラの黙示録」として具体化するだろう（一）。

永遠回帰の思想が襲来した直後の断章において、すでに「最も偉大な教説の教師」、つまり「永遠回帰の教師としてのツァラトゥストラ」という『ツァラトゥストラ』の基本構想、さらに永遠回帰の教師となるための二つの課題（永遠回帰の否定面を肯定へと転化すること、同情の克服）を読み取ることができる（第三節六）。それ故同じ遺稿ノートに「正午と永遠性」として『ツァラトゥストラ』の構想がすぐに語られるのである（二）。

三　ツァラトゥストラの物語

「正午と永遠性／新しき生への示唆／ツァラトゥストラはウルミ湖のほとりに生まれ、三〇歳のときに彼の故郷を離れ、アリア地方に行き、山の中で孤独の一〇年間にゼンド－アヴェスターを執筆した」[6]（一八八一年春－秋）。一八八一年夏における永遠回帰の思想の襲来という決定的な体験の後、ニーチェは同年八月二六日に『ツァラトゥストラ』の最初の構想をこのように書いている。永遠回帰の思想の最も豊かな成果は、ツァラトゥストラを主人公とする物語、ツァラトゥストラの物語である。「私の著作のなかで私のツァラトゥストラは孤高の位置を占めている。私はそれによって人類に、それまでになされた最大の贈り物をした」（『この人を見よ』「序文」四）。その最初の構想の表題は「正午と永遠性」[7]である。この表題は『ツァラトゥストラ』の構想だけでなく、永遠回帰の思想を論じる他の構想においても一貫して使われることになる。『ツァラトゥストラ』を理解するために、この最初の構想に定位しよう。「正午と永遠性」断章は『喜ばしき知』三四二を介して、『ツァラトゥストラ』の冒頭となる。「ツァラトゥストラが三〇歳であったとき、彼は彼の故郷と故郷の湖を離れ、山へ入った。ここで彼は彼の精神と孤独を享受し、一〇年間それに倦むことを知らなかった」（「序説」一）。

最初の構想において『ツァラトゥストラ』の冒頭、物語の始まりがすでにはっきりとした姿で現われている。しかも物語の始まり（アルケー）が定まっているだけでなく、その終わり（テロス）も「正午と永遠性」として確定している。大いなる正午（正午）において永遠回帰の教説（永遠性）を告知するというテロスへとツァラトゥストラは歩む。『ツァラトゥストラ』における彼の最後の言葉は、「これは私の朝だ、私の日が始まる。今や上がって来い、上がって来い、お前大いなる正午よ」（第四部「徴」）である。この「大いなる正午」における永遠回帰の思想の告知によって、その思想に耐ええない古き世が没落して、「新しき生」が可能となる新しき世が始まる。「大いなる正午（der große Mittag）」は『ヨハネの黙示録』の「大いなる日（der große Tag）」に対応するだろう。『ツァラトゥストラ』の最初の構想のうちに、「ツァラトゥストラの黙示録」を読み取ることができる。

「正午と永遠性」断章は、『ツァラトゥストラ』という物語の最初と最後、アルケーとテロスをすでに画定している。『ツァラトゥストラ』はこの始まりからその終わりへとツァラトゥストラが歩む物語であり、その歩みが目指すテロスとしての「正午と永遠性」は、それ自身時間を意味している。「正午」も「永遠性」も時間の問題圏に属する。『ツァラトゥストラ』最初の構想の表題「正午と永遠性」はその物語の終わりを鮮明に表現しているとともに、『ツァラトゥストラ』が時間形象の物語であることをはっきり示している。「正午と永遠性」の具体的なイメージは、「正午と永遠性」断章のすぐ次の断章（「永遠性の蛇」断章）が描いている。

「認識の太陽がふたたび正午に位置している。そして永遠性の蛇がその光のうちで輪を描いて（geringelt）横たわっている。お前たちの時が来た、お前たち正午の兄弟よ」[8]（一八八一年春–秋）。

「正午と永遠性」がここでは「正午に位置している太陽と永遠性の蛇」という具体的な形象によって表現されて

いる。永遠性の蛇が輪を描いて横たわっていることは、永遠回帰の永遠性を形象化している。しかもここで「お前たちの時が来た、お前たち正午の兄弟よ」と複数形で表現されているから、蛇だけでなく、他の動物、つまり鷲も念頭に置かれているだろう。鷲と蛇は『ツァラトゥストラ』「序説」一〇において「蛇は鷲の首に輪を描いて(geringelt)巻き付いていた」という形象で登場する。しかもそれは「太陽が正午に位置していたとき」(「序説」一〇)である。

「正午と永遠性」が指し示すテロスへ向けてツァラトゥストラは歩む。この歩みを導くのは「お前たちの時が来た、お前たち正午の兄弟よ」と呼びかけられているツァラトゥストラの動物たち、つまり鷲と蛇である。「正午と永遠性」が『ツァラトゥストラ』の物語のテロスだとしたら、ツァラトゥストラの動物たちは、「正午の兄弟」として、彼を「正午と永遠性」というテロスへと導く者でなければならない。「危険な道をツァラトゥストラは歩む。私の動物たちが私を導いてくれるように」(「序説」一〇)。この動物たちが『ツァラトゥストラ』の歩み全体を導くことになるだろう(第三節)。

「認識の太陽がふたたび正午に位置している」という言葉は、『ツァラトゥストラ』第一部の最終章「贈る徳」へ導く。「贈る徳」は、つまり第一部は大いなる正午の場面を語ることによって終わっている。「……そのとき没落する者自身は、向こう側へ渡って行く者であるが故に、自分を祝福するだろう。そして彼の認識の太陽は彼にとって正午に位置しているだろう。/『すべての神々は死んだ。今や我々は、超人が生きることを欲する』。——これがいつか大いなる正午において我々の最後の意志でありたい」(「贈る徳」三)。この言葉の解明は後の課題となるが(第七節三)、ともかく「正午と永遠性」を具象化した「永遠性の蛇」断章のうちにも、大いなる正午を読み取ることができる。大いなる正午は、古き世(「すべての神々は死んだ」)から新しき世(「超人が生きることを欲する」)への転換を意味する。[9]「大いなる正午=大いなる日(『ヨハネの黙示録』)」であるとすれば、「永遠性の蛇」断章のうちにも「ツァラトゥストラの黙示録」の構想を見出すことができる。

「正午と永遠性」と「永遠性の蛇」という続けて書かれた二つの断章は、『ツァラトゥストラ』の冒頭とツァラトゥストラの動物たち（鷲と蛇）の構想へ、そして第一部最終章における大いなる正午の場面へと発展することになる。この二つの断章が一つの受精卵となって、「一八ヶ月の懐妊期間」（『この人を見よ』「ツァラトゥストラ」一）を経て、一八八三年二月に『ツァラトゥストラ』第一部が誕生する。「……『ツァラトゥストラ』第一部の全体を、とりわけ典型としてのツァラトゥストラ自身を私は思いついた、より正しく言えば、ツァラトゥストラが私を襲った」（『この人を見よ』「ツァラトゥストラ」一）。

『ツァラトゥストラ』のテロスを言い表わす「正午と永遠性」は、『ツァラトゥストラ』が時間の物語であることだけでなく、形象の物語であることをも示している。「正午と永遠性」という言葉自身がすでに時間形象であり、その具体的なイメージとしての「認識の太陽と永遠性の蛇」はさらにその具象的な形象である。そしてツァラトゥストラの歩みを導く動物たち（鷲と蛇）もまた独自な形象として登場している。『ツァラトゥストラ』はその最初から、形象が織りなす物語、形象の物語として構想されている。こうした形象を捉えることなしに、物語としての『ツァラトゥストラ』は理解できないだろう。

『ツァラトゥストラ』はニーチェが物語という叙述形式をとった唯一の作品である。そして『ツァラトゥストラ』の根本思想は永遠回帰の思想である。しかし永遠回帰の思想の叙述として、なぜ物語の形式をとったのか。この問いに対する答えは、永遠回帰の思想が襲来した直後の断章から読み取りうる（二）。つまり永遠回帰の思想の叙述は永遠回帰の教師への道を歩む者を必要とし、その者を主人公とする物語でなければならない。だからこそ、永遠回帰の思想の襲来のすぐ後に、物語としての『ツァラトゥストラ』の構想が語られたのである。ここではさらに一八八三年秋の断章を手がかりとしよう。

「蛇の頭をかみ切る。／我々は、最も重い思想を創造した——今や、最も重い思想がそれにとって軽く至福である存在者を創造しよう[10]」。

「蛇の頭をかみ切る」という言葉は、『ツァラトゥストラ』第三部「幻影と謎」において牧人が蛇の頭をかみ切ること、そして第三部「回復する者」においてツァラトゥストラ自身が蛇の頭をかみ切ること、つまり喉に這い込んだ「黒い重い蛇」の頭をかみ切ることを指している。この蛇は最も重い思想である永遠回帰の思想の形象であり、「蛇の頭をかみ切る」とは、永遠回帰の思想の否定面（「黒い」）を克服することを意味する。永遠回帰の思想は「蛇の頭をかみ切る」という行為を要求する。言い換えれば、最も重い思想は蛇の頭をかみ切る者、つまり「最も重い思想がそれにとって軽く至福である存在者」を要求する。永遠回帰の思想を創造したニーチェは、同時に「永遠回帰の思想がそれにとって軽く至福である存在者」を創造しなければならなかった。それが永遠回帰の教師となるツァラトゥストラである。

教師は自分の教えを他者に教える。そのためには、その教えを自分自身のものにするだけでなく、さらにその教えを自らのものにできる他者を必要とする。それ故永遠回帰の教師となるために、永遠回帰の思想の否定面を肯定へと転化させるとともに、その思想にふさわしい者を見出さねばならない。思想を教えうる者への道は、同時にその思想を自らのものにしうる他者を求める歩みである。永遠回帰の思想は、永遠回帰の教師となる物語、そしてその教説が伝達されるのにふさわしい者を探し求める物語を要求する[11]（第一節六）。『ツァラトゥストラ』はツァラトゥストラを主人公とする物語である。しかしなぜこの物語の主人公はツァラトゥストラという名で呼ばれるのか。ゾロアスター教の開祖をニーチェはなぜ主人公として選んだのか。

四　ツァラトゥストラという名の由来と意味

永遠回帰の思想の襲来のすぐ後に、ニーチェは「正午と永遠性」断章においてツァラトゥストラの物語を構想している[12]。しかしツァラトゥストラという名は何に由来するのか。長い間解けなかったこの謎は、ヘルヴァルト『現在までの自然的発展における文化史』（以下『文化史』と略）のうちにその答えを見出すことができる[13]。『文化史』におけるツァラトゥストラについての記述と「正午と永遠性」断章を並べてみよう。

(a)「ツァラトゥストラ（Zarathustra）は……カスピ海とヴァン湖の間のウルミ湖のほとりにあるウルミ町に生まれた。三〇歳のときに彼は故郷を離れ、東のアリア地方に移り、そこで山の孤独のうちで一〇年間ゼンド－アヴェスターの執筆に従事した[14]」。

(b)「ツァラトゥストラはウルミ湖のほとりに生まれ、三〇歳のときに彼の故郷を離れ、アリア地方に行き、山の中で孤独の一〇年間にゼンド－アヴェスターを執筆した」。

『文化史』の(a)に基づいて「正午と永遠性」断章の(b)を書くことは誰でもできるだろう。(b)は(a)以上の内容を含んでいない。しかし(b)が(a)に由来すると主張するためには、「正午と永遠性」断章の執筆以前にニーチェが『文化史』を読んでいなければならない。『文化史』は一八七五年に初版が出版されたが、すでにその年にニーチェは『文化史』に言及している[15]。そして一八八一年七月八日のオーヴァーベク宛の葉書で、ニーチェはヘルヴァルトの『文化史』と『大地とその民族』を読みたいと伝えている[16]。同年七月二三日のオーヴァーベク宛の葉書で、「ヘルヴァルトをありがたく受け取りました[17]」とお礼を書いている。ヘルヴァルト『文化史』を受け取ったのである[18]。これは「正午と永遠性」断章が書かれる一ヶ月ほど前のことである。「正午と永遠性」断章は『文化史』に由来する。

ツァラトゥストラという名の由来を解明するための条件は、(1)「正午と永遠性」断章の記述内容を説明できること、そして(2)その知識を得た時期、である。『文化史』はこの二点を満足させる。しかし名の由来において無視されやすい重要なポイントがある。それは、(3) Zarathustra という名称そのもの（真正な損なわれない形）、つまり表記の問題である[19]。『文化史』は Zarathustra と表記しているので、この点も満足させる。これまで名の由来の謎を解くためにいくつかの推理がなされてきたが[20]、『文化史』の発見によって最終的に解かれたと思う[21]。

次にツァラトゥストラという名に込められた意味を明らかにしなければならない。ニーチェ自身が「なぜツァラトゥストラなのか」に答えている。

「大いなる正午。／なぜ『ツァラトゥストラ』なのか。／道徳の大いなる自己克服[22]」（一八八八年七月―八月）。ツァラトゥストラという名は「道徳の大いなる自己克服」を形象化している。大いなる正午を迎えるために、道徳の克服が必要である。「回帰の思想に耐えるためには、道徳からの自由が必要である[23]」（一八八四年夏―秋）のだから。道徳の自己克服という考えは、永遠回帰の思想に由来するテーゼである。永遠回帰の思想を獲得した年の一八八一年秋の断章は次のように書いている。「道徳自身がなによりも真理と正直さ（Redlichkeit）を要求し、従って道徳は自分自身の首に、道徳を絞め殺すことができ絞め殺さねばならない縄を巻き付けた。道徳の自殺は、道徳自身の最後の道徳的要求である[24]」。ここから「正直さ＝誠実さ（Wahrhaftigkeit）からの道徳の自己克服」を読み取ることができる。ツァラトゥストラという名はこの自己克服の形象である。このことを『この人を見よ』（「なぜ私は一個の運命なのか」三）が明確に書いている。

「ツァラトゥストラはこの最も取り返しのつかない誤謬、道徳を創始した。従って彼はまた、その誤謬を認識する最初の者でなければならない。彼はここにおいて他のどんな思想家よりも一層長く一層多くの経験を持っている――確かに全歴史はいわゆる『道徳的世界秩序（sittliche Weltordnung）』についての命題の実験的な反駁である――というだけではない。より重要なことは、ツァラトゥストラが他のどんな思想家よりも一層誠実であることである。彼の教説は、そして彼の教説のみが最上の徳としての誠実さを持っている。……誠実さからの道徳の自己克服、道徳家がその反対のものへ、私へと自己克服すること、このことを私が語るツァラトゥストラという名は意味している」。

まず「いわゆる『道徳的世界秩序』」という言葉に着目しよう。引用符を付けられたこの言葉はヘルヴァルト『文化史』におけるツァラトゥストラの宗教についての記述に由来する。「こうして我々は古代イラン人のもとで最初に、道徳的世界秩序（sittliche Weltordnung）についての妄想の産物に出会う[25]」。ニーチェが「いわゆる『道徳的世界秩序』」と書いたとき、彼の念頭にはヘルヴァルト『文化史』、さらに『文化史』に由来する「正午と永遠性」

断章があっただろう。つまり『この人を見よ』において語られた「なぜツァラトゥストラなのか」の理由は、ツァラトゥストラの物語を構想したときの理由なのである。

ニーチェにとってツァラトゥストラは『文化史』のツァラトゥストラ、「道徳的世界秩序」という考えの創始者、「最も取り返しのつかない誤謬、道徳」の創始者である。[26] しかし道徳の創始者が「その誤謬を認識する最初の者でなければならない」とはいかなる意味なのか。確かに歴史上のツァラトゥストラが道徳を克服したわけではないし、道徳の創始者であることと道徳の克服者であることは矛盾している。[27] しかしニーチェのツァラトゥストラは、一人の歴史上の人物ではなく、「誠実さからの道徳の自己克服」の形象である。ツァラトゥストラという名は道徳の創始者を指し示すが、ニーチェはその同じツァラトゥストラに道徳を克服させた。自分が創造した道徳を自分自身によって克服することは、道徳の自己克服を表現することになる。こうして道徳の自己克服という思想はツァラトゥストラを主人公とする一つの物語へと形象化される。

道徳の自己克服を自己克服として物語のうちで表現するためには、道徳の創始者自身が道徳を克服しなければならない。つまり道徳の創始者ツァラトゥストラは「その誤謬を認識する最初の者でなければならない」のである。道徳の自己克服とは、道徳の生みだした誠実さそのものが道徳を克服することを意味する。それ故ツァラトゥストラは「他のどんな思想家よりも一層誠実である」者として道徳を克服するのである。[28] この「誠実さからの道徳の自己克服」を言い表わすために、ニーチェはツァラトゥストラという名を選び、ツァラトゥストラ自身に道徳を克服させた。

ツァラトゥストラは道徳を創始した者、始元に位置している者である。そしてニーチェは道徳を克服する者としてツァラトゥストラをその終末（その始元の終末）に配置した。つまりツァラトゥストラは始元（始まり＝初め）であり終末（終わり）である。終わりは何かの終わりであり、その何か、つまり始元を志向する。道徳の自己克服という「終わり＝終末」がその始元を呼び起こす。そしてその始元こそが、ツァラトゥストラ（道徳の創始者）であった。ツァラトゥストラという名において、始元は終末に至る。ツァラトゥストラが初めであり、終わりであることは、『ヨハネの黙示録』最終章でのイエスの言葉を想起させる。「私はアルファであり、オメガである。最初の者にして、最後の者。初めであり、終わりである」(29)（黙示録二二・一三）。ニーチェがツァラトゥストラという名を選んだことは、ニーチェの黙示録的志向に由来するだろう。(30)『ヨハネの黙示録』が「イエス・キリストの黙示録（die Offenbarung Jesu Christi)」（黙示録一・一）であるように、『ツァラトゥストラ』は「ツァラトゥストラの黙示録（die Offenbarung Zarathustras)」である。そして『ヨハネの黙示録』がヨハネの幻視したさまざまな形象によって成り立つ物語であるのと同様に、『ツァラトゥストラ』もまた形象が織りなす物語である。

「正午と永遠性」断章から出発して、『ツァラトゥストラ』が「ツァラトゥストラの物語」であることの意味を考えてきた（三、四）。次に、この断章に由来する『喜ばしき知』三四二を検討することによって、『ツァラトゥストラ』がいかなる基本性格を持っているのかを考察しよう（五、六）。

五　悲劇を超えて笑う高み

「悲劇が始まる（Incipit tragoedia)。――ツァラトゥストラが三〇歳であったとき、彼は彼の故郷とウルミ湖を離れ、山へ入った。ここで彼は彼の精神と孤独を享受し、一〇年間それに倦むことを知らなかった」。『ツァラトゥストラ』の最初の構想「正午と永遠性」を受けて、『喜ばしき知』第四書の最終節三四二は、このように始まっている。“Incipit tragoedia”という言葉は、一八八一年秋の遺稿のうちに見出される。(31)そして「ツァラトゥストラが三〇歳であったとき」以下「このようにツァラトゥストラの没落は始まった」に至る全文が、ほとんどそのまま『ツァラトゥストラ』の「序説」一となる。(32)とすれば『ツァラトゥストラ』は「悲劇が始まる」こととして構想されている。しかし『ツァラトゥストラ』は単なる悲劇なのだろうか。

「正午と永遠性」という表題のもとで、『ツァラトゥストラ』の構想が生まれ育ってくる。「正午と永遠性／英雄的哲学の構想」[33]（一八八二年七月－八月）。「正午と永遠性／ツァラトゥストラはこう語った」[34]（一八八二年一一月－一八八三年二月）。「正午と永遠性」という主導語は、『ツァラトゥストラ』の冒頭を作り出し、「英雄的哲学の構想」を生み、「ツァラトゥストラはこう語った」という書名に至る。とすれば『ツァラトゥストラはこう語った』という著作は、ツァラトゥストラを英雄とする悲劇として構想されたことになるのではないか。しかし事態はこれほど単純ではない。

“Incipit tragoedia”という言葉が書かれた同じ遺稿ノートには、それ以前に次の言葉が記されている。「悲劇を道徳的に味わう者はさらにいくつかの段階を登らねばならない」[35]（一八八一年秋）。『ツァラトゥストラ』において悲劇が始まるとしても、その悲劇を道徳的に味わうことを超えた次元が考えられている。

「英雄的哲学の構想」から「ツァラトゥストラはこう語った」へ至る時期に、ニーチェは次のように書いている。「高い山に登る者はすべての悲劇的な身振りを笑う」[36]（一八八二年夏－秋）。この断章から「最高の山に登る者は、すべての悲-劇と悲劇的-真剣さを笑う」（第一部「読むことと書くこと」）が生まれる[37]。ここに悲劇を超えて笑う高みが語られている。悲劇を超えた次元を言い表わす遺稿に、次の断章が属する。「英雄のまわりではすべてが悲劇となる。半神のまわりでは――すべてがサチュロス劇となる」[38]（一八八二年夏－秋）。ここに「英雄－悲劇」のレベルより、「半神－サチュロス劇」の方がより高い次元にあることが読み取れる。このことは別の断章から明らかである。「半神のまわりでは英雄さえも笑うべきものとなる」[39]（一八八三年夏）。とすれば『ツァラトゥストラ』は、ツァラトゥストラを英雄とする単なる悲劇ではないだろう。

英雄が最高の段階でないことを、一八八二年一二月の手紙（シュタイン宛）ははっきり書いている。「『英雄』に関して言えば、私は英雄についてあなたのようにそれほど良いと考えていません。ともかく、人が他の選択肢を持っていない場合には、英雄は人間の生存の最も受け容れられうる形態です」[40]。永遠回帰の思想を獲得することによって、「英雄－悲劇」は超えられるべき段階にすぎない、とされる。だからこそ同じ手紙でニーチェは、他の選択肢、つまり悲劇を超えた高みに言及するのである。「そこから見れば悲劇的な問題が私の下にあるような高みを私は欲するのです」[41]。この手紙を書いた翌年の一八八三年二月にニーチェは『ツァラトゥストラ』第一部を一気に書く。『ツァラトゥストラ』は「そこから見れば悲劇的な問題が私の下にあるような高み」から、悲劇を超えて笑う高みから書かれている[42]。

悲劇を超えて笑う高みは永遠回帰の思想の襲来によって初めて可能となった。このことはニーチェ哲学の発展において極めて重要な意味を持っている。『悲劇の誕生』において悲劇は最高の段階であった。「音楽の精神からの悲劇の誕生」とはディオニュソス的なものから悲劇が誕生することを意味する。ディオニュソスは悲劇の神であった。しかし後期ニーチェにおいてディオニュソスは「我々の生存の偉大なる老いた永遠の喜劇作家（der große alte ewige Komödiendichter unsres Daseins）」（『道徳の系譜』「序文」七）とされる。喜劇は悲劇を超えた笑いを意味している。「悲劇から悲劇を超えて笑う高みへ」という定式こそがニーチェ哲学の発展を最もよく言い表わすだろう。

だからこそニーチェは『悲劇の誕生』に対して「自己批判の試み」（『悲劇の誕生』第二版、一八八六年夏）を書くのである。「自己批判の試み」の最後は『ツァラトゥストラ』第四部「高等な人間」二〇からの引用で終わっている。「……笑いを私は神聖であると宣言する。お前たち高等な人間たちよ、学べ——笑うことを」。これは「悲劇を熱望する」という『悲劇の誕生』に対する自己批判の核心、悲劇を笑う高みからの自己批判を意味する。しかしそれは悲劇を単に捨て去り、悲劇を無視するのでなく、むしろ悲劇を内在的に克服することである。「自己批判の試み」七は次のように言う。「私の若き友人たちよ、君たちが是非ともペシミストにとどまろうとするなら、君たちは笑うことを学ぶべきである」。笑いの高みに至ることはペシミストであることを放棄することでなく、ペシミストに真にとどまることなのである。つまりペシミストとしての苦悩こそが笑いを必要とする。悲劇の苦悩が笑いを求める。

「しかし『神と道徳なしに』一人で生きるというこの極端なペシミズム（私の『悲劇の誕生』のあちこちから聞

こえてくるようなペシミズム）を耐えるために、私は反対のものを案出しなければならなかった。おそらく私は、なぜ人間のみが笑うかを最もよく知っている。つまり人間のみが深く苦悩するので、人間は笑いを案出しなければならなかったのだ。最も不幸で最も憂うつな動物は、明らかに最も快活な動物である」[43]（一八八五年六月‐七月）。

深く苦悩する人間はその苦悩を超えるために笑いが必要なのである。「地上で最も苦悩する動物は案出する――笑うことを」[44]（一八八五年六月‐七月）。それ故人間は最も快活な動物として笑う。笑うこと、悲劇を笑うことは快活さなのである。悲劇の苦悩を生きる英雄は快活にならねばならない。同じことを『道徳の系譜』（一八八七年）は悲劇作家に対して書いている。

「あらゆる芸術家と同様に悲劇作者は、彼が自分と自分の芸術を自己の下に見ることができるとき――彼が自分について笑うことができるとき、初めて彼の偉大さの最後の頂点に至る」（『道徳の系譜』「第三論文」三）。

悲劇作家の偉大さは悲劇を超えて笑う高みのうちにある。この言葉はワーグナーを念頭においている。「真剣さ―快活さ」という対比のもとで、ニーチェは一つの望ましい推測を語っている。

「ワーグナーの『パルジファル』は、いわば最終劇、サチュロス劇として快活に考えられ、これによって悲劇作者ワーグナーは、まさに彼に相応のふさわしい仕方で、我々にまた自分に、とりわけ悲劇に別れを告げようとした。つまり悲劇的なもの自体に対して、これまでの戦慄すべき地上の真剣さと地上の悲嘆さ全体に対して、禁欲的理想の反自然におけるついに克服された最も粗野な形式に対して、極度に放佚で悪ふざけのパロディによって、別れを告げようとした」[45]（『道徳の系譜』「第三論文」三）。

「悲劇―サチュロス劇」の対比は、ギリシア悲劇の上演の仕方（三つの悲劇と一つのサチュロス劇）を背景にしているだろう。[46] サチュロス劇は快活さとして、悲劇を超えて笑う高みを意味している。そしてパロディによって悲劇に別れを告げることは、「悲劇が始まる」―「パロディが始まる」という問題へ導く。[47] この問題の考察によって、『ツァラトゥストラ』が悲劇を超えて笑う高みから構想されていることを、さらに確認できるだろう。

六　Incipit parodia

『喜ばしき知』第四書の最終節三四二に「悲劇が始まる（Incipit tragoedia）」と書いたニーチェは、第五書を書き（一八八六年秋）、第二版として出版する（一八八七年）。その第二版の「序文」一は「悲劇が始まる」という言葉に言及して、次のように書いている。

「『悲劇が始まる』（Incipit tragoedia）――この危険な仕方で危険でない書物の終わりにこのように書いてある。つまり用心して欲しいのだ。とびきり悪く悪意ある何ものかの到来が予告されている。つまりパロディが始まる（incipit parodia）、それは疑いがない……」。

「悲劇が始まる」に「パロディが始まる」が対照されている。『喜ばしき知』の初版（一八八二年）からその第二版の出版（一八八七年）の間に、ニーチェの見解が悲劇からパロディへと変わったのだろうか。そう想定できれば、『ツァラトゥストラ』第一部から第三部までの三部作において「悲劇が始まる」が、第四部において「パロディが始まる」と言える。しかもこう解釈すれば、ギリシア悲劇の上演形式（三つの悲劇と一つのサテュロス劇）にもうまく合いそうである。これは誰でも思いつきそうな解釈であるが、しかし残念なことに、悲劇からパロディへの立場の変更という想定そのものが誤っている。一八八二年においてニーチェはすでに悲劇を超えて笑う高みを知っていたのだから（五）。このことは『喜ばしき知』という書名そのものが示している。その最初の節を見てみよう。

「まったき真理から笑うために、笑わねばならないように自分自身を笑うこと……。おそらく笑いにもまだ未来があるだろう。……おそらくそのとき笑いは知恵と結合しているだろう。おそらくそのときなお『喜ばしき知』だけがあるだろう。当分の間事態はまったく異なっている。当分の間生存の悲劇は自分自身を『意識する』までにはならない。当分の間相変わらず悲劇の時代、道徳と宗教の時代である」（『喜ばしき知』一）。

ここに「喜ばしき知」の意味が明確に語られている。「喜ばしき知」とは「笑いが知恵と結合している」あり方、笑い（喜ばしき）と知恵（知）の結合を意味する。この笑いは「まったき真理から笑う」ことであり、「まったき真理（知）から笑うこと（喜ばしき）」として「喜ばしき知」なのである。喜ばしき知は「悲劇の時代、道徳と宗教の時代」と対比されている。喜ばしき知は「悲劇－真剣さ」でなく、快活さを意味する。「快活さ、私の言葉で言えば、喜ばしき知」（『道徳の系譜』「序文」七）。とすれば「喜ばしき知」の次元は、悲劇を笑う快活さ（五）、悲劇を超えて笑う高みである。

「悲劇の時代」＝「道徳と宗教の時代」は、「悲劇を道徳的に味わう」時代であり、笑いを否定する時代である。「生存の目的」の教師は、「我々が生存を笑うこと、さらにまた我々を笑うこと、――さらにまた教師を笑うことを欲しない」（『喜ばしき知』一）。悲劇の時代において、『英雄』が舞台に登場するたびに、新しいもの、笑いの恐ろしい反対物……が獲得された」（『喜ばしき知』一）。「英雄－悲劇」は笑い（悲劇を笑うこと）の対極にある。悲劇を超えて笑う高みは、「短い悲劇は最後につねに生存の永遠の喜劇へ移行し、立ち帰った」（『喜ばしき知』一）と表現される。生存の悲劇は自分自身を意識し、生存の悲劇を笑うことへ、「生存の永遠の喜劇」へ至るだろう。「生存の永遠の喜劇」という言葉は『道徳の系譜』における「我々の生存の偉大なる老いた永遠の喜劇作家」へと導くだろう（五）。

「おそらく笑いにもまだ未来があるだろう」という『喜ばしき知』一の言葉は、『善悪の彼岸』二二三（一八八六年）へ導く。「おそらく我々はここにまさに我々の発明の国をなお発見するのであり、この国において我々もまだ、例えば世界史のパロディスト（Parodisten der Weltgeschichte）として、神の道化（Hanswürste Gottes）として、独創的でありうる。おそらく今日他に何も未来を持たないとしても、にもかかわらずまさに我々の笑いはまだ未来を持っているのだ」。『喜ばしき知』一における笑いは、パロディストとしての笑いである。この笑いが「パロディが始まる」として表現される。「ツァラトゥストラはその豊かさから、すべての以前の価値に対してつねにパロディ的に振る舞う[48]」（一八八六年末－一八八七年春）。『ツァラトゥストラ』において「パロディが始まる」とされるとすれば、それはツァラトゥストラがパロディストとして悲劇を超えて笑う高みに立っているからである。[49]

『喜ばしき知』が悲劇に対していかなる立場をとっているかは、その第三書一五三からも読み取ることができる。「この悲劇のなかの悲劇を、完成しうるかぎり最高度に自らの手で作りあげた私自身、……この私自身が今や第四幕においてすべての神々を殺してしまった――道徳性から。では第五幕はどうなるべきなのか。どこからなお悲劇的な解決をとってくるのか。――喜劇的な解決について私は考え始めねばならないのではないか」。道徳性からすべての神々を殺すとは、道徳それ自身が道徳の神を殺すこと、道徳の自己克服を意味する（四）。『ツァラトゥストラ』は「神が死んだ」（「序説」二）ことを前提にして始まり、「すべての神々は死んだ」（「贈る徳」三）という地平において展開されているのだから、[50] そこに見出されるのは「悲劇的な解決」でなく、「喜劇的な解決」であろう。喜劇は悲劇を超えて笑う高みに対応している。[51]

『喜ばしき知』はすでに悲劇を超えて笑う高みに立ち、「喜劇的な解決」を見据えていた。そうであるとすれば、『喜ばしき知』第四書の最終節三四二における「悲劇が始まる」という言葉は、悲劇を超えて笑う喜劇の高みから語られている。第二版の序文における「パロディが始まる」という言葉は、改めてこの高みを語り出したのである。[52]

「『知』の形態における『道化』（der “Narr” in der Form der “Wissenschaft”）」[53] という言葉が、『喜ばしき知』第二版の序文の草稿（一八八五年秋－一八八六年秋）に見出される。「『知』の形態における『道化』」において「笑いは知恵と結合している」、つまり道化は「喜ばしき知」の体現者である。この道化は道化師ツァラトゥストラという具体的な姿において現われる。[54]『喜ばしき知』第二版の序文での「パロディが始まる」は、「道化師ツァラトゥストラの物語が始まる」を意味するだろう。

「悲劇が始まる（Incipit tragoedia）」の真理は「パロディが始まる（Incipit parodia）」であるが、それは「ツァラトゥストラが始まる（Incipit Zarathustra）」[55]、つまり「ツァラトゥストラの物語が始まる」を意味する。ツァラトゥストラの物語は「道化師ツァラトゥストラの黙示録」として構想された。『ツァラトゥストラ』において「道化師ツァラトゥストラの黙示録が始まる（Incipit die Offenbarung des Possenreißers Zarathustra）」。

『ツァラトゥストラ』の根本思想は永遠回帰の思想であり、その思想を表現するために『ツァラトゥストラ』は「道化師ツァラトゥストラの黙示録（die Offenbarung des Possenreißers Zarathustra）」として構想された。このように解釈する可能性を序章「道化師ツァラトゥストラの黙示録」は示したが、それを実際に『ツァラトゥストラ』というテキストに即して遂行することは本論（第一、二、三章）の課題である。

『ツァラトゥストラ』を「道化師ツァラトゥストラの黙示録」として読む試みである本書は三つの章から構成される（1）。

第一章　道化師ツァラトゥストラ
第二章　永遠回帰
第三章　黙示録

註

（1）『ツァラトゥストラ』を黙示録と結びつけることを奇異に感じるかもしれない。しかしオーヴァーベクは手紙で『ツァラトゥストラ』を「一種の現代的黙示録」と呼んでいる。そしてルー・ザロメは「黙示録作家。フリードリッヒ・ニーチェの回帰説について」という論文を書いている。Cf. N. Peter, "《Gesicht und Räthsel》 eines modernen Apokalyptikers?", in: *Nietzsches《Also sprach Zarathustra》*, ed. by P. Villwock, Schwabe & Co. AG, 2001, p.35. ニーチェと親しく接した二人がニーチェと黙示録を結びつけていることを軽視すべきではないだろう。

ニーチェはこの二人に、彼の秘密の教説である永遠回帰の思想を語っている。オーヴァーベクはこの興味深い事実を報告している。「私に対してニーチェは一八八四年夏のバーゼルに滞在のときに、回帰についての彼の教説を打ち明けてくれた。当時彼は、病気で白十字ホテルのベッドに横たわり、アンドレアス夫人（ルー・ザロメ）の証言によれば以前に彼女にも打ち明けたようなまったく神秘的な仕方で、恐ろしい秘密を告げるかのように不気味なほどのささやき声で、この彼の秘教を私に伝えてくれたのである」(C. A. Bernoulli, *Franz Overbeck und Friedrich Nietzsche : eine Freundschaft*, vol. 2, Eugen Diederich, 1908, p. 217)。

（2）「人間と時間のかなた六千フィート」という『この人を見よ』の言葉は、「一八八一年八月初めシルス・マリアにおいて、海抜六千フィート、すべての人間的な事物を超えてはるか高く」とは異なるが、遺稿のこの言葉は、一八八三年九月三日のケーゼリッツ宛の手紙のうちに見出される。「このエンガディーンは私のツァラトゥストラの誕生の地です。私はツァラトゥストラのうちで結びついている思想の最初のスケッチをかろうじて得たのです。スケッチの下には、『一八八一年八月初めシルス・マリアにおいて、海抜六千フィート、すべての人間的な事物を超えてはるか高く』と書かれています」(KGB III-1, p.444)。

（3）永遠回帰の思想に襲われた八月に、ニーチェは二人の友人に書き送っている。「私の地平に私がいまだ見たことのないような思想が現われました」（一八八一年八月一四日のケーゼリッツ宛の手紙）(KGB III-1, p.112)。「私は生の『高み』に、つまり生が徐々に私に課した私の課題の『高み』に立っています」（一八八一年八月二〇／二一日のオーヴァーベク宛の手紙）(KGB III-1, p.117)。

永遠回帰の思想は『ツァラトゥストラ』の根本思想であるだけでなく、ニーチェ哲学の根本思想である。にもかかわらずベルトラムやボイムラーはその重要性を否定している。「永遠回帰というあの見かけの啓示、後期ニーチェのこの極めて欺瞞的な妄想の秘義」(E. Bertram, *Nietzsche. Versuch einer Mythologie*, Georg Bondi, 1920, pp.11-12)。「実際にこの思想は、ニーチェの体系から見れば、重要でない。我々はそれを極めて個人的な体験の表現と見なさねばならない。この思想は『力への意志』という根本思想と何の関係もない、それどころか、真剣に捉えれば、それは力への意志の哲学の意味連関をぶち壊すだろう」(A. Baeumler, *Nietzsche, der Philosoph und Politiker*, Reclam, 1931, p.80)。それに対して、ハイデガーの言葉は完全に正しい。「同じものの永遠回帰の教説は、ニーチェ哲学における根本教説である。根本としてのこの教説なしでは、ニーチェ哲学は根のない樹のようなものである」(M. Heidegger, *Nietzsches metaphysische Grundstellung im abendländischen Denken : die ewige Wiederkehr des Gleichen*, Gesamtausgabe, vol. 44（以下GA44と略）, Vittorio Klostermann, 1986, p.2)。しかしこのことは、ハイデガーの具体的な解釈が正しいことを意味するわけではない。本書はハイデガーのニーチェ解釈との対決という意味を持っている（特に第二章）。道化師ツァラトゥストラという視点がこのことを可能にしたのである。

（4）KGW V-2, p.392 Frühjahr–Herbst 1881 11[141].

（5）KGW V-2, p.393 Frühjahr–Herbst 1881 11[141].

（6）KGW V-2, p.417 Frühjahr–Herbst 1881 11[195]. Cf. KGW VI-4, pp.949-950.

ツァラトゥストラが書いたとされる「ゼンド‐アヴェスター（Zend-Avesta）」について次のように言われている。「ゾロアスター教徒の聖典はアヴェスターといわれている。この聖典名は、順を追うて遡れば、アベスターグ、アパスターク、アパスターカとなるが、アベスターグが汎用されていた中世語形で、アパスターカは推定された最古の形で実際には出て来ない。アベスターグ／アヴェスターとは、『（人智を）退けるもの、（人智を）離れて存するもの』というのが、その語源的意味であるが、そこから『深遠、玄邃なもの』などの謂いとなるので、著者は『玄典』とよんでいる。これにたいし、それを解説したものがザンド（ゼンド）で、これは中世ペルシャ語を用いており、著者は『解典』とよんでいる。ゾロアスター教徒の伝承には、この『玄典』のみか、『解典』までもゾロアスターに帰しているものもあるが、これは大きな時代錯誤である」（伊藤義教『ゾロアスター研究』岩波書店、一九九六年、pp.xviii-xix）。「ザラスシュトラ（ゾロアスター）教の聖典がアヴェスターとよばれていることは周知のとおりである。アヴェスタ Avesta と語末を短くする呼び方が通用しているが、もともとこれは Avestā をうけたものであるから、語末は長音形のほうが原形には近い」（同上、二六八頁）。

（7）「正午と永遠性」という表題のうちに、(1)大いなる正午（正午）と永遠回帰（永遠性）、さらに(2)正午において経験される永遠性を読み取ることができる（第六節の註29、36）。両者の関係については、第六節六参照。

（8）KGW V-2, p.417 Frühjahr–Herbst 1881 11[196].

（9）正午という形象は転換（一つのことが終わり、他のことが始まる）という意味を持っている。「重要な意味において私の生は今まさに完全な正午に位置しているようである。つまり一つの扉が閉まり、他の扉が開く」（KGB III-5, p.214）。

（10）KGW VII-1, p.638 Herbst 1883 21[6].

（11）「私は、この思想を伝達でき、それによって没落しない人間を探し、呼び求める」（KGW VII-3, p.48 Herbst 1884–Anfang 1885 29[8]）。

『ツァラトゥストラ』という作品そのものが、それにふさわしい者を求めている。「私のツァラトゥストラはまだ当分の間そうした読者を捜している。——ああ、私のツァラトゥストラはまだ長い間捜さねばならない」（『この人を見よ』「なぜ私はかくも良い本を書くのか」四）。そしてニーチェは問う。「ますます厳しく問う、誰のためになお書くのか。——私によって思惟された多くのことに対して成熟している者を私は見出さなかった。そしてツァラトゥストラは、人が最高度の明晰さにおいて語りうること、しかし誰にも聞かれないことの証明である」（KGW VII-2, p.210 Sommer-Herbst 1884 26[243]）。こうして『ツァラトゥストラ』の副題「すべての人のための、そして誰のためでもない書物」へと導かれる。

『アンチクリスト』の序文は次のように始まっている。「この本は少数者のものである。もしかすると彼らの誰も生まれてさえいないかもしれない。彼らは私のツァラトゥストラを理解する者であるだろう」。ツァラトゥストラを理解する者がいまだ生まれていないとすれば、「誰のためでもない」とは、現在生きている者たちのためでない、ということを意味する。そして「すべての人のため」とは、これから生まれてくる将来のすべての人のため、を意味するだろう。ニーチェは一八八四年五月初めの手紙で書いている。「私の仕事は時機を持つ。……五〇年後におそらく何人かの人に、私によってなされたことに対する眼が開かれるだろう」（KGB III-1, p.503）。この手紙をレーヴィットは何度も引用している。Cf. K. Löwith, *Nietzsches Philosophie der ewigen Wiederkehr*, in: *Sämtliche Schriften* 6, J. B. Metzlersche Verlagsbuchhandlung, 1987, p.103, p.454; 8, p.242.

作品がその読み手を選ぶことを、ニーチェは繰り返し語っている。「あらゆる言葉、あらゆる思想は、その仲間のうちでのみ生きる。これは選ばれた文体のモラルである」（『人間的な、あまりに人間的な』第二部「漂泊者とその影」一一一）。「人が書くとき、単に理解されたいだけでなく、また同様に確かに理解されたくないのである。誰かが或る書物を理解し難いと評価するとき、それは決して何ら非難でない。もしかするとそれこそがその著者の意図に属していたかもしれない。彼は『不特定の誰か』によって理解されたくなかったのだ。あらゆる気高い精神と趣味は、自分を伝えようとするとき、またその聞き手をも選ぶ。聞き手を選ぶことによって、同時に『その他の者たち』に対して柵を作るのである。文体のすべての繊細な法則はその起源をここに持つ」（『喜ばしき知』三八一）。

（12）ニーチェの妹エリーザベト・フェルスターは『孤独なニーチェ』で書いている。「ツァラトゥストラの姿はごく小さい頃から私の兄の心に浮かんでいた。兄はかつて私に、すでに子供のときにツァラトゥストラの姿を夢に見た、と手紙で知らせてくれた」（E. Förster-Nietzsche, *Der einsame Nietzsche*, A. Kröner, 1925, p.202）。

一八七〇年九月から一八七一年一月の遺稿にゾロアスターへの言及がある。「ゾロアスターの宗教は、ダリウスが打ち負かされなかったなら、ギリシアを支配しただろう」（KGW III-3, p.110 September 1870-Januar 1871 5[54]）。この断章が東洋学者M・

ミュラーの著作に由来するとしても、すぐ後で挙げる(1)(2)(3)の条件を一つも満たしていないので、ツァラトゥストラの名の出典とはなりえない。

『ツァラトゥストラ』以前のツァラトゥストラへのニーチェの言及については、Cf. M. Montinari, *Nietzsche lesen*, Walter de Gruyter, 1982, pp.79-91. ゾロアスター教の開祖とツァラトゥストラとの関係については、Cf. H. Weichelt, *Zarathustra-Kommentar*, Felix Meiner, 1922, pp.291-294.

（13） P. D'Iorio, "Beiträge zur Quellenforschung", in: *Nietzsche-Studien*, 22, 1993, pp.395-397. この出典研究によって、ツァラトゥストラの名の由来という謎が最終的に解かれた。Cf. F. von Hellwald, *Culturgeschichte in ihrer natüerlichen Entwicklung bis zur Gegenwart*, Lampart & Comp., 1875.

『文化史』の初版（一八七五年）は未見だが、第二版、第三版、第四版は読むことができた。Cf. F. von Hellwald, *Culturgeschichte in ihrer natürlichen Entwicklung bis zur Gegenwart*, 2. neu bearbeitete und sehr vermehrte Aufl., Erster Band, Lampart & Comp., 1876, pp.169-171; *Kulturgeschichte in ihrer natürlichen Entwicklung bis zur Gegenwart*, 3. neu bearb. Aufl., Erster Band, Max Waag, 1884, pp.157-160; *Kulturgeschichte in ihrer natürlichen Entwicklung bis zur Gegenwart*, 4. neu bearb. Aufl., Erster Band, Verlag von P. Friesenhahn, 1896, pp.322-332. 第四版はヘルヴァルト（一八四二－九二年）の死後、多くの研究者の協力によって改訂されて四巻本として出版された（一八九六－九八年）。

ツァラトゥストラに関して初版から引用されている箇所に関する限り、初版と第二版は基本的に同じである。そして「ツァラトゥストラの教説」に関する限り、第二版と第三版は基本的に変更されていないが、第四版では「ゾロアスターの宗教」という項として大幅に書き換えられている。

（14） P. D'Iorio, "Beiträge zur Quellenforschung" pp.395-396. この引用箇所での初版と第二版との違いは、第二版において「カスピ海とヴァン湖の間の」という説明記述が削除されていることである。

（15） 「『文化史』の著者であるヘルヴァルトは、歴史がつねに次から次に一つずつ片づけてきたが故に、すべての『理想』を拒絶するが、それはとりわけ素朴である」（KGW IV-1, p.133 Frühling-Sommer 1875 5[58]）。

（16） "die zwei Bände Hellwald, 1) Culturgeschichte, 2) die Erde und ihre Bewohner"（KGB III-1, pp.100-101）と書かれている。前者は『文化史』（一八七五年の初版）であり、後者は"Die Erde und ihre Völker"の誤記であろう。Cf. KGB III-7/1, pp.117-118. F. von Hellwald, *Die Erde und ihre Völker*（2. Aufl., Spemann, 1877-1878）は、ニーチェの蔵書にある。Cf.

Nietzsches persönliche Bibliothek, ed. by G. Campioni et al., Walter de Gruyter, 2003, p.284.

（17） KGB III-1, p.110.

（18） Cf. P. D'Iorio, “Beiträge zur Quellenforschung” p.395 n.1; KGB III-7/1, p.126, p.373; KSA14, p.560. 塚越敏訳『ニーチェ書簡集Ⅰ』筑摩書房、二〇〇三年、六五四頁参照。

（19） ツァラトゥストラという名をめぐって、ニーチェとケーゼリッツは葉書のやりとりをしている。ニーチェはケーゼリッツ宛の葉書（一八八三年四月二三日）でツァラトゥストラという名の語源に触れている。「今日私は偶然に、『ツァラトゥストラ』が何を意味しているのかを学びました。それは『黄金の星（Gold-Stern）』を意味します。この偶然は私を喜ばせます。私の小著の全構想がこの語源に由来する、と人は思うかもしれません。しかし私は今日までこれについて何も知らなかったのです」（KGB III-1, p.366）。それに対してケーゼリッツは葉書（同年四月三〇日）に次のように書いている。「ツァラトゥストラを私はあなたが創作した名の一つだと思っていました。その名の語源は、あなたの本によっておそらく初めて正しい意味と価値を持つでしょう」（KGB III-2, p.376）。ケーゼリッツ宛の葉書（同年五月二〇日）で、ニーチェはツァラトゥストラという名の真正性を語る。「『ツァラトゥストラ（Zarathustra）』はゾロアスター（Zoroaster）という名の真正な損なわれない形、それ故ペルシャ語です」（KGB III-1, p.378）。ニーチェはZarathustraという「ゾロアスターという名の真正な損なわれない形」を重視している。そもそも、そこからツァラトゥストラという名を得た文献に書かれていた表記を、ニーチェが勝手に変えて「正午と永遠性」断章を書いたとは考えられない。Zarathustraという正確な表記が見出されなければ、それだけで出典の候補から外れることになるのである。

「黄金の星」語源説をニーチェが何によって知ったのかという謎については、本節の註21参照。『ツァラトゥストラ』における「黄金の星」については、第三節の註3参照。

（20） 名の由来の謎をめぐって、これまで二つの候補が挙げられていた。一つは(a)クロイツァー『古代民族の象徴と神話』（第三版、一八三六年）（G. F. Creuzer, *Symbolik und Mythologie der alten Völker, besonders der Griechen*, vol. 1, G. Olms, 1973）であり、もう一つは(b)エマソン『エッセイ集』のドイツ語訳（R. W. Emerson, *Versuche*, C. Meyer, 1858）である。読んだ時期の問題は複雑になるので、(1)(3)の条件だけを検討しよう。

(a)については、cf. M. Myrhofer, “Zu einer Deutung des Zarathustra-Namens in Nietzsches Korrespondenz”, in: *Beiträge zur alten Geschichte und deren Nachleben : Festschrift für Franz Altheim zum 6. 10. 1968*, ed. by R. Stiehl und H. E. Stier, vol. 2, Walter de Gruyter, 1970, p.374; C. P. Janz, *Friedrich Nietzsche Biographie*, vol. 2, Carl Hanser

Verlag, 1978, p.222, pp.230–232. さらに村井則夫『ニーチェ——ツァラトゥストラの謎』中央公論新社、二〇〇八年、八七–八八頁、一〇一–一〇二頁参照。「正午と永遠性」断章の記述内容に対応すると思われる箇所を引用しよう。「ゾロアスターはエルブルズ山に隠棲し、そこで省察と礼拝に専念した」（G. F. Creuzer, ibid., p.186）。Cf. C. P. Janz, ibid., p.232. さらに村井則夫前掲書、一〇二頁参照。しかしこの箇所に基づいて「正午と永遠性」断章を書くことは不可能である。『文化史』の当該箇所と比べれば、その差は歴然としている。しかもクロイツァーは基本的にゾロアスターという名称を用いている。「彼はZoroasterという名であり、またペルシャ語でZeraduscht、ゼンドにおいてZeretoschtroと呼ばれた、つまり黄金の星（Gold-Stern）、輝きの星と呼ばれた」（G. F. Creuzer, ibid., p.184）。

(b)については、cf. KGW VI-4, p.950; KSA14, p.279; P. Villwock, “Zarathustra. Anfang und Ende einer Werk-Gestalt Nietzsches”, in: *Nietzsches《Also sprach Zarathustra》*, p.16. さらに吉沢伝三郎訳『ツァラトゥストラ』（下）筑摩書房、一九九四年、五九八–五九九頁、新田章『ヨーロッパの仏陀　ニーチェの問い』理想社、一九九八年、一四九頁参照。ニーチェが強い関心をもって『エッセイ集』を読んでいることは、彼の蔵書から明らかである。Cf. *Nietzsches persönliche Bibliothek*, pp.211–213. さらに『ツァラトゥストラ』のうちに『エッセイ集』の影響を読み取ることができる。Cf. V. Vivarelli, “Nietzsche und Emerson : Über einige Pfade in Zarathustras metaphorischer Landschaft”, in: *Nietzsche-Studien*, 16, 1987, pp.227–263. ツァラトゥストラという名の由来が問題となるのは、ツァラトゥストラに言及される『エッセイ集』ドイツ語訳の三五一頁である。確かにこの頁の二箇所にニーチェは下線を引いており、さらに「これだ」と欄外に書き込んでいる。しかし下線、書き込みはツァラトゥストラへの言及箇所に対してではない。Cf. P. Villwock, ibid., p.17（ニーチェによって下線、書き込みがされた当該頁の写真が載っている）。しかもその頁におけるツァラトゥストラの記述は、「正午と永遠性」断章の記述と何の共通性もない。さらにツァラトゥストラの名がZaratustraとなっていて、*Zarathustra*ではない。(1)(3)の条件を満たしていないのだから、『エッセイ集』から「正午と永遠性」断章が生まれたとは言えないだろう。

(21)　ツァラトゥストラという名に関して、「黄金の星」語源説をニーチェが何によって知ったのか、という未解決の問題がある。「今日私は偶然に、『ツァラトゥストラ』が何を意味しているのかを学びました。それは『黄金の星（Gold-Stern）』を意味します」とニーチェが書いているからである（本節の註19参照）。この問題については、cf. M. Myrhofer, “Zu einer Deutung des Zarathustra-Namens in Nietzsches Korrespondenz” pp.369–374; C. P. Janz, *Friedrich Nietzsche Biographie*, p.230; KGB III-7/1, pp.372–373. クロイツァーは「黄金の星」語源説を主張している。「彼は……つまり黄金の星（Gold-Stern）、輝きの星と呼ばれた」（G. F. Creuzer, *Symbolik und Mythologie der alten Völker, besonders der Griechen*, p.184）。「ゾロアスター（Zara-thustra）は、zara（黄金）とthustra（星）からなる、つまり黄金の星（Goldstern）である」（ibid., p.308）。しかしヘルヴァルトはこの説を否定している。「……『黄金の星』としてのツァラトゥストラの名の意味は、とっくの昔に論駁されており、ミュラー教授によって『勇気ある駱駝を所有している』として説明されている」（P. D'Iorio, "Beiträge zur Quellenforschung", p.396）。

（22） KGW VIII-3, p.336 Juli-August 1888 18[15].

（23） KGW VII-2, p.222 Sommer-Herbst 1884 26[283].

（24） KGW V-2, pp.537-538 Herbst 1881 15[15].「道徳自身が正直さとして道徳の否定へと強いる」（KGW VIII-1, p.209 Sommer 1886-Herbst 1887 5[58]）。

「道徳の自己克服」について、『ツァラトゥストラ』第一部が書かれる前年の一八八二年に繰り返し語られている。「神が神を殺した」（KGW VII-1, p.26 Juli-August 1882 1[75]）。「道徳は道徳性によって死んだ」（KGW VII-1, p.26 Juli-August 1882 1[76]）。「道徳の最初の帰結、つまり生が否定されるべきである。／道徳の最後の帰結＝道徳自身が否定されるべきである」（KGW VII-1, p.42 Sommer-Herbst 1882 2[5]）。「道徳の自己克服（Selbstbesiegung der Moral）」（KGW VII-1, p.43 Sommer-Herbst 1882 2[6]）。「神は神学によって窒息した。そして道徳は道徳性によって窒息した」（KGW VII-1, p.42 Sommer-Herbst 1882 3[1]7）。

（25） P. D'Iorio, "Beiträge zur Quellenforschung", p.396. 引用箇所は、「道徳的世界秩序（sittliche Weltordnung）」が強調されているという点も含めて、初版と第二版に違いはない。

（26） ツァラトゥストラはゾロアスター教の開祖であり、ゾロアスター教はその開祖が知られている最古の宗教である。そしてこの宗教の教義の根本に善悪の二元論があるとすれば、ツァラトゥストラを道徳の創始者と見なすことは可能である。

「……ザラスシュトラ・スピターマの教えは、世界宗教史上初の倫理宗教としての色彩を帯びた。これによって、ゾロアスター教は、判断基準には非常に土俗的な要素を含みながら、善と悪を峻別する宗教として古代アーリア人の間に広まっていった」（青木健『ゾロアスター教』講談社、二〇〇八年、四七頁）。

（27） 「ニーチェは『善悪の彼岸』を説いたのに対して、ゾロアスターの教義は善悪の両原理、光明と善の神アフラ・マズダと暗黒の神アングラ・マイニュの宇宙をめぐっての戦いなのだから、ニーチェがゾロアスターを選んだのは矛盾なのである」（氷上英廣

『ニーチェの顔』岩波書店、一九七六年、一三六頁)。「ツァラトゥストラが最初に道徳を創造したがゆえに、また最初にその誤謬を認識する者だろうとニーチェがいうのは、あまり説得力のある弁明とは思われない」(同上、一三七頁)。

(28)「ツァラトゥストラが他のどんな思想家よりも一層誠実である」ということは、ニーチェの単なる虚構だろうか。「なぜ私は一個の運命なのか」四からの引用で中略した箇所に、ペルシャ人の徳が語られている。「真理を語ることと上手に矢を射ること、これがペルシャ人の徳である」。「真理(Wahrheit)を語る」というペルシャ人の徳から、ツァラトゥストラの誠実さ(Wahrhaftigkeit)は由来する。『ツァラトゥストラ』においてツァラトゥストラという名の由来が語られている。「『真理を語り弓と矢を上手に扱うこと』――これが私の名の由来する民族にとって好ましいと同時に困難であると思われた。この名は私にとって好ましいと同時に困難である」(第一部「千と一の目標」)。ペルシャ人への言及は一八七四年の遺稿にまで遡ることができる。「ペルシャ人、つまり上手に射ること、上手に馬に乗ること、借りないことと嘘をつかないこと」(KGW III-4, p.399 Anfang 1874-Frühjar-Sommer 1874 32[82])。「いかにペルシャ人は教育されたか、つまり弓で射ることと真理を言うこと」(KGW III-4, p.413 Frühjar-Sommer 1874 34[9])。ペルシャ人についてのニーチェの言葉は、おそらくヘロドトスに由来すると思われる。「子供には五歳から二十歳までの間、ただ三つのことだけを教える。乗馬、弓術及び正直がこれである」(ヘロドトス『歴史』(上)、岩波書店、一九九二年、一〇九頁)。Cf. KGB III-7/1, p.381. ヘロドトス『歴史』から「ツァラトゥストラが他のどんな思想家よりも一層誠実である」が導かれる。

ツァラトゥストラは「誠実さからの道徳の自己克服」の形象とされるが、これはニーチェの純粋な虚構でなく、その文献的背景にヘルヴァルト『文化史』とヘロドトス『歴史』がある。

「誠実さからの道徳の自己克服」は次のように表現されている。「何が本当にキリスト教の神に打ち勝ったのか、を人は理解する。それは、キリスト教的道徳性自身、ますます厳格に捉えられた誠実さの概念……である」(『喜ばしき知』三五七)。「キリスト教的誠実さが次々に結論を引き出した後に、最後にその最強の結論、自己自身に反する結論を引き出す。しかしそのことが起きるのは、誠実さが『真理へのすべての意志が何を意味するのか』という問いを立てるときである。……このように真理への意志が自己を意識すれば、それ以後、疑いもなく、それによって道徳は没落する」(『道徳の系譜』「第三論文」二七)。「キリスト教の没落――その道徳(キリスト教から切り離しえない)による没落。その道徳がキリスト教の神を攻撃するのである。(誠実さの感覚は、キリスト教によって高度に発展させられて、すべてのキリスト教的な世界解釈や歴史解釈の虚偽と偽りに対する吐き気を催すに至る……)」(KGW VIII-1, pp.123-124 Herbst 1885-Herbst 1886 2[127])。「道徳が育て上げた力のうちに、誠実さがあった。この誠実さがついに道徳を攻撃する」(KGW VIII-1, p.215 Sommer 1886-Herbst 1887 5[71]。

(29) 本書における聖書からの引用は、新共同訳『聖書』(日本聖書協会、一九九〇年)による。

ニーチェの蔵書には、読んだ跡のある二冊の聖書が含まれている。*Das Neue Testament unsers Herrn und Heilandes Jesu Christi, verdeutscht von D. Martin Luthern*, Weisenhaus, 1818; *Die Bibel, oder die ganze Heilige Schrift des alten und neuen Testaments nach der deutschen Uebersetzung Dr. Martin Luthers. Die CXXVII Auflage*, Cansteinische Bibel-Anstalt, 1818. Cf. *Nietzsches persönliche Bibliothek*, pp.669-672. これらの聖書は未見だが、次の二冊の聖書は調べることができた。*Das Neue Testament unsers Herrn und Heilandes Jesu Christi : nach der deutschen Übersetzung Martin Luthers*, Privilegierte Wüerttembergische Bibelanstalt, 1910; *Die Bibel oder die ganze Heilige Schrift des Alten und Neuen Testaments, nach der deutschen Uebersetzung Dr. Martin Luthers*, Cansteinische Bibel-Anstalt, 1865.

しかし本書で基本的に参照したのは、M. Luther, *Biblia : das ist, Die gantze Heilige Schrifft : deudsch auffs new zugericht, Wittenberg, 1545*, ed. by H. Volz, 3 vol., Deutscher Taschenbuch Verlag, 1974(以下 Biblia と略)と *Lutherbibel erklärt*, Deutsche Bibelgesellschaft, 1984(以下 LB と略)である。後者はルター聖書の改訂版であり、ルターの翻訳をできるかぎり保存している。一九七五年の聖書のドイツ語訳(Luther-NT 75)と対比して、次のように言われている。「あるいは人はテキストをできるかぎり古い字句のうちに保存しようと努力し、歴史的な隔たりを克服することを読者に任せる。その場合人は理解しやすさが失われることを甘受しなければならない。そして多くの読者は必要な努力をすることができず、あるいはしようとせず、成果を無視する、という危険がある」(L. Schmidt, "Das Neue Testament von 1984. Anmerkungen, Vergleiche, Folgerungen", in: *Die neue Lutherbibel. Beiträge zum revidierten Text 1984*, Deutsche Bibelgesellschaft, p.132)。

ニーチェはルター訳『聖書』を高く評価していた。「聖書は今日まで最良のドイツの書物であった。ルターの聖書と比べれば、他のほとんどすべては単に『文献』にすぎない」(『善悪の彼岸』二四七)。「新しいドイツ文芸の基礎としてのルターの言語と聖書の詩的形式」(KGW VII-2, p.56 Frühjahr 1884 25[173], cf. VII-3, p.270 Mai-Juli 1885 35[84])。そして『ツァラトゥストラ』がルターとゲーテに続いて、ドイツ語における第三歩を踏み出した、とニーチェは自負している。『ツァラトゥストラ』第三部を書き終えたニーチェは、「私の『ツァラトゥストラ』は三幕として完成しました」と言い、さらに次のように書いている(一八八四年二月二二日のローデ宛の手紙)。「このツァラトゥストラによってドイツ語を完成させた、と私はうぬぼれています。ルターとゲーテに続いて、さらに第三歩が踏み出されたのです」(KGB III-1, p.479)。

ツァラトゥストラは第四部「砂漠の娘たちのもとで」二において歌っている。「そしてここに私はすでに立っている／ヨーロッパ人として／私はこうするより他にできない、神よ、私を助けたまえ／アーメン」。この言葉は、ルターが一五二一年にヴォルムスの帝国議会において言った言葉を背景としている。「ここに私は立っている。私はこうするより他にできない（Hier stehe ich. Ich kann nicht anders.）。神よ、私を助けたまえ。アーメン」。Cf. KGW VI-4, p.937.「ここに私は立っている。私はこうするより他にできない」というルターの言葉を、ニーチェは『喜ばしき知』一四六において、そして『道徳の系譜』「第三論文」二二において引用している。

（30）ゾロアスター教は善悪の二元論とともに終末論という基本性格を持っている。「総審判とは、この世の終末に行われるものであり、救世主に比されるサオシュヤントが降臨し、地球は灼熱の溶鉱に包まれてすべてが浄化され、世の建て直しが行われるとされる。彗星が天より降り、死者も甦るとされるその情景は、キリスト教の黙示文学と驚く程の共通をみせ、両者の影響関係が存した事を証している」（岡田明憲『ゾロアスター教』平河出版社、一九八二年、三三頁）。「ゾロアスター教の二元論や終末論的救済観念は、ユダヤ教やキリスト教に少なからず影響を与えた。それは天使と悪魔、天国と地獄、光と闇の対立、甦り、神的表象を伴った救い主、などについて指摘されている。しかし、多くの議論にもかかわらず、その検証はまだ十分になされていない」（『聖書大事典』教文館、一九八九年、七一四頁）。

（31）KGW V-2, p.514 Herbst 1881 12[223].

（32）den See Urmi が den See seiner Heimat になっている。つまりウルミという地名が「彼の故郷」へと書き換えられている。ヘルヴァルト『文化史』（四）と「正午と永遠性」断章（三）、さらに『喜ばしき知』三四二（五）と『ツァラトゥストラ』の冒頭（三）を並べてみれば、ニーチェの書き換えが固有名を消していく過程であることが分かるだろう。それはツァラトゥストラを「道徳の自己克服」の形象（四）へと純化していく過程である。

(1)「ツァラトゥストラは……カスピ海とヴァン湖の間のウルミ湖のほとりにあるウルミ町に生まれた。三〇歳のときに彼は故郷を離れ、東のアリア地方に移り、そこで山の孤独のうちで一〇年間ゼンドーアヴェスターの執筆に従事した」（ヘルヴァルト『文化史』）。

(2)「ツァラトゥストラはウルミ湖のほとりに生まれ、三〇歳のときに彼の故郷を離れ、アリア地方に行き、山の中で孤独の一〇年間にゼンドーアヴェスターを執筆した」（「正午と永遠性」断章）。

(3)「ツァラトゥストラが三〇歳であったとき、彼は彼の故郷とウルミ湖を離れ、山へ入った。ここで彼は彼の精神と孤独を享受し、一〇年間それに倦むことを知らなかった」(『喜ばしき知』三四二)。

(4)「ツァラトゥストラが三〇歳であったとき、彼は彼の故郷と故郷の湖を離れ、山へ入った。ここで彼は彼の精神と孤独を享受し、一〇年間それに倦むことを知らなかった」(『ツァラトゥストラ』「序説」一)。

ニーチェは三〇歳と一〇年間という数字を残している。この数字はツァラトゥストラの史実を示している。ゾロアスター伝(中世ペルシャ語書)には次のように書かれている。「ザルドゥシュトは三〇歳でオフルマズドとの対話にはいった。そしてかれはデーンを七回も受けた。して、かれはまずエーラーン・ウェーズで受け、そして一〇年間、オフルマズドとの対話をもった」(伊藤義教『ゾロアスター研究』一五二頁)。「……そして一〇年ののち、ホルダード日・フラワルディーン月にスピターマーン家の義者ザルトゥシュトは預言者としての神力と光輪といっしょに、メーノーグ(界)からこの有象のゲーティーグ(界)にくだってきた」(同上、一六六頁)。しかしニーチェにとって重要なのは、その数字が史実を反映していることでなく、イエスとの対比を示すことであったろう。第九節の註29参照。

史実について伊藤義教は次のように書いている。「ゾロアスターはシースターンのダーラージャ河畔に、ポルシュ・アスパを父とし、ドゥグドー・ワーを母として、前六三〇年ころ生まれ、同五五三年ころ、七七歳で没した」(同上、p.xi)。「ゾロアスターは、こうして、シースターンのウェフ・ダーイテー河畔について翌年、三〇歳のとき、そこで神ウォフ・マナフと出会い、伴われてアフラマズダーとの対話にはいった。これは、ゾロアスターのうけた最初の啓示で、以後、一〇年間に計七回の対話を交えたとされている」(同上、p.xii)。

(33) KGW VII-1, p.27 Juli-August 1882 1[83].

(34) KGW VII-1, p.121 November 1882-Februar 1883 4[39].

(35) KGW V-2, p.492 Herbst 1881 12[102].

(36) KGW VII-1, p.73 Sommer-Herbst 1882 3[1]171.

(37) Cf. KGW VI-4, p.54.

(38) KGW VII-1, p.64 Sommer-Herbst 1882 3[1]94. 『善悪の彼岸』一五〇のテーゼはこの断章に由来する。「英雄のまわりではすべてが悲劇となり、半神のまわりではすべてがサチュロス劇となる。そして神のまわりではすべては——どうなるのか、おそらく『世界』となるのだろうか——」。このテーゼの解釈については、第五節六参照。

(39) KGW VII-1, p.417 Sommer 1883 12[1]192.

(40) KGB III-1, p.287. この言葉はほとんどそのまま、遺稿のうちに見出される。「英雄たちに関して言えば、私は彼らについてそれほど良いと考えていない。ともかく、人が他の選択肢を持っていない場合には、それは生存の最も受け容れられうる形態である」(KGW VII1, p.112 November 1882-Februar 1883 4[5])。永遠回帰の思想を獲得することによって悲劇的なものの位置は下げられる。「精神の新しい位階、つまりもはや悲劇的な性質の者を先頭にするのでなく」(KGW V-2, p.581 Sommer 1882 21[3])。悲劇的な性質の者を笑う高みが存在する。「悲劇的な性質の者が没落するのを見てなお笑いうること、最も深い理解、感情、彼らに対する同情を超えて――これは神的である」(KGW VII-1, p.63 Sommer-Herbst 1882 3[1]80)。そして笑いこそが精神の新しい位階の規準となる。「笑いのランクに従った哲学者の位階は、黄金の哄笑をなしうる者にまで高まる」(『善悪の彼岸』二九四)。

こうしたニーチェの立場は、『反時代的考察』第三編「教育者としてのショーペンハウアー」四において肯定されているショーペンハウアーの立場と見事な対照をなしている。「人間が到達しうる最高のものは、英雄的な人生である」(KGW III-1, p.369)。Cf. A. Schopenhauer, *Parerga und Paralipomena II*, *Sämtliche Werke*, vol. 6, Brockhaus, 1988, p.342.

(41) KGB III-1, p.288. この高みがその後のニーチェ思想の次元を規定する。「そこから見れば悲劇さえも悲劇的に作用することを止めるような、魂の高みが存在する」(『善悪の彼岸』三〇)。

(42) 『ツァラトゥストラ』が「悲劇を超えて笑う高み」から構想されたことは、ゾロアスターの誕生の場面を想起させる。ゾロアスター伝において、誕生にさいしての彼の笑いが重視されている。「一つはこう明かされていること。曰く、かれ(ザルドゥシュト)は誕生にさいして笑った。……このものが誕生にさいして笑ったということは、かれが光輪の到来と至福の到来を予見したということだ」(伊藤義教『ゾロアスター研究』三九頁)。「そなたの子が誕生にさいして笑ったのは、かれが予見したのだ、有象世界のかれのもとにワフマンが到来するであろうことを」(同上、四三頁)。「そして生れると同時にかれは笑った」(同上、一六一頁)。ゾロアスターのこの笑いは、ニーチェがこの伝記を知らなかったとしても、「道化師ツァラトゥストラの笑い」という視点から見て、極めて興味深い。

(43) KGW VII-3, p.295 Juni-Juli 1885 36[49]. 一八七〇年の講演「ソクラテスと悲劇」においてニーチェは語る。「悲劇は、同情という深い源泉から生じたので、その本質においてペシミズム的である」(KGW III-2, p.38)。それと対照的に『ツァラトゥストラ』全体を規定しているのは、同情を超えた笑いである。

(44) KGW VII-3, p.302 Juni-Juli 1885 37[3].

(45) 『ニーチェ対ワーグナー』「純潔の使徒としてのワーグナー」三参照。

(46) 「上演は競演の形式で、三人の作者が各々三つの悲劇と一つのサチュロス劇の新作を提出する。／サチュロス劇 satyrikon というのは、形式は悲劇と同じであるが、英雄神話伝説を滑稽に取扱ったもので、その合唱隊は、半人半獣（例えば足が山羊であったり、馬の耳や尾がついていたりする）の形の山野の精で、ディオニュソスの従者であるサチュロス satyros よりなっていたために、この種の劇をサチュロス劇と呼んだものである。サチュロス劇で完全に残っているのはエウリピデスの『キュクロプス』だけで、外にソポクレスの『追跡者』の大断片が発見されている。悲劇とサチュロス劇は常に同時に上演され、悲劇のすさまじいアクションの後の一種の鎮静剤、解毒剤に用いられたものであろう」（高津春繁「ギリシア悲劇の構造と上演形式」『ギリシア悲劇全集第一巻』人文書院、一九七九年、四二頁）。

(47) 「悲劇が始まる」―「パロディが始まる」という問題を考察したものとして、須藤訓任『ニーチェ〈永劫回帰〉という迷宮』講談社、一九九九年、五〇―六七頁参照。

(48) KGW VIII-1, p.321 Ende 1886-Frühjahr 1887 7[54].

(49) 確かに『ツァラトゥストラ』をパロディと呼ぶことができる。「『ツァラトゥストラ』は多彩なパロディの一つの長い連続である。パロディと我々が呼ぶのは、前もって与えられた表現を取り上げて変形する話し方であり、その表現をしばしば普通と異なった方向に発展させ、しばしば無遠慮に嘲笑的に戯画化する。ともかくパロディ的な語りは直接的に表現せずに、前もって与えられたテキストの意味を歪曲する当てこすりを利用する」（H.-G. Gadamer, "Nietzsche – der Antipode. Das Drama Zarathustra", in: *Gesammelte Werke*, vol. 4, p.450）。しかし文学的技法としてのパロディという規定にとどまるとすれば、「悲劇が始まる」との緊張関係が見失われてしまうだろう。

　『ツァラトゥストラ』を「（或る原典の）パロディ」と呼ぶことは、『ツァラトゥストラ』というテキストに目を通しさえすれば、誰にでもできる。例えば『ツァラトゥストラ』のうちに聖書を背景にした言葉が簡単に見つかるから、『ツァラトゥストラ』は聖書のパロディ、キリスト教のパロディである。『ツァラトゥストラ』の最初（「序説」一）と最後（第四部「徴」）で洞窟と太陽が登場するから、『ツァラトゥストラ』はプラトンの洞窟の比喩のパロディ、プラトン哲学のパロディである。ここから『ツァラトゥストラ』は「プラトン的キリスト教的な西洋哲学全体のパロディ」である、という空疎なテーゼも容易に導ける。このような言明は連想ゲームのようなもので、『ツァラトゥストラ』に対する深い理解なしに無際限に続けることができる。しかしこうしたテーゼを玩ぶことは『ツァラトゥストラ』というテキストを解読することと何の関係もない。

(50) 「神が死んだ」と「神々が死んだ」との関係、つまり単数の神と複数の神との関係については、第七節三参照。

(51)「悲劇を超えて笑う高み」を的確に捉えた論文として、新名隆志「悲劇への笑い――永遠回帰の肯定における同情の克服」(『倫理学年報』第四八集、一九九九年) 参照。
「悲劇を道徳的に味わう者はさらにいくつかの段階を登らねばならない」と言われていた (五)。「道徳的に味わう」ことを超えることによって、喜劇へと導かれる。「善悪を超えて自己を高めたとき、人は悲劇のなかにも、意図しない一つの喜劇のみを見る」(KGW VII-1, p.62 Sommer-Herbst 1882 3[1]78)。喜劇は「悲劇を超えて笑う高み」を言い表わしている。

(52)『喜ばしき知』第二版の序文で語られた“incipit tragoedia - incipit parodia”の緊張関係は、その第五書の最後から二番目の断章 (三八二「大いなる健康」) のうちにも読み取ることができる。この節を『この人を見よ』(「ツァラトゥストラ」四) は引用しているが、それは、ツァラトゥストラという典型を理解するためにその生理学的前提としての「大いなる健康」を明らかにしなければならないからである。つまり“incipit tragoedia - incipit parodia”の緊張関係は『ツァラトゥストラ』理解の核心をなしている。『喜ばしき知』三八二は「素朴に、つまり意図せずに溢れる充実と力から、今まで神聖、善、不可侵、神的と呼ばれたすべてのものと遊び戯れる精神の理想」を語り、次のように終わっている。「それは人間的－超人的な幸福と善意であるが、例えばそれが、従来のすべての地上的な真剣さと並んで、すべての種類の厳粛な態度や言葉や音や目つきや道徳や課題と並んで、その正真正銘の意図せざるパロディとして置かれれば、しばしば大いに非人間的に見えるだろう。――にもかかわらずおそらくこの理想とともに、大いなる真剣さが初めて始まり、本来的な疑問符が初めて打たれ、魂の運命が向きを変え、時計の針が動き、悲劇が始まる……」(『喜ばしき知』三八二)。

(53) KGW VIII-1, p.148 Herbst 1885-Herbst 1886 2[166].

(54)「我々は道徳を超えて立つことができなければならない。つまり、今すぐにも足をすべらせて落ちることを恐れているような者の臆病なぎこちなさで立つだけでなく、道徳を超えて浮かび遊ばねばならない。そのために我々は道化を欠くことができないと同様に、いかにして芸術を欠くことができるだろうか」(『喜ばしき知』一〇七)。「道徳を超えて浮かび遊ぶ」道化こそが、道化師ツァラトゥストラである。

(55)『偶像の黄昏』の「いかにして『真の世界』がついに作り話となったのか」は、次の言葉で終わっている。「正午。最も短い影の瞬間。最も長い誤謬の終わり。人類の頂点。INCIPIT ZARATHUSTRA」(KGW VI-3, p.75)。

第一章　道化師ツァラトゥストラ

「綱渡り師は小さな扉から歩み出て、市場と民衆の上にかかるように二つの塔の間に張り渡された綱を渡っていた。彼がまさにその道の中央に来たとき、小さな扉がもう一度開いて、道化師（Possenreißer）のような多彩な服の男が跳び出し、速い足取りで綱渡り師の後を追った。『前に進め、足萎えよ』と彼の恐ろしい声が叫んだ。『前へ進め、怠け者、やみ商人、青ざめた者よ。私の踵でくすぐられないようにしろ。お前は塔の間で何をしているのだ。塔の中がお前にふさわしい。お前を閉じ込めておけばよかったのだ。お前より優れた者の自由な道をお前は塞いでいる』。そして一言ごとに彼は綱渡り師にますます近づいて来た。しかし彼が綱渡り師にあと一歩のところに来たとき、あらゆる口を黙らせ、あらゆる目を凝視させる恐ろしいことが起こった。彼は悪魔のように叫び声をあげ、彼の道を塞いでいた者を跳び越えた（hinwegspringen）のである。しかし跳び越えられた者は、彼の競争相手がこのように勝利するのを見たとき、気が動転し綱を踏み外した……」（「序説」六）。

道化師が綱渡り師を跳び越えるというこの出来事は、『ツァラトゥストラ』「序説」の中で最も印象深い場面であり、「序説」の核心をなすだろう。「序説」は『ツァラトゥストラ』全体に対する序説であるから、この出来事の意味を捉えないかぎり、『ツァラトゥストラ』という一つの物語を理解できないだろう。なぜ『ツァラトゥストラ』

の最初をなす「序説」において道化師を描いたのか。それはツァラトゥストラのなるべき姿を「綱渡り師を跳び越える道化師」として予め示すためであり、『ツァラトゥストラ』の芸術的技法に属している。『ツァラトゥストラ』はツァラトゥストラが道化師となる物語である（第一節）。ツァラトゥストラがなるべき者は、三つの変容（駱駝―獅子―子供）における子供としても形象化されている。かつて駱駝だったツァラトゥストラは獅子として舞台に登場する。『ツァラトゥストラ』はツァラトゥストラが獅子から子供へと変容を遂げる物語である（第二節）。ツァラトゥストラがなるべき者はさらに、永遠回帰の教師とされている。このテロスへ導くのは、ツァラトゥストラの動物たち（鷲と蛇、獅子と鳩）である。蛇は永遠回帰の思想を、鷲はこの思想を直視する勇気を形象化している。鷲と蛇はツァラトゥストラが永遠回帰の教師であることを彼の運命として示す。そして笑う獅子と鳩は、ツァラトゥストラの歩みがそのテロスに至ったことの徴である（第三節）。『ツァラトゥストラ』はツァラトゥストラが道化師＝子供＝永遠回帰の教師となる物語である。

道化師ツァラトゥストラ（ツァラトゥストラがなるべき者）を解明する第一章は三つの節から成る。

第一節　綱渡り師を跳び越える道化師
第二節　三つの変容
第三節　ツァラトゥストラの動物たち

第一節　綱渡り師を跳び越える道化師

「ツァラトゥストラ自身が哀れな綱渡り師を跳び越える（hinwegspringen）道化師である[1]」。

一八八三年秋の断章においてニーチェはこのように書いている。「哀れな綱渡り師を跳び越える道化師」という言葉は、第一章の冒頭で引用した「彼の道を塞いでいた者を跳び越えた（hinwegspringen）」道化師を指し示している。そして「ためらう怠惰な者たちを私は跳び越える（hinwegspringen）だろう」（「序説」九）というツァラトゥストラの言葉に正確に対応している。道化師が綱渡り師を跳び越えるのは、「二つの塔の間に張り渡された綱」の上、しかも「綱渡り師がまさにその道の中央に来たとき」である。この出来事は、「人間は動物と超人との間にかけられた一本の綱、深淵にかけられた一本の綱である」という「序説」での中心テーゼに関わっている。「綱渡り師を跳び越える道化師」に定位することは、『ツァラトゥストラ』という物語全体を新たに読み直すことへと導くだろう。そのために従来の解釈を批判的に検討することから始めよう。

一　ツァラトゥストラの敵対者としての道化師？

第一章の冒頭で引用した「序説」六の出来事、つまり道化師が綱渡り師を跳び越え、それによって綱渡り師が綱から落ちて死ぬという出来事は、一体何を意味し、『ツァラトゥストラ』全体の展開といかなる関係にあるのか――これが問題である。そのためにまず問うべきなのは、跳び越えるという道化師の行為が否定されているのか、肯定されているのか、である。この問いに対する答えは明白なように見える。綱渡り師を跳び越え死に至らしめる行為など肯定されるはずがない。しかも道化師は「悪魔のように叫び声をあげ、彼の道を塞いでいた者を跳び越えた」のである。真剣に綱を渡ろうとしていた綱渡り師を綱から落とすという行為は悪魔の仕業であり、否定されるべき行為である。ツァラトゥストラがこんな残酷なことをするはずがないから、道化師はツァラトゥストラの対照者・敵対者である。私の知るかぎり、従来のほとんどすべての解釈は道化師の行為を否定されるべきものと見なしている。

ヤスパース『ニーチェ』は次のように解釈している。「道化師はツァラトゥストラと極めて近い関係にある彼の不気味な分身のように登場する。しかし彼との対照によって道化師は、まさに真正な真理を捉え損なう者として現われる。ツァラトゥストラが人間を本来的に『克服する（überwinden）』ことを欲する場合、道化師はあつかましく気楽に考える、人間は『跳び越えられ（übersprungen）』うる、と」[2]。「人間は跳び越えられうる」と道化師が考えるとされるのは、第三部「新旧の板」四においてである。「克服の多種多様な道と方法がある。それに心がけよ。しかし道化師だけが考える、人間はまた跳び越えられ（übersprungen）うる、と」。「序説」における道化師の跳び越えるという行為は、第三部「新旧の板」のこの箇所と結びつけられ、しかも否定的に解釈される。ヤスパースはこうした理解から、ニーチェのうちに仮面の哲学を見出している。

ドゥルーズ『ニーチェと哲学』も道化師について同じ解釈をしている。「ツァラトゥストラの物語全体はニヒリズム、つまり悪魔との関係のうちにある。悪魔は否定の精神、否定の力である。……悪魔は人間を跳び越え、人間からすべての力と意欲を奪う[3]」。「悪魔が人間を跳び越える」ことは、『ツァラトゥストラ』「序説」の道化師、そして第三部「新旧の板」から理解されている。そのことはドゥルーズが付した註から明白である。「道化師が綱渡り師に追いつき跳び越えるという、『序説』の有名な場面を参照。この場面は第三部『新旧の板』において解明されている……[4]」。ドゥルーズもまた「序説」六と「新旧の板」四を結びつけ、道化師を悪魔と見なし、ツァラトゥストラの敵対者としている。道化師＝悪魔は否定の精神であるのに対して、ツァラトゥストラは「肯定の精神[5]」なのである。

ヤスパースもドゥルーズも道化師の解釈において一致している。もし道化師のこうした解釈が完全に誤っているとすれば、ヤスパースの仮面の哲学といった解釈やドゥルーズのニヒリズムの理解は、ともに的外れとなるだろう。しかしここでの狙いはヤスパースやドゥルーズのニーチェ解釈を批判することではない。道化師についての二人の理解は独自なものでなく、単に通説を踏襲しているだけなのだから。

日本において『ツァラトゥストラ』の翻訳は数多く出版されているが、「序説」六での道化師と「新旧の板」四の道化師を重ねて、しかも否定的に理解していることにおいて、一致している。一例を挙げれば、道化師は「超人に至る過程を一歩一歩忠実に歩もうとはせず、何らかの超越的理念や非合理的な手段で現実を『跳び越そう』とする、ユートピア的革命論者の象徴」とされ、綱渡り師は「身を賭して超人への道を歩む人間の姿を象徴している」とされている。(6)

道化師がツァラトゥストラの敵対者、超人の対照者であるという理解において、従来の解釈は一致している。しかしこの場合、この一致はその正しさを証明するのでなく、むしろ先行する解釈を無批判に踏襲していることを示しているにすぎない。こうした解釈が由来する源泉は、ナウマン『ツァラトゥストラ・コメンタール』である。

ナウマンは『ツァラトゥストラ』の「序説」における綱渡り師を「自らを危険にさらす現在の人間、自由精神」と肯定的に解釈する。それに対して道化師はその敵対者である。「道化師は綱渡り師の意識的な敵対者である。萎えた、怠惰な、静かな、生彩がないと彼によってのしられる者に対して、素早く、跳びはね、騒々しく、多彩である。彼はともかく、現在の状態を無造作に跳び越えよう（überspringen）とする……ユートピア的な哲学者である」(7)。道化師のこの解釈は「新旧の板」四に基づいている。つまりナウマンは「序説」での道化師と「新旧の板」における道化師を結びつけ、道化師をユートピア的な哲学者として否定的に解釈している。

ここでナウマンの解釈を取り上げたのは、それが現在の解釈の源泉となっているという理由からだけでなく、解釈の矛盾を認める誠実さのためである。ナウマンはニーチェにおける道化師のうちに二つの矛盾を認めている。第一に「新旧の板」における道化師の言葉と、遺稿の次の言葉との矛盾である。「ツァラトゥストラ自身が哀れな綱渡り師を跳び越える道化師である」。本節の冒頭で指摘したように、この断章はツァラトゥストラ自身が「序説」における道化師であると明言している。「新旧の板」四の道化師を否定されるべき者と理解すれば、遺稿の「ツァラトゥストラ＝道化師」と一致しないことは言うまでもない。

もう一つの矛盾は『ツァラトゥストラ』の「序説」そのもののうちにある。ナウマンは「序説」九におけるツァラトゥストラの言葉を引用する。「私の目標に私は向かおう。私は私の道を行く。ためらう怠惰な者たちを私は跳び越えるだろう。このように私の歩みが彼らの没落であって欲しい」。このツァラトゥストラの決意は明らかに道化師の「跳び越える」という行為を目指している。つまりツァラトゥストラは道化師になろうと決意しているのである（序章一）。否定されるべき道化師にツァラトゥストラがなろうとすることは、明白な矛盾であろう。

ナウマンが気づいていた二つの矛盾は、道化師を否定的に理解するすべての解釈に当てはまる。ナウマンはこうした矛盾、道化師についての「分裂した見解」をニーチェ自身のうちにある矛盾と考えた。しかし「序説」の内部で誰にでも分かる矛盾を犯すこと、しかも『ツァラトゥストラ』全体に対する序説という重要な箇所で矛盾した記述をすること、このようなことは考えられない。むしろ道化師を否定的に解釈したことが矛盾を生じさせている。この矛盾を非難するにしろ、両義性の哲学として持ち上げるにしろ、ニーチェの道化師のうちに見られるとされる矛盾は、解釈者の無理解の単なる反映にすぎない(8)。

『ツァラトゥストラ』「序説」によれば、ツァラトゥストラが「ためらう怠惰な者たちを跳び越える」道化師となろうと決意することは否定できないし(9)、遺稿はツァラトゥストラが「哀れな綱渡り師を跳び越える道化師」であることをはっきり語っている。とすれば道化師を否定的に解釈することが誤っていることになる。そうすれば矛盾などは簡単に消え去る。『ツァラトゥストラ』はツァラトゥストラが道化師となる物語である（序章一）。

二　道化師＝超人としてのツァラトゥストラ

「序説」での道化師を否定的に解釈し、ツァラトゥストラの敵対者とすることには、さしあたり二つの理由がある。第三部「新旧の板」四における道化師を否定的に解釈し、そこから「序説」の道化師を理解すること、そして「序説」の道化師が悪魔とされていることである。まず最初の理由の検討から始めたい。

「克服の多種多様な道と方法がある。それに心がけよ。しかし道化師だけが考える、人間はまた跳び越えられうる、と」（「新旧の板」四）。

ここで語られている道化師は、「序説」における道化師と関連づけられて解釈されている。人間を跳び越えること（überspringen）は、「序説」での道化師が綱渡り師を跳び越えること（hinwegspringen）と同じ行為であるから、二つを結びつけて理解することに問題はない。問うべきなのは「人間を跳び越える」ことが否定されているのかどうかである。

「新旧の板」四は「見よ、ここに一枚の新しい板がある」という言葉で始まっている。ここで語られているのは、新しい板に書かれているツァラトゥストラの教えである。「最も遠い者への私の大いなる愛は、お前の隣人をいたわるな、と要求する」という遠人愛は、第一部「隣人愛」に見出される。「人間は克服されねばならないものである」というテーゼは、「序説」以外でもツァラトゥストラによって何度も繰り返される。「克服の多種多様な道と方法がある」ことは、第二部「自己克服」において述べられている。(10) さらに第一部「三つの変容」などを参照すれば、「新旧の板」四で表明されている教えがツァラトゥストラ自身の思想であることは明らかである。そうであるとすれば、「人間はまた跳び越えられうる」という道化師の思想だけが例外である、とは考えられないだろう。実際に同じ「新旧の板」の章でツァラトゥストラははっきり語っている。「おお、私の兄弟たちよ、私はそもそも残酷なのか。しかし私は言う、落ちるものは、またさらにそれを突き落とすべきである、と」（「新旧の板」二〇）。突き落とすというツァラトゥストラの残酷な行為は、「人間を跳び越えること」、「綱渡り師を跳び越え、綱から落とし死に至らしめること」と同質の行為である。この行為をツァラトゥストラは自分自身の行為として語っているのだから、道化師だけが考えるとされている思想はツァラトゥストラ自身の思想である。ツァラトゥストラは道化師なのである。

人間を跳び越えるという道化師の思想はツァラトゥストラ自身の思想である。第四部「挨拶」において、自らを「老いた道化（Narr）」(11)と呼ぶツァラトゥストラは語る。「お前たちは橋にすぎない。一層高い者たちがお前たちを越えて歩む（hinübertreten）ように。お前たちは階段である。それ故お前たちを越えて（über euch hinweg）高みへ登る者に対して怒るな」。ここでツァラトゥストラが語っているのは、「人間を跳び越える」という道化師の思想である。以上で第一の理由についての検討は十分だろうから、第二の理由の検討に移ろう。

「序説」の道化師は悪魔として現われる。彼は「悪魔のように叫び声をあげて」綱渡り師を跳び越える。そして綱渡り師にとって、道化師は悪魔である。死につつある綱渡り師は言う。「私はずっと前から、悪魔が私の前に足を突き出して躓かせるだろうことを知っていた。今や悪魔は私を地獄へ引っぱっていく」（「序説」六）。ツァラトゥストラが悪魔であることなど考えられないから、やはり道化師はツァラトゥストラの敵対者とすべきだと思うだろう。「道化師＝悪魔」ということのうちに、道化師を否定的に解釈することの理由が求められる。

確かに人間を跳び越える道化師は、人間にとって悪魔として現われる。しかしそれは否定されるべき者でなく、超人なのである。第二部「処世術」においてツァラトゥストラは語る。「お前たちが私の超人を悪魔と呼ぶだろうと推測する」。これはたまたま言われたことでなく、超人の核心をなしている。『この人を見よ』（「なぜ私は一個の運命なのか」五）において、「善にして義なる者たちはツァラトゥストラの超人を悪魔と呼ぶだろう」と書かれている。とすれば、「序説」での道化師は悪魔であり、超人であることになる。道化師が超人であるとすれば、道化師はツァラトゥストラの敵対者でなく、まさにその正反対の者、ツァラトゥストラがなるべき者でなければならない。だからこそツァラトゥストラは「ためらう怠惰な者たちを跳び越える」道化師となろうと決意するのである。「私の目標に私は向かおう。私は私の道を行く。ためらう怠惰な者たちを私は跳び越えるだろう」（「序説」九）。ツァラトゥストラが語る「私の目標」とは「人間が定める自分の目標」（「序説」五）としての超人である。『ツァラトゥストラ』はツァラトゥストラが道化師＝超人となる物語である（第二節七）。

ツァラトゥストラが道化師となることは遺稿から明らかであった。「ツァラトゥストラ自身が哀れな綱渡り師を跳び越える（hinwegspringen）道化師である。第三部のために、自己への嘲り」[12]。この言葉と同じ遺稿ノートに属する断章に次のものがある。「第三部はツァラトゥストラの自己克服である。それは超人のための、人類の自己克服の模範である。／そのために道徳の克服が必要である。／お前はお前の友たちを犠牲にする。彼らはそれによって没落するほど十分深い。そして彼らはこの思想を創造したのではない（このことがなお私を支えている）。／これは、ツァラトゥストラの前に立ちはだかる最後の反論、最強の敵である。今やツァラトゥストラは熟した」[13]（一八八三年秋）。ツァラトゥストラは道化師であるとともに、「超人のための、人類の自己克服の模範」として構想されている。つまり道化師であることは超人であることを意味する。この構想は第三部においてツァラトゥストラが「哀れな綱渡り師を跳び越える道化師」となると想定している。綱渡り師を跳び越えるとは、道徳の克服、つまり同情の克服を意味する。ツァラトゥストラのこの歩みは「ためらう怠惰な者たちの没落」となる。つまり永遠回帰という最大の重しに耐えられない者は没落するのであり、そうした没落を引き起こす教説を説く者は彼らにとって悪魔として現われる。跳び越えられ綱から落とされる綱渡り師にとって道化師は悪魔である。

道化師が肯定的に理解されるとすれば、綱渡り師が「身を賭して超人への道を歩む人間の姿を象徴している」ということなどありえないだろう。綱渡り師が否定的な意味しか持っていないことは、『ツァラトゥストラ』第一部を書き上げる直前の遺稿から明らかである。

「綱渡り師を最も低い段階に置くこと」[14]（一八八二年一一月－一八八三年二月）。

ではなぜ綱渡り師は「超人への道を歩む人間の姿を象徴している」と解釈されるのだろうか。その理由は、綱渡り師が綱を渡ろうとしたということだけでなく、綱渡り師とツァラトゥストラとの対話に求められるだろう。死につつある綱渡り師（Seiltänzer）はツァラトゥストラに言う。「私は鞭とわずかな餌によって舞踏すること（tanzen）を教えられた一匹の動物以上のものではない」（「序説」六）。それに対してツァラトゥストラは応える。「そんなことはない。お前は危険をお前の天職とした。そのことに何ら軽蔑すべきところはない。今やお前はお前の天職によって破滅する。それに報いるために、私はお前を私の手で埋葬しよう」（「序説」六）。ツァラトゥストラのこの言葉から、ツァラトゥストラは綱渡り師のあり方を肯定していること、それ故綱渡り師は超人への道を歩む者であることが読み取れるように見える。

しかし綱渡り師が何者であるかは、綱渡り師自身が表明している。綱渡り師は綱を渡り、動物から超人への道を歩むわけではない。逆に彼は「鞭とわずかな餌によって舞踏することを教えられた一匹の動物」にすぎず、「人間を克服するよりむしろ動物に戻ろうとする」(「序説」三)だけである。[15] だから道化師は言う。「お前は塔の間で何をしているのだ。塔の中がお前にふさわしい。お前を閉じ込めておけばよかったのだ。お前より優れた者の自由な道をお前は塞いでいる」(「序説」六)。綱渡り師は「塔の中がふさわしい」者、つまり動物にとどまるべき者にすぎない。だからこそ綱渡り師は道化師に跳び越され、深淵へと落ちる。「序説」のヴァリアントにおいて、ニーチェは綱渡り師に次のように語らせている。

「私は舞踏することを教えられた一匹の動物以上のものではない。つまり私は同情に値しない[16]」。

確かに綱渡り師は綱を渡ろうとする。しかし彼がそうするのは、「舞踏することを教えられた一匹の動物」としてであり、彼の意志によってではない。「一匹の動物以上のものではない」、「同情に値しない」と自ら語る者は、超人への道を歩む者でなく、道化師によって跳び越えられ没落する者にすぎない。[17]

では「お前は危険をお前の天職とした……」というツァラトゥストラの言葉はどう理解すべきなのか。ここで同情が問題となっていることは、「同情に値しない」という道化師の言葉から明らかだろう。ツァラトゥストラは綱渡り師に同情しているのである。しかしツァラトゥストラは超人(=同情を克服した道化師)を説いている。この曖昧な状態は、ツァラトゥストラ自身が「道化と死体の中間」(「序説」七)として自己認識することになるが、「序説」のそれ以後の展開において克服される(四、五、六)。

「序説」での道化師をツァラトゥストラの敵対者とする解釈を支持するように見える根拠を検討した。道化師はツァラトゥストラの敵対者でなく、ツァラトゥストラのなるべき姿を予め示しているのである。このように理解できるとすれば、つまりツァラトゥストラの敵対者としての道化師という解釈を放棄しさえすれば、道化師の意味に矛盾や両義性はなくなり、ナウマンが指摘した二つの矛盾は消え去る。[18]

以上の「綱渡り師―道化師」解釈は、「人間は動物と超人との間にかけられた一本の綱、深淵にかけられた一本の綱である」（「序説」四）というテーゼを背景にしている。このテーゼをツァラトゥストラが語るのは、道化師が綱渡り師を跳び越える事件が起こる前、綱渡り師がこれから綱を渡ることを機縁にしてである。このテーゼを主題的に扱うことにしよう。

三　人間は深淵にかけられた一本の綱である

「人間は動物と超人との間にかけられた一本の綱、深淵にかけられた一本の綱である」（「序説」四）。

このテーゼを理解するために、永遠回帰の思想が『ツァラトゥストラ』の根本思想であることを想起する必要がある（序章二）。「序説」が『ツァラトゥストラ』全体に対する序説であるとすれば、この「序説」のうちに永遠回帰の思想が語られていなければならないだろう。「序説」においてツァラトゥストラが新しい真理を獲得し、綱渡り師を跳び越える道化師となる決意をしたのは、太陽が正午に位置していたときであり、そのときツァラトゥストラの動物たちが現われる。

「一羽の鷲が空に大きな円（Kreis）を描いていた。そしてその鷲に一匹の蛇がぶらさがっていたが、それは獲物のようにでなく、友のようにであった。なぜなら蛇は鷲の首に輪を描いて（geringelt）巻き付いていたからである」（「序説」一〇）。

蛇が「輪を描いて（geringelt）」という言葉は永遠回帰の永遠性を意味するし（序章三）、鷲の描く円も永遠回帰の思想との関係を示唆している。ツァラトゥストラの動物である鷲と蛇は永遠回帰の思想を暗示しているのである（第三節一）。そしてこの動物たちは「序説」一でも言及されるが、そこで語られる太陽は「溢れるほど豊かな天体」として贈る徳（＝力）であり、その光、つまり永遠回帰の教説という光を贈る。永遠回帰の思想は「序説」の最初と最後において読み取ることができる。そして道化師となることは永遠回帰の教師となることを意味する。永遠回帰の思想は「序説」全体を導き支配している。とすれば永遠回帰の思想は「人間＝一本の綱」テーゼのうちにも読み取ることができるだろう。

「人間は動物と超人との間にかけられた一本の綱、深淵にかけられた一本の綱である」というテーゼのどこに永遠回帰の思想を見出せるのか。それは「深淵（Abgrund）」という言葉のうちにである。第三部「幻影と謎」二で「黒い重い蛇が牧人の喉をかむ」という幻影が語られ、同じ事態がその次の章「意に反する至福」において次のように描かれている。「ついに私の深淵が動き出し、私の思想が私をかんだ。／ああ、お前、私の思想である深淵的な思想よ……」。「黒い重い蛇」＝「私の深淵＝私の思想」は「深淵的な思想」、つまり永遠回帰の思想を意味する。[19]「深淵」は永遠回帰思想の形象である。

「黒い重い蛇」は「最も重い最も黒いもの」（「幻影と謎」二）と言い換えられている。「最も重い」という言葉は、「最大の重し」としての永遠回帰の思想を指している（序章二）。「黒い」という形容詞は永遠回帰の否定面（ニヒリズム）を表現していると理解できるから、「最も黒い」という言葉はニヒリズムの極限形態を言い表わしている。永遠回帰の思想は否定的な契機、極限のニヒリズムという契機を持っている。[20]「深淵」は永遠回帰思想の否定面の形象、極限のニヒリズムの形象である。

そうであるとすれば、「人間＝一本の綱」テーゼにおける「深淵」もまた、永遠回帰思想の否定面（極限のニヒリズム）の形象であろう。人間は永遠回帰の思想という「深淵にかけられた一本の綱」である。このことは道化師が綱渡り師を跳び越えることといかに関係するのか。

「綱渡り師を跳び越える道化師」となる決意をするツァラトゥストラは「私の歩みがためらう怠惰な者たちの没落である」ことを意志する。永遠回帰という最大の重し（永遠回帰思想の否定面）に耐えられない者が没落することを意志するのである。それは道化師が綱渡り師（＝ためらう怠惰な者）を跳び越えることである。それによって綱渡り師が綱から落ちることは、深淵へと落ちることであるが、それは永遠回帰の思想の重さ（極限のニヒリズム）によって没落することである。「私はお前たちに最も重い思想を与えた。おそらく人間はそれによって破滅するだろう」(21)（一八八四年夏―秋）。

道化師が綱渡り師を跳び越える出来事が起きたのは、「綱渡り師がまさにその道の中央（Mitte）に来たとき」であった。つまり「動物と超人との間にかけられた一本の綱」の中央での出来事である。このことはツァラトゥストラが永遠回帰の教説を教える大いなる正午へ導く。第一部最終章「贈る徳」三においてツァラトゥストラは語る。「大いなる正午とは、人間が動物と超人との間の彼の軌道の中央に立ち、夕方への彼の道を最高の希望として祝うときである。なぜならそれは新しい朝への道だからである」。永遠回帰の思想が告知される大いなる正午において、軌道の中央で祝いうる者は、「一つの希望の子供たち」（「贈る徳」三）である。しかし「ためらう怠惰な者たち」は大いなる正午という軌道の中央において、つまり動物と超人との間にかけられた一本の綱の中央において、綱から深淵へと落ちるのである。道の中央は大いなる正午として、古き世の没落と新しき世の誕生を意味している。道の中央は歴史の分水嶺である。永遠回帰の思想はそれに耐えられない者にとっては、それへと落下せざるをえない深淵（極限のニヒリズム）であるが、それを肯定しうる者にとっては、光の深淵となるだろう（第四節五）。

道化師は道の中央において綱渡り師を跳び越える。ツァラトゥストラは大いなる正午において道化師として「ためらう怠惰な者たち」を跳び越える。このように悪魔として跳び越えうる者は超人である。「軌道の中央で超人が生まれる」(22)とはこのことを意味する。つまり道化師＝超人である。

「序説」においてツァラトゥストラは超人を教えるが、その超人は道化師として形象化されている。しかしツァラトゥストラが道化師＝超人となる決意をするのは、「序説」の最後においてである。ではそれ以前のツァラトゥストラはいかなる状態にあったのか。

四　道化と死体の中間

「人間の生存は不気味であり、依然として意味が欠けている。つまり道化師が人間の生存にとって破滅のもとになりうる。／私は人間たちに彼らの存在の意味を教えよう。つまりその意味とは、超人であり、人間という暗い雲からの稲妻である。／しかし私はなお人間たちから遠く離れており、私の思いは彼らの思いに伝わらない。私はなお人間にとって道化と死体の中間である」(「序説」七)。

道化師によって跳び越えられ綱から落ちて死んだ綱渡り師のそばで、ツァラトゥストラはこのように自分の心に向かって言う。ツァラトゥストラのこの言葉は何を意味するのか。「人間の生存は不気味であり、依然として意味が欠けている」とはニヒリズムを意味する。「不気味」という言葉は遺稿へ導く。「ニヒリズムが戸口に立っている。すべての客のなかで最も不気味なこの客はどこから我々のもとに来たのか[23]」(一八八五年秋―一八八六年秋)。「意味が欠けている」とは神の死による意味の喪失であり、生存の「何のために」を欠いたニヒリズムである[24]。

「道化師が人間の生存にとって破滅のもとになりうる」とはいかなることか。この言葉は、すぐ前で語られた出来事、道化師が綱渡り師を綱から落とし破滅のもととなったことを背景としている。永遠回帰の思想という最大の重しに耐ええない者は没落し破滅する。同じものの永遠回帰の否定面は、目標のなさ、すべてが空しいことを意味する。それは極限のニヒリズムである。

このニヒリズムに耐え、永遠回帰の否定面を肯定へと転化する者として超人が提示される。ニヒリズムをもたらす道化師と対立した形で、人間の存在の意味として超人が導入されているように見える。しかし「道化師が人間の生存にとって破滅のもとになりうる（kann）」と書かれていることに注意しよう。「なりうる」という言葉は別の可能性を示している。つまり道化師は「ためらう怠惰な者たち」にとって破滅のもと（悪魔）になりうるが、しかし永遠回帰の思想を肯定しうる者にとっては「彼らの存在の意味」としての超人として現われる。超人＝道化師こそが人間の存在の意味である。

しかしツァラトゥストラは彼の教説が人々に伝わらないことを嘆き、「私はなお人間にとって道化と死体の中間である」と言う。「道化と死体の中間」とはいかなることなのか。それは「私はなお人間たちから遠く離れており、私の思いは彼らの思いに伝わらない」ことの言い換えと解釈できる。このことは「序説」八での道化師の言葉から明らかなように見える。「人がお前を笑ったことはお前の幸福であった。つまりまことにお前は道化師のように話したのだ。お前が死んだ犬と仲間になったことはお前の幸福であった。お前がそのようにへりくだるとき、お前はお前自身を今日救ったのだ」。ツァラトゥストラは人々から笑われ、綱渡り師の前座として扱われた。ツァラトゥストラの教説は人々に通じていない。笑われる道化師として、へりくだった死んだ犬の仲間として、つまり「道化と死体」としてツァラトゥストラは扱われた。確かに一応このように理解できる。しかし単にそうした意味にすぎないのであれば、「私はなお道化であり死体である（Noch bin ich ein Narr und ein Leichnam.）」と言うだろう。なぜ「道化と死体の中間（eine Mitte zwischen einem Narren und einem Leichnam）」と表現されたのだろうか。

die Mitte zwischen A und Bという表現は、「AとBとの中間」、AであるのでもBであるのでもなくその中間点にいることを言い表わしている。つまり「道化と死体の中間」は「道化であり死体である」を意味しているのではない。では「序説」においていかなる意味で使われているのか。die Mitte zwischen A und Bという言い方は、『ツァラトゥストラ』「序説」の草稿に見出される。「人間は植物と幽霊の中間（die Mitte zwischen der Pflanze und dem Gespenst）とされる[25]」。この表現は、『ツァラトゥストラ』では次のように書き直されている。「お前たちのなかで最も賢い者もまた、植物と幽霊との分裂、中間的存在（ein Zwiespalt und Zwitter von Pflanze und von Gespenst）にすぎない」（「序説」三）。「植物と幽霊の中間」が「植物と幽霊との分裂、中間的存在」と言い換えられている。とすれば「道化と死体の中間」とは「道化と死体との分裂、中間的存在」を意味するだろう。しかしツァラトゥストラが「道化と死体の中間」、道化でも死体でもないどっちつかずの分裂・中間的存在であるとはいかなることなのか。

死体は無論、道化師によって跳び越えられた綱渡り師の死体である。綱渡り師は「死んだ犬」(「序説」八)と呼ばれる。つまり死体(「死んだ」)であり、動物(「犬」)である。すでに論じたように(二)、綱渡り師が綱を渡ろうとするのは、「鞭とわずかな餌によって舞踏することを教えられた一匹の動物」としてであり、綱渡り師は他人の指示どおりに動く者、自分の意志を持たない死体にすぎない。綱渡り師は綱から墜落したから死体となったのではない。彼は最初から「死んだ同伴者」(「序説」九)なのである。

死体が綱渡り師を意味しているように、道化は綱渡り師を跳び越えた道化師を指している。「道化と死体の中間」とは「道化師と綱渡り師の中間」である。[26] ツァラトゥストラは道化師でも綱渡り師でもない中間的存在にすぎない。しかしそれは何を意味するのか。道化師が綱渡り師を跳び越えることは残酷な行為であり、綱渡り師への同情があればなしえない行為である。しかしツァラトゥストラは死にゆく綱渡り師を慰め、看取り、その死体を埋葬する。ツァラトゥストラは明らかに綱渡り師に同情している。ツァラトゥストラは超人(=道化師)を教えながら、道化師(=超人)によって跳び越えられる綱渡り師(永遠回帰の思想によって没落する者)に対する同情から解放されていない。「序説」のここでのツァラトゥストラは、「道化と死体の中間(分裂、中間的存在)」にすぎない。

ツァラトゥストラが「道化と死体の中間」にすぎないこと、あるいはむしろ死体の側にいることを知らしめるのは、ツァラトゥストラがその後に出会う人々、つまり道化師、墓掘人、隠者である。

五　道化師—墓掘人—隠者

綱渡り師の死体を埋葬しようとして町を出るツァラトゥストラは、道化師、墓掘人、隠者に出会う。それは奇妙な出来事である。そうした人々の登場の意味を読み取れないとすれば、『ツァラトゥストラ』という独自のテキスト(形象の物語)を読んだことにならない。こうした人々との出会いは何を意味するのか。

最初に出会うのは、綱渡り師を跳び越えた道化師である。彼がツァラトゥストラに語った最後の言葉は次のものである。「この町から立ち去れ。さもないと明日私がお前を跳び越えるだろう、生きている者が死んだ者を跳び越える（hinwegspringen）だろう」（「序説」八）。道化師がツァラトゥストラを跳び越えることは、道化師が綱渡り師を跳び越えることと同じ行為である。しかもそれは生きている者が死んだ者を跳び越えることとされている。ツァラトゥストラは綱渡り師と同じく、跳び越えられる者であり、死んだ者として扱われている。道化師はツァラトゥストラを「死んだ者＝綱渡り師」と同じ者として、死んだ者の側にいる者として捉えている。ツァラトゥストラは自分を「道化と死体の中間」と感じていた。しかし道化師はこの曖昧さを打ち砕く。道化師はツァラトゥストラが綱渡り師（死体、死んだ者）の側に立っていることを露にするのである。ツァラトゥストラは綱渡り師に同情している。それは跳び越される者（綱渡り師＝死体＝死んだ者）の側にいることを意味する。

ツァラトゥストラが次に出会うのは墓掘人たちである。彼らはツァラトゥストラを嘲笑い言う。「ツァラトゥストラは死んだ犬を運び去る。いいことだ、ツァラトゥストラが墓掘人になったとは。……悪魔はツァラトゥストラと死んだ犬の両者を盗む、悪魔は両者をむさぼり食うだろう」（「序説」八）。ツァラトゥストラが墓掘人となるとは、死体に関わる人間、死体の側にいる人間となることである。そしてここで悪魔が語られるが、この言葉は悪魔としての道化師を想起させる。悪魔がツァラトゥストラと死んだ犬を盗み、むさぼり食うとは、道化師が綱渡り師を跳び越えることと同じである。ツァラトゥストラは死んだ犬である綱渡り師と同じく、悪魔にむさぼり食われる者（跳び越えられる者）に属している。墓掘人たちは道化師の言葉と同じこと、つまりツァラトゥストラが死体と同じであることを語っている。

最後にツァラトゥストラは隠者の老人の家を訪ね、老人から食べ物と飲み物をもらう。そのときこの隠者は奇妙なことを言う。「お前の同伴者にも食べそして飲むように言いなさい。彼はお前より疲れている」（「序説」八）。死体にも食べ飲むように勧めることは極めて奇妙な行為である。こうした箇所こそ解釈を必要とする。一体何を意味しているのか。死体がツァラトゥストラと同じ扱いを受けるとは、ツァラトゥストラが死体と同じ扱いを受けることである。つまり老人はツァラトゥストラを死体と同じものとして扱っているのである。

ツァラトゥストラが出会う「道化師―墓掘人―隠者」はすべて、ツァラトゥストラを死体（死んだ者）として扱っている。そのことは「道化と死体の中間」という曖昧さを突き崩し、ツァラトゥストラが死体の側にいることを暴露している。ツァラトゥストラは死体なのである。このときのことをツァラトゥストラは第四部「高等な人間」一において回想している。

「その夕方私の仲間は綱渡り師、そして死体であった。そして私自身がほとんど一つの死体であった[27]」。

ツァラトゥストラ自身がほとんど死体であったことが回想されているが、このことを「道化師―墓掘人―隠者」の登場は示していたのである。しかし続けて次のように回想されている。「しかし新しい朝とともに私に新しい真理が訪れた……」（「高等な人間」一）。新しい真理とは何か。

六　新しい真理

ツァラトゥストラは綱渡り師の死体を空洞のある木のなかに置いた後、長い間眠った。そしてツァラトゥストラが起きたとき、彼は新しい真理を見た。「一つの光が私に生まれた。つまり私は同伴者を必要とする。それは生きた同伴者であって、私が行こうとするところへ私が運んでいく死んだ同伴者や死体ではない……」（「序説」九）。この新しい真理はツァラトゥストラが彼の教説にふさわしい者を必要とするということを意味する。それ故ツァラトゥストラは言う。「私は牧人であるべきではないし、墓掘人であるべきではない。私は決して再び民衆と話すつもりはない。私が死んだ者に語るのもこれが最後だ」（「序説」九）。「序説」においてツァラトゥストラは市場の民衆に語りかけた。しかし民衆に語りかけ彼らを導くのは牧人（僧侶）である。そしてツァラトゥストラは死んだ者を同伴者としたが、それは墓掘人の仕事である。『ツァラトゥストラ』は彼の教説にふさわしい者を求める物語である

（序章三）。第一部最終章「贈る徳」三において、ツァラトゥストラは彼の弟子たちと別れ、再び山に戻ろうとするときに次のように語る。

「お前たちはお前たちをいまだ求めたことがない。それでお前たちは私を見出した。このようにすべての信者は行う。それ故にすべての信仰など大したことではない。／今や私はお前たちに、私を失いお前たちを見出せと命令する。そしてお前たちすべてが私を否認したとき初めて、私はお前たちのもとに帰って来よう。／……／そしてさらにいつかお前たちは私の友となり、一つの希望の子供たちとなるべきである。そのとき私は、お前たちと共に大いなる正午を祝うために、三回目にお前たちのもとにいたいのだ」。

ここでツァラトゥストラは彼の三回の下山を語っている。最初の下山は「序説」と第一部を舞台としている。「序説」でツァラトゥストラが語る相手は市場の民衆と死体（綱渡り師）であった。第一部はツァラトゥストラの信者が彼の聞き手となる。しかしツァラトゥストラは弟子たちに彼を否認することを要求する。第二の下山は彼の教説が危機に瀕していることをきっかけとしてなされ、第二部を構成する。[28] 第二部の最初の章「鏡を持った子供」においてツァラトゥストラは語る。「私の友たちを失ってしまった。私の失われた者たちを求めるべき時が来た」。第四部最終章「徴」の最後はツァラトゥストラが第三の最後の下山をする場面で終わっている。それは一つの希望の子供たちと共に大いなる正午を祝うための下山である。「一つの希望の子供たち」こそがツァラトゥストラの教説、永遠回帰の教説に真にふさわしい者なのである。この者たちは「序説」では次のように言われている。「共に創造する者たちをツァラトゥストラは求める、共に収穫し共に祝う者たちをツァラトゥストラは求める」（「序説」九）。三回の下山が『ツァラトゥストラ』という物語の展開を規定しているが、それはツァラトゥストラの教説にふさわしい者を求めることとしてである。

「私の目標に私は向かおう。私は私の道を行く。ためらう怠惰な者たちを私は跳び越えるだろう。このように私の歩みが彼らの没落であって欲しい」（「序説」九）。

これが新しい真理を語るツァラトゥストラの最後の言葉である。すでに論じたように（二）、「ためらう怠惰な者たちを私は跳び越える」ことは、道化師が綱渡り師を跳び越えることと同じである。このことをさらに確認するために、この言葉に対応する草稿を見ることにしよう。

「私の目標に私は向かおう――今や私は私の道を行く。そして死んだ者が生きている者を跳び越える(hinwegspr.)べきではない(29)」。

ここでもhinwegspringenが使われているが、この表現は「序説」八での道化師の言葉を想起させる（五）。「この町から立ち去れ。さもないと明日私がお前を跳び越えるだろう、生きている者が死んだ者を跳び越えるだろう」。「生きている者が死んだ者を跳び越える」という道化師の言葉を念頭において、「死んだ者が生きている者を跳び越えるべきではない」とツァラトゥストラは語っている。ツァラトゥストラは「生きている者が死んだ者を跳び越える」と語る道化師、「哀れな綱渡り師を跳び越える道化師」になろうと決意しているのである。

ツァラトゥストラが「道化と死体の中間」という曖昧な立場を克服し新たな真理を獲得したのは、「彼の道を塞いでいた者を跳び越えた」道化師の登場（「序説」六）の謎を、そして道化師の語り（「序説」八）の謎を解いたからである。ツァラトゥストラは「謎を解く者」（「新旧の板」三）である（第四節五）。

道化師となることは、綱渡り師を跳び越え綱から落とすことを意味する。それは「私の歩みが彼らの没落であって欲しい」と決意することである。そのために綱渡り師（ためらう怠惰な者たち）に対する同情を克服しなければならない。この同情の克服こそ新しい真理の核心である。道化師は同情を克服しているが故に、悪魔のように綱渡り師を跳び越える。同情の克服というテーマは、永遠回帰の思想の襲来の断章においてすでに読み取ることができる（序章二）。そして「序説」はすでに同情というテーマを視野に収めている。ツァラトゥストラは「お前たちが体験しうる最大のこと」として次のように語っている。「それはお前たちが次のように言うときである、『私の同情に何の意味があろうか。同情は人間たちを愛する者がそれにくぎ付けされる十字架ではないか。しかし私の同情は十字架ではない』[30]」（「序説」三）。

ツァラトゥストラが道化師となろうと決意するのは正午においてであった。ツァラトゥストラは「私の目標に私は向かおう」と語るが、それは超人（道化師）として正午（大いなる正午）に向かうことなのである。大いなる正午においてツァラトゥストラは永遠回帰の思想を告知するが、それはためらう怠惰な者たちを道化師として跳び越えることである。この大いなる正午を迎えるために同情の克服が必要なのである。

「最後の教説。人間を克服するハンマーがここにある。／人間はできそこないか。いいだろう、人間がこのハンマーに耐えるかどうか我々は試そう。／これが大いなる正午である。／没落する者が自らを祝福する。／彼は無数の個人と人種の没落を予言する。／私は運命である。／私は同情を克服した。大理石の叫びにおける芸術家の歓呼の声[31]」（一八八四年春）。

ハンマーは「最も重い思想」としての永遠回帰の思想を形象化している[32]。大いなる正午において永遠回帰の告知によって「人間がこのハンマー（永遠回帰の思想）に耐えるかどうか」が試される。それによってハンマーに耐ええない無数の個人と人種が没落するだろう[33]。彼らの没落に対する同情があれば、永遠回帰の思想を告知することはできない[34]。それ故永遠回帰の告知のために「私は同情を克服した」と言いうるのでなければならない。「大理石の叫び」とは、芸術家（永遠回帰の告知者）がハンマー（永遠回帰の思想）によって大理石を打ち砕くことによる大理石の叫び（それに耐ええない無数の個人と人種の没落に際しての彼らの叫び声、古き世の没落）である[35]。永遠回帰の告知者は彼らへの同情を克服し、むしろ芸術家（創造者）として古き世の没落を意志し、新しき世を創造することに歓呼の声をあげるのである。「ためらう怠惰な者たちを私は跳び越えるだろう。このように私の歩みが彼らの没落であって欲しい」と語るツァラトゥストラは、同情を克服した道化師となって大いなる正午を迎えることを欲しているのである。

『ツァラトゥストラ』はツァラトゥストラが同情を克服した道化師となる物語である。そうであるとすれば、『ツァラトゥストラ』は単なる悲劇ではありえないだろう。

七　運命と笑い

本節の課題は「序説」における最も印象的な出来事、つまり道化師が綱渡り師を跳び越えることの意味を明らかにすることであった。そして道化師をツァラトゥストラの敵対者とする従来の解釈を批判することからその考察は開始された。道化師をこのように否定的に解釈する理由として、「人間はまた跳び越えられうる」とする道化師の思想、そして悪魔としての道化師が考えられる。この二つの理由についてはすでに批判的に検討した（二）。しかしツァラトゥストラを道化師と見なさないことの背景に、より深い理由がある。それは悲劇としての『ツァラトゥストラ』という根深い先入観である（第五節二）。道化師ツァラトゥストラという解釈視点は、こうした先入観から自由となった目で新たに『ツァラトゥストラ』を読み直すことを要求する。『ツァラトゥストラ』第一部が執筆された一八八三年の秋の断章は次のように書いている。

「どこからツァラトゥストラは我々のもとに来たのか。彼の父と母は誰なのか。運命と笑い（Schicksal und Lachen）がツァラトゥストラの父と母である。つまり恐ろしい運命と愛らしい笑いがこのような子供を生んだのだ[36]」。「運命と笑い（恐ろしい運命と愛らしい笑い）」といった二重性は、「認識の我々の情熱のうちに潜んでいる英雄そして道化をも（den Helden und ebenso den Narren）発見しなければならない」という『喜ばしき知』一〇七の言葉にも見出すことができる。「運命－英雄」と「笑い－道化」という仕方で、「運命と笑い」の二重性に「英雄と道化」が対応するだろう。『ツァラトゥストラ』第一部が完成した直後の手紙もこうした二重性を語っている。一八八三年二月一日の手紙はこの本を「私の最もよきもの」と言い、「これ以上に一層真剣なものはないし、また一層快活なものは私にない」と書いている[37]。同じ月の一三日の手紙は、「私の作品の最も真剣なものでありまた最も快活なもの」と書いている[38]。「最も真剣なもの－最も快活なもの」という二重性は「運命（英雄）と笑い（道化）」

に対応するだろう。「運命（英雄、真剣なもの）と笑い（道化、快活なもの）」という二重性の光のうちで『ツァラトゥストラ』を見なければならない。

ツァラトゥストラは次のように語っている。「私がかつて降りたより、一層深く苦痛の中へ、苦痛の最も黒い満ち潮に至るまで、私は降りて行かねばならない。このように私の運命（Schicksal）が欲するのだ。よし、私は準備ができている」（第三部「さすらい人」）。「私は私の言葉を語った。私は私の言葉によって砕ける。そのように私の永遠の運命（Los）が欲する。告知者として私は没落するのだ」（第三部「回復する者」二）。運命が欲する苦悩を自分の運命として引き受けることは英雄の行為である。それ故確かに『ツァラトゥストラ』は「英雄の運命の転変（テオプラストス）としての悲劇である。(39)しかし運命だけでなく、「運命と笑いがツァラトゥストラの父と母である」。笑いという言葉は『ツァラトゥストラ』第一部へ導く。

第一部「読むことと書くこと」においてツァラトゥストラは、「最高の山に登る者は、すべての悲-劇と悲劇的-真剣さを笑う」と語っている。これは『ツァラトゥストラ』第三部のモットーにもなる重要な言葉である。「最も真剣なもの－最も快活なもの」という二重性は、悲劇的-真剣さとそれを笑う快活さとして表現されている。「英雄は快活である。それが悲劇作家の気に入らない(40)」（一八八二年一一月－一八八三年二月）。『ツァラトゥストラ』を「私の作品の最も真剣なものでありまた最も快活なもの」と書いたとき、ニーチェはツァラトゥストラを快活な英雄と考えていた。(41)ツァラトゥストラは悲劇的-真剣さを笑う快活な英雄である。笑いは単なる悲劇を否定する。(42)

本節の冒頭に引用したように、「ツァラトゥストラ自身が哀れな綱渡り師を跳び越える道化師である」とすれば、『ツァラトゥストラ』は単なる悲劇ではない。悲劇の主人公は英雄であり、道化師を主人公とすることなどありえないからである。悲劇の主人公とされる英雄は『ツァラトゥストラ』において最高の位置を占めているのでなく、単に超えられるべき段階にすぎない。崇高な者には笑いと美が欠けているとされ、次のように言われている。「また彼の英雄の意志（Helden-Wille）を崇高な者はさらに忘れねばならない」（第二部「崇高な者」）。

「ツァラトゥストラが始まる（Incipit Zarathustra）」は「パロディが始まる（Incipit parodia）」であるが（序章六）、それはツァラトゥストラが「綱渡り師を跳び越える道化師（Possenreißer）」への歩みを始めることを意味する。つまり「道化師ツァラトゥストラの物語が始まる」。それ故に『ツァラトゥストラ』の始まり（「序説」）において、道化師が綱渡り師を跳び越えるという印象的な出来事が描かれたのである。道化師の登場はツァラトゥストラがなるべき姿を予め示している。これは『ツァラトゥストラ』を形象の物語とする一つの見事な芸術的技法である。(43)

しかし道化師という形象は単なる物語の技法の一つにすぎないのでなく、この形象はニーチェの実存に深く根づいていた。一八八九年一月八日にトリノに着いたオーヴァーベクは、精神錯乱に陥ったニーチェの様子について、ケーゼリッツ宛の手紙（一八八九年一月一五日）で書いている。「全体として見れば、新たな永遠性の道化師（Possenreißer）であるという、彼が自分自身に付与した天職を語ることが圧倒的に多かった(44)」。道化師ツァラトゥストラという形象は、狂気に陥ってもなお残っている「新たな永遠性の道化師」というニーチェ自身の天職の形象化であった。

第一節はツァラトゥストラのなるべき者が道化師＝超人であることを示した。『ツァラトゥストラ』において超人は最高の段階である。しかし第一部の最初の章で語られる「三つの変容」は、最高の段階を子供としている。超人と子供は同じ者を指す二つの形象と理解できるのだろうか。ツァラトゥストラの歩みを理解するためにも、「三つの変容」を主題としなければならない。

第二節　三つの変容

「精神の三つの変容を私はお前たちに語ろう。つまりいかにして精神が駱駝となり、そして駱駝が獅子となり、そして最後に獅子が子供になるかを語ろう」。

　第一部最初の章「三つの変容」の冒頭においてツァラトゥストラはこのように語っている。この有名な三つの変容は、これと似たような遺稿断章とともに、ニーチェ哲学の三つの発展段階を示すものとして解釈されてきた。[1]三つの変容をニーチェ哲学の発展の理解に利用することはもちろん解釈者の勝手である。しかしここでニーチェは彼自身の伝記的な事実を語っているのではなく、ツァラトゥストラがツァラトゥストラ自身の精神の変容を語っている。『ツァラトゥストラ』を一つの物語として読むことは、そのテキストの外へ出ることでも、外から理解することでもない。三つの変容は『ツァラトゥストラ』という物語そのもののうちで解釈されねばならない。ニーチェの生涯（テキストの外）ではなく、ツァラトゥストラの歩みこそが問われるべきである。ツァラトゥストラの歩みに何の光も当てることのない解釈は、『ツァラトゥストラ』を読むことと何の関係もない。この精神の三つの変容を『ツァラトゥストラ』そのものに即して読むことを試みよう。それはツァラトゥストラの歩みを明らかにするだろう。

一　最も重いものを求める駱駝

「畏敬をうちに秘めた、強い、重荷に耐える精神にとって、多くの重いものがある。重いもの、最も重いものを、この精神の強さは求める。／何が重いのか、とこの重荷に耐える精神は問い、駱駝のように跪き、そして十分に重荷を担わされることを欲する」（「三つの変容」）。

　精神の三つの変容を語った後に、ツァラトゥストラはこのように続けている。三つの変容における駱駝は「汝なすべし（Du-sollst）」の段階であるとされる。実際「精神はかつて『汝なすべし』をその最も神聖なものとして愛した」（「三つの変容」）と言われている。しかし駱駝としての精神の強さは重いもの、最も重いものを求める。それ故単に従来の価値（汝なすべし）に従順に従う民衆が駱駝であるわけではない。駱駝を単なる「汝なすべし」と同一視することは、駱駝を誤解することになる。駱駝は「十分に重荷を担わされることを欲する（gut beladen sein wollen）」、つまり駱駝は意志する（Wollen）のである。単に言われたとおりに「汝なすべし」に従順であること、他者の意志に単に従うこと（Sollen）は駱駝の精神ではない。精神は最初から駱駝であったのではなく、「精神の強さが重いもの、最も重いものを求める」ことによって初めて、「精神は駱駝となる」。それは「三つの変容」における精神の最初の変容なのである。最初から駱駝であれば、「駱駝から獅子へ」と「獅子から子供へ」という二つの変容しかないことになってしまう。駱駝は重荷を担わされることを意志し、重いもの、最も重いものを求める。駱駝の意志と強さがなければ、駱駝が砂漠へ行き、そこで獅子に変容することなどありえないだろう。重いもの、最も重いものを求め、それを担おうと意志する駱駝が、それを担うために「最も重いものとは何か」と問うことは当然である。

「最も重いものとは何か、お前たち、英雄たちよ、と重荷に耐える精神は問う。私はそれを背負い、私の強さを喜びたいのだ」（「三つの変容」）。

なぜ駱駝は「最も重いものとは何か」を英雄たちに問うのだろうか。それは英雄が「最も重いものとは何か」を知っているからである。駱駝は英雄を自分と同じ仲間と見なし、英雄に問うているのである。つまり英雄は、最も重いものを背負うことによって自分の強さを喜ぶ者であると理解されている。(2)

しかし英雄が駱駝の仲間、「英雄＝駱駝」とすることに、抵抗を感じるかもしれない。この抵抗感は、『ツァラトゥストラ』を悲劇とし、ツァラトゥストラを英雄と見なす先入観に由来する。しかし『ツァラトゥストラ』において英雄は最高の位置を占めているのでなく、英雄は超えられるべき段階にすぎない（序章五）。ツァラトゥストラが英雄であるとする先入観は捨てるべきである。僧侶はツァラトゥストラの敵であるが、その僧侶のなかに英雄がいる。第二部「僧侶」においてツァラトゥストラは次のように語る。「僧侶のなかにも英雄がいる。彼らの多くがあまりに多く苦悩した。それで彼らは他人に苦悩させようと欲するのだ。／彼らは悪しき敵である……」(3)。僧侶が英雄であるとすれば、英雄は乗り越えられねばならない。僧侶たちは「偽りの価値と妄想の言葉」、「彼らの妄想、彼らが神と呼ぶ間に合わせのもの」(「僧侶」)を見出した。しかし「自由への道を見出す」(「僧侶」)ために、僧侶たちから救済されねばならない。これは駱駝から獅子となる歩みである。「精神はかつて『汝なすべし』をその最も神聖なものとして愛した。今や精神は、自分の愛から自由を奪い取るために、最も神聖なもののうちにもさらに妄想と恣意を見出さねばならない。つまりこの奪い取りのために獅子が必要なのだ」(「三つの変容」)。しかし駱駝から獅子への精神の変容はツァラトゥストラ自身がなさねばならなかった変容である。「私の血は僧侶たちの血と血縁関係にある」(「僧侶」)とは、ツァラトゥストラがかつて僧侶＝英雄であったことを示している。

「駱駝＝英雄＝僧侶」という等式は[4]、英雄が超えられるべき段階であることを示すだけでなく、駱駝が求める最も重いものを理解するためにも重要な示唆を与えるだろう。最も重いものとして六つのことが挙げられている。分かりやすいように、番号を付して引用しよう。

「(1)最も重いものとはこのようなことではないか。自分の傲慢に痛みを与えるために、へりくだることではないか。自分の知恵を嘲笑うために、自分の愚かさを輝かせることではないか。／(2)あるいはこのようなことか。我々の仕事がその勝利を祝うとき、我々の仕事を去ることか。誘惑者を誘惑するために、高い山に登ることか。／(3)あるいはこのようなことか。認識のドングリと草を食べて暮らし、真理のために魂の飢えに苦しむことか。／(4)あるいはこのようなことか。病気であるのに慰める者たちを追い返し、お前が欲することを決して聞くことのない者と友情を結ぶことか。／(5)あるいはこのようなことか。真理の水があれば、きたない水の中に入り、冷たい蛙や熱いヒキガエルを振り払わないことか。／(6)あるいはこのようなことか。我々を軽蔑する者たちを愛し、幽霊が我々を恐れさせようとするとき、幽霊に手をさしのべることか」(「三つの変容」)。

最も重いものとして六つのことが語られている。一読しても(何度読んでも)一体何を言っているのか分からないだろう。まずここで挙げられている行為の共通の性格から考えてみよう。ツァラトゥストラは最も重いものとして、通常なされていることの反対の行為を挙げている。最も重いものを求める駱駝は普通の価値に従う民衆とは逆のことをなす。つまり駱駝は単なる普通の「汝なすべし」に従っているのではなく、その反対の行為をなそうとしている。単なる「汝なすべし」に従順である民衆から精神が駱駝へと変容するためには、最も重いものを求めることが必要なのである。

しかしなぜツァラトゥストラはこうした反対の行為を、しかも六つ挙げているのだろうか。六つの反対行為はイエスの山上の垂訓の六つの反対命題（アンチテーゼ）を想起させる。[5] 最も重いものとして六つ挙げているのは、ニーチェがイエスの六つの反対命題を念頭に置いているからであろう。その中で最も有名なのは六番目の反対命題である。「あなたがたも聞いているとおり、『隣人を愛し、敵を憎め』と命じられている。しかし、わたしは言っておく。敵を愛し、自分を迫害する者のために祈りなさい」という六番目の反対命題は、「我々を軽蔑する者たちを愛することと」という六番目に挙げられた最も重いものを想起させるだろう。つまり「我々を軽蔑する者たち（敵）を愛すること」は最も重いこと（最も困難なこと）である。さらに六番目の最も重いものは「幽霊が我々を恐れさせようとするとき、幽霊に手をさしのべること」とも言われている。これは第五の反対命題に対応するだろう。「あなたがたも聞いているとおり、『目には目を、歯には歯を』と命じられている。しかし、わたしは言っておく。悪人に手向かってはならない。だれかがあなたの右の頬を打つなら、左の頬をも向けなさい」（マタイ五・三八―三九）。つまり「幽霊が我々を恐れさせようとするとき（だれかがあなたの右の頬を打つなら）、幽霊に手をさしのべる（左の頬をも向ける）」。

言うまでもなく、イエスの六つの反対命題に定位して、ツァラトゥストラの六つの最も重いものすべてを理解することは不可能である。しかしここで「駱駝＝英雄＝僧侶」という等式を想起しよう。駱駝が「最も重いものは何か」と問う相手は英雄であった。そして僧侶のなかに英雄がいる。とすれば英雄としての僧侶が知っている「最も重いもの」はキリスト教の教えである。つまり最も重いものはキリスト教を背景として理解することができる。この視点から読むことによって、そのすべてでないとしても、かなりの部分が理解可能となる。差し当たりここでは第一の最も重いものをキリスト教から理解することを試みよう。

「自分の傲慢（Hochmut）に痛みを与えるために、へりくだること（sich erniedrigen）ではないか。自分の知恵を嘲笑うために、自分の愚かさを輝かせることではないか」（「三つの変容」）。

傲慢はキリスト教において批判されるべきものである。イエスは人を汚す悪として傲慢を批判している。「人から出てくるものこそ、人を汚す。中から、つまり人間の心から、悪い思いが出て来るからである。みだらな行い、盗み、殺意、姦淫、貪欲、悪意、詐欺、好色、ねたみ、悪口、傲慢（Hochmut）、無分別など、これらの悪はみな中から出て来て、人を汚すのである」[7]（マルコ七・二〇－二三）。それに対して「へりくだる（sich erniedrigen）」のはイエスの姿である。「人間の姿で現れ、へりくだって（Er erniedrigte sich selbst）、死に至るまで、それも十字架の死に至るまで従順でした」[8]（ピリピ書二・七－八）。さらに「自分の知恵（Weisheit）を嘲笑うために、自分の愚かさ（Torheit）を輝かせること」に対しては、『第一コリント書』における有名な言葉を引用すれば十分だろう。「十字架の言葉は、滅んでいく者にとっては愚かなものですが、わたしたち救われる者には神の力です。……知恵のある人はどこにいる。学者はどこにいる。この世の論客はどこにいる。神は世の知恵を愚かなものとされたではないか(Hat nicht Gott die Weisheit der Welt zur Torheit gemacht?)」[9]（第一コリント書一・一八－二〇）。「自分の愚かさを輝かせる（seine Torheit leuchten lassen）」と言われているのは、その背景に「神の愚かさは人より賢く、神の弱さは人よりも強いからです」（第一コリント書一・二五）という神の栄光があるからだろう。

六つのうち最初と最後の最も重いものは、明らかにキリスト教を背景にして理解することができる。他の四つの最も重いものもキリスト教から解釈することが可能だと思う。[10]ともかく以上の考察から言えることは、駱駝の求める最も重いものがキリスト教道徳だ、ということである。[11]キリスト教道徳という視点を確保することによって、三つの変容に光を当てることができるだろう。

二　駱駝から獅子へ――誠実さからの道徳の自己克服

「すべてのこうした最も重いものを、重荷に耐える精神は、重荷を担わされ砂漠へ急ぐ駱駝のように、自らに背負う。こうしてこの精神は自分の砂漠へ急ぐ」(「三つの変容」)。

重荷に耐える精神が自分の砂漠へ急ぐのはなぜなのか。最も重いものを求めることが駱駝の本質である。とすれば精神が自分の砂漠へ急ぐのは、最も重いものを求めるためであろう。そして駱駝は最も重いものを砂漠において見出すのである。遺稿は次のように書いている。「そうだ、重いものを担わされ、私は私の砂漠へ急いだ。しかしそこで私は初めて私の最も重いもの (mein Allerschwerstes) を見出した。／……／多くの重いものがある。そして私が若かったとき、私は最も重いものを大いに探し求めた。／そうだ、私は砂漠へ行った。そしてそこで初めて最も孤独な砂漠において、私は私の最も重いもの (mein Allerschwerstes) を見出した」[12](一八八二年一一月―一八八三年二月)。駱駝が彼の砂漠、「最も孤独な砂漠」において見出した「最も重いもの」とは何か。キリスト教道徳という視点は何を教えてくれるのか。そしてそのことは駱駝が獅子へと変容することといかに関係するのか。

「しかし最も孤独な砂漠において第二の変容が起こる。つまりここで精神は獅子となる。自由を精神は獲得し、自分自身の砂漠において主となろうとする」(「三つの変容」)。

駱駝から獅子への精神のこの第二の変容はいかにして起こるのか。「砂漠、獅子、自由、精神、砂漠における主」という言葉は第二部「有名な賢者」へ導く。「誠実である (wahrhaftig) ――このように私が呼ぶのは、神々のいない砂漠へ行き、自分の畏敬する心を砕いた者である。／……／飢えていて、残忍で、孤独で、神を持たない。自分自身がこのようにあることを獅子の意志は欲する。／奴隷の幸福から自由で、神々と崇拝から救済され、恐れを知らず恐ろしく、偉大で孤独である。誠実な者の意志はこうしたものである。／砂漠において昔から誠実な者たち、自由な精神たちが、砂漠の主として住んでいた」[13]。この箇所が「三つの変容」と関係していることは明白だろう。

駱駝は「重荷に耐える畏敬に満ちた精神（ein tragsamer und ehrfürchtiger Geist）」（「三つの変容」）である。その駱駝が砂漠へ急ぎ、そこで獅子へと変容する。それは「神々のいない砂漠へ行き、自分の畏敬する心（sein verehrendes Herz）を砕く」ことである。畏敬に満ちた精神としての駱駝は、自分の畏敬する心を砕くことによって、獅子となる。「自由を精神は獲得し」、「自由な精神」となる。それは誠実な者である。「獅子の意志」が「誠実な者の意志」であるとすれば、誠実さこそが駱駝を獅子へと変容させるだろう。

駱駝が求める最も重いものはキリスト教道徳であった。駱駝はこの道徳という重荷を十分に担おうと欲する。それはキリスト教道徳が生み出した誠実さによるのである。しかしこの誠実さは「最も神聖なもののうちにもさらに妄想と恣意を見出さねばならない」（「三つの変容」）ことへと導く。道徳（最も神聖なもの）の虚偽を暴くのは誠実さである。つまりキリスト教道徳が生みだした誠実さは、その道徳（最も神聖なもの）そのもののうちに妄想と恣意を見出さざるをえないことになる。それは「誠実さからの道徳の自己克服」である。[14]この自己克服が駱駝から獅子への変容として形象化されているのである。

ニーチェはツァラトゥストラという名の意味を「誠実さからの道徳の自己克服」のうちに見ていた（序章四）。ツァラトゥストラは最も誠実な者として道徳を克服する。道徳が生み出した誠実さは、道徳が誤謬であることを暴きだす。とすればツァラトゥストラは「誠実さからの道徳の自己克服」をする者として、三つの変容における獅子でなければならない。一八八三年秋の断章は言う。「隠者にとってツァラトゥストラは、孤独で、神を持たず、恐るべき、恐ろしい者として現われねばならない。／最も神聖なもののうちに妄想と恣意を見出す略奪する獅子（der raubende Löwe）」。[15]「三つの変容」における獅子も「略奪する獅子（der raubende Löwe）」（「三つの変容」）であり、「略奪する動物（ein raubendes Tier）」（「三つの変容」）としての猛獣（Raubtier）である。

しかし駱駝から獅子への変容は最も孤独な砂漠において起こる。「最も孤独な砂漠」と言われているのはなぜだろうか。『ツァラトゥストラ』はツァラトゥストラが永遠回帰の教師となる物語である。そして三つの変容はツァラトゥストラの歩みを画定している。とすれば三つの変容のうちに永遠回帰の思想を読み取ることができるはずである。そうでなければ、「三つの変容」が『ツァラトゥストラ』第一部の最初に置かれることなどなかっただろう。駱駝は最も重いものを求めるが、しかし永遠回帰の思想は最も重いものとされていた。駱駝は最も孤独な砂漠において、最も重いものとしての永遠回帰の思想を獲得するだろう。

三　最も孤独な砂漠

駱駝としての精神は「重いもの、最も重いものを求める（nach dem Schweren und Schwersten verlangen）」。駱駝は最も重いものを求めて、彼の砂漠へ急ぐ。「重いものを担わされ、私は私の砂漠へ急いだ。しかしそこで私は初めて私の最も重いもの（mein Allerschwerstes）を見出した[16]」（一八八二年一一月―一八八三年二月）。しかし駱駝が見出した「私の最も重いもの」とは何か。

『ツァラトゥストラ』において「三つの変容」以外で「最も重いもの」が語られるのは、第三部「幻影と謎」二においてである。「このようにすべての最も重い最も黒いもの（alles Schwerste, Schwärzeste）がその喉に這い込むだろう人間とは誰か」。この「最も重い最も黒いもの」とは、黒い重い蛇としての永遠回帰の思想である（第一節三）。つまり永遠回帰の思想は最も重いものである。永遠回帰の思想は一貫して「最も重い認識」、「最も重い思想」とされている（序章二）。とすれば駱駝が最も孤独な砂漠で見出す「私の最も重いもの」とは永遠回帰の思想であろう。

最も重いものとして五番目に挙げられているのは真理を求めることであった。「真理の水があれば、きたない水の中に入り、冷たい蛙や熱いヒキガエルを振り払わないことか」。遺稿の次の断章がこれに対応すると考えられる。「そうだ、すべてのこの重荷を私は担った。私は跪き、すべての重荷を背負った。駱駝のように私は頭をかがめ、砂漠へ急いで旅立った。／苦悩させる真理がどこにあるのか、と私は叫んだ[17]」（一八八二年一一月―一八八三年二月）。「苦悩させる真理」が最も重いものであるが、その真理のうちに永遠回帰の思想が含まれているだろう。「最も苦痛を与える真理（可能性）を呼び出す。もしお前がこれを永遠に繰り返し体験するとすれば、どうだろうか[18]」（一八八三年秋）。永遠回帰の思想が最も苦痛を与える真理であることは明白である。とすれば最も重いものとして挙げられている「きたない水（真理の水）の中に入る」ことのうちに、永遠回帰の思想の獲得を読み取ることができるだろう。駱駝は「十分に重荷を担わされることを欲する（gut beladen sein wollen）」、つまり駱駝は意志する（Wollen）。この意志のうちに真理への意志がある。真理への意志は最後に「最も苦痛を与える真理」として永遠回帰の思想を見出す。駱駝が砂漠で見出す「私の最も重いもの」はツァラトゥストラの思想としての永遠回帰の思想である。

しかし以上の考察は遺稿に基づいているにすぎない。『ツァラトゥストラ』というテキストに即して、駱駝が砂漠において永遠回帰の思想を見出すと言えるのだろうか。「三つの変容」と遺稿の言葉（二）を想起しよう。そこでは共通に「最も孤独な砂漠」が語られていた。

「最も孤独な砂漠において（in der einsamsten Würste）第二の変容が起こる。つまりここで精神は獅子となる」（「三つの変容」）。

「そうだ、私は砂漠へ行った。そしてそこで初めて最も孤独な砂漠において（in der einsamsten Würste）、私は私の最も重いものを見出した」（一八八二年一一月－一八八三年二月）。

そこにおいて最も重いものを見出し、駱駝が獅子となる「最も孤独な砂漠」とは何を意味するのか。「最も孤独な」という言葉は、永遠回帰の思想が初めて語られた『喜ばしき知』三四一における「最も孤独な孤独」を想起させる。「最大の重し。――もし或る日、あるいは夜に、一人のデーモンがお前の最も孤独な孤独（deine einsamste Einsamkeit）のなかにこっそり忍び込み、お前に次のように言ったとすれば、どうだろうか。『お前が今生きており生きたこの生をお前がさらにもう一度、そしてさらに無限回生きなければならない……』」。「お前の最も孤独な孤独」のなかにこっそり忍び込んだデーモンが語っているのは永遠回帰の思想である。永遠回帰の思想が立ち現われるのは、最も孤独な孤独のうちにおいてである。このことは永遠回帰の思想に固有のことである。

第三部「幻影と謎」において初めて永遠回帰の思想が語り出される。それは小人と牧人の幻影としてである。この幻影をツァラトゥストラは次のように話し始める。「お前たちにだけ私は私が見た謎を話そう——最も孤独な者の見た幻影を」(「幻影と謎」一)。そして幻影を語り終わったときに言う。「さあ、ともかく私がそのとき見た謎を解いてくれ。さあ、ともかく最も孤独な者の見た幻影を解釈してくれ」(「幻影と謎」二)。永遠回帰の思想が示される幻影は最も孤独な者に現われる。「幻影と謎」の元の表題は「最も孤独な者の見た幻影(Vom Gesicht des Einsamsten)」だった。[19] この表題が意味するのは、『喜ばしき知』における「最も孤独な孤独」と同じ事態である。「幻影と謎」において永遠回帰の思想はその否定面として、深淵として現われる。それは「最も孤独な者の見た幻影」としてであるが、しかし永遠回帰の肯定的な世界もまた「最も孤独な者」に訪れる。第三部「日の出前」において「太陽より先にお前は私のもとに、最も孤独な者のもとにやって来た」と語られている。ここで「お前」と言われているのは「私の上なる天空、純粋なもの、深きもの、光の深淵」と呼びかけられているものである。光の深淵は永遠回帰の肯定的な世界であるから(第四節四)、ここでも永遠回帰と最も孤独な者との結びつきは明白である。永遠回帰の思想は最も孤独な者に対して現われるのである。

そうであるとすれば、駱駝から獅子への精神の変容が起こる「最も孤独な砂漠」は、永遠回帰の思想を語るデーモンが忍び込む「最も孤独な孤独」、永遠回帰の思想がそれに対して現われる「最も孤独な者」と同じことを意味しているだろう。つまり最も孤独な砂漠において駱駝は、最も重いものとして永遠回帰の思想を見出すのである。[20]

永遠回帰の思想は『ツァラトゥストラ』の根本思想であるから、ツァラトゥストラの歩みを画定する「三つの変容」のうちに永遠回帰の思想を読み取ることは当然である。永遠回帰の思想を見出すことによって、「最も孤独な砂漠において第二の変容が起こる。つまりここで精神は獅子となる」。ツァラトゥストラは永遠回帰の思想をすでに知っている者として登場しているのだから、ツァラトゥストラは獅子である。

獅子の意志は「飢えていて、残忍で、孤独で、神を持たない」(「有名な賢者」)ことを欲する。ツァラトゥストラはその登場の最初から「神が死んだ」（「序説」二）ことを知っており、「そうだ、私はツァラトゥストラ、神を持たない者である」（「小さくする徳」三）と語る。つまりツァラトゥストラは三つの変容における獅子なのである。「勝利を賭けて獅子は大きな竜と戦う」（「三つの変容」）が、ツァラトゥストラはどんな戦いをするのだろうか。

四　獅子が戦う竜と重さの霊

「ここで獅子としての精神は彼の最後の主を探し求める。彼は彼の最後の主、彼の最後の神の敵となろうとする。勝利を賭けて彼は大きな竜と戦おうとする。／精神がもはや主とも神とも呼ばないこの大きな竜とは何なのか。『汝なすべし』とこの大きな竜は呼ばれる。しかし獅子の精神は『我欲す』と言う」（「三つの変容」）。

獅子が勝利を賭けて戦う大きな竜は「汝なすべし」と呼ばれている。つまりそれは道徳の形象である。「精神がもはや主とも神とも呼ばないこの大きな竜」は、かつて精神（駱駝の精神）によって主、神と呼ばれていた。つまり大きな竜は、かつて駱駝の精神がその重荷を担おうとしたキリスト教道徳の形象である。獅子が竜と戦うことは、「誠実さからの道徳の自己克服」を意味している。

三つの変容が『ツァラトゥストラ』の展開を規定しているとすれば、獅子が戦う竜もその展開を導いているだろう。しかし『ツァラトゥストラ』において竜は「三つの変容」以外では、二度しか登場しない。「今までに竜が蛇の毒で死んだことがあるだろうか」（第一部「毒蛇のかみ傷」）。「しかしいつか一層大きな竜がこの世に生まれるだろう。／なぜなら超人にとって、彼の竜、彼にふさわしい超-竜が欠けていないためにである」（第二部「処世術」）。第一の用例は三つの変容の竜と無関係だろうし、第二の用例もさしあたりその意味は不明である。しかしこのことは『ツァラトゥストラ』において「三つの変容」における竜が何の役割も果たしていないことを意味するのでなく、むしろ竜は違った姿・形象として登場している。竜は重さの霊として現われる。このことを証明しなければならない。

獅子が戦う竜は獅子の敵であり、また道徳の神である。『ツァラトゥストラ』においてこの二つの性格を持っているものがあるだろうか。ツァラトゥストラが獅子であるとすれば、ツァラトゥストラが勝利を賭けて戦う敵がいなければならない。その敵とは重さの霊である。重さの霊がツァラトゥストラの敵であることは、『ツァラトゥストラ』全体を通して一貫している。『ツァラトゥストラ』第一部から第四部までの各部から引用してみよう。「私が私の悪魔を見たとき、私は彼が真剣で、徹底的で、深く、荘重であるのを見た。それは重さの霊であった。彼によってすべてのものは落下する。／怒りによってでなく、笑いによって人は殺す。さあ、重さの霊を殺そうではないか」(第一部「読むことと書くこと」)。「私は悪魔の前では神の代弁者である。しかし悪魔とは重さの霊である。……『世界の主』であると言われている重さの霊、私の最高の最強の悪魔に対する舞踏・嘲笑の歌」(第二部「舞踏の歌」)。「上方へ。つまり私の足を下方へ引き寄せ、深淵へと引き寄せる霊に抗して、重さの霊、私の悪魔・不倶戴天の敵に抗して」(第三部「幻影と謎」一)。「この日は一つの勝利である。彼はすでに後退し、彼は敗走する、重さの霊、私の昔なじみの不倶戴天の敵は。あれほど悪く重く始まったこの日が、何と善く終わろうとしていることか」(第四部「覚醒」一)。ツァラトゥストラが獅子であるとすれば、この獅子が戦う敵は重さの霊以外に考えられないだろう。

重さの霊がツァラトゥストラの敵であるという点で、「重さの霊＝竜」が一応示された。では道徳の神としての竜という点はどうだろうか。第三部「新旧の板」二において次のように言われている。「そこで私はまた、私の昔なじみの悪魔・不倶戴天の敵、重さの霊を、そして重さの霊が創造したすべてのもの、つまり強制、規定、必要と結果と目的と意志と善と悪を再び見出した」。重さの霊が創造した「強制、規定、必要と結果と目的と意志と善と悪」は、竜の「汝なすべし」であり、竜が語る言葉「すべての価値はすでに創造された、すべての創造された価値、それは私だ」(「三つの変容」)に対応するだろう。つまり重さの霊は「汝なすべし」の竜なのである。

第三部「重さの霊」二において「大地と生は重い。そのように重さの霊は欲する」と語られる。それは「生は担うのに重い」と言い換えられ、次のように言われる。「ほとんど揺りかごのなかにいるときからすでに我々に、重い言葉と価値が持参金としてつけられている。『善』と『悪』——このようにこの持参金は呼ばれている。……駱駝のように彼は跪き、十分に重荷を背負わされる。／畏敬をうちに秘めた重荷に耐える強い人間が特にそうである……」。ここで三つの変容における駱駝が語られているが、駱駝にとって「生は担うのに重い」のは、重さの霊が「善と悪」という重い言葉と価値を担わせるからである。重さの霊は「汝なすべし」の竜である。

「すべての価値はすでに創造された、すべての創造された価値、それは私だ。まことに、もはや『我欲す』は存在すべきではない」（「三つの変容」）。

このように竜は語る。竜の言葉「もはや『我欲す』は存在すべきではない」は、重さの霊の言葉「あらゆる投げられた石は落下しなければならない」（「幻影と謎」一）と同じことを意味する。それは「我欲す」の空しさを指摘している。いかなる「我欲す」も、つまりどんなに石を高く投げ上げても、その石は結局落下するだけで、何も新しいことは起こらない。すべての価値はすでに創造されているのだから、新しい価値を欲するべきではない。

『ツァラトゥストラ』において「三つの変容」の竜は重さの霊として登場している。「竜＝重さの霊」から第二部「処世術」における竜の意味が理解できるようになるだろう。「処世術」において超人と超-竜が現われるのは未来であるが、それは「かつて造形美術家が夢見たより一層遠い未来へ、一層南の南国へ、つまり神々がすべての衣服を恥じるところへ」（「処世術」）と言われるところである。この言葉はほとんどそのまま、第三部「新旧の板」二において繰り返される。「いかなる夢もいまだ見たことのない遠い未来へ、かつて造形美術家が夢見たより一層暑い南国へ、つまり神々が舞踏しながらすべての衣服を恥じるところへ」。この同じ場面設定において、超-竜と重さの霊が語られている。その対応を示すために二つの箇所を並べてみよう。

(1)「しかしいつか一層大きな竜がこの世に生まれるだろう。／なぜなら超人にとって、彼の竜、彼にふさわしい超-竜が欠けていないためにである。……／まずお前たちの山猫が虎に、お前たちの毒ヒキガエルが鰐にならねばならない。なぜならよき猟師はよき獲物を持つべきだからである」（「処世術」）。

(2)「そこで私はまた、私の昔なじみの悪魔・不倶戴天の敵、重さの霊を、そして重さの霊が創造したすべてのもの、つまり強制、規定、必要と結果と目的と意志と善と悪を再び見出した。／なぜなら、それを超えて舞踏され、舞踏し乗り越えられるものがある必要はないのか。軽い者たち、最も軽い者たちのために、モグラと重い小人がいる必要はないのか」（「新旧の板」二）。

(1)の「超-竜（Über-Drache）」という語は超人（Über-Mensch）にふさわしい竜を言い表わしている。(2)の「重い小人」は第三部「幻影と謎」における小人、「重さの霊、私の悪魔・不倶戴天の敵」としての小人、つまり「私の昔なじみの悪魔・不倶戴天の敵、重さの霊」である。「超-竜＝重さの霊（重い小人）」を示さねばならない。(1)において、よき猟師（超人）はよき獲物（超-竜）を持つべきである、と言われている。なぜならよき猟師（超人）であることを示しうるのは、よき獲物（狩るのに困難な獲物）を、つまり超-竜を狩ることによってだからである。(2)もまた同じことを言い表わしている。最も軽い者は重い小人を必要としている。なぜなら最も軽い者がその軽さを示しうるのは、重い小人（＝重さの霊）に抗して軽々と舞踏することによってだからである。(1)と(2)は同じことを語っている、つまり超人（最も軽い者）は超-竜（重さの霊）を必要とする。超人が最も軽い者に対応しているように、超-竜は重さの霊に対応している。

(2)は「新旧の板」二の最後に語られているが、それに続いて「新旧の板」三の冒頭で「私が『超人』という言葉を拾い上げたのは、そこであった」と言われている。(2)において「そこで」と言われているところで、ツァラトゥストラは「『超人』という言葉を拾い上げた」のである。つまり(2)の「最も軽い者」は超人を念頭において書かれている。超人が最も軽い者であることは第二部「至福の島」から読み取ることができる。「一つの影が私のもとに来た――すべての物のうちで最も静かなるもの・最も軽いものがかつて私のもとに来たのだ。／超人の美が影として私のもとに来た」。「超人＝最も軽い者」であるように、「超-竜（超人にふさわしい竜）＝重さの霊」である。つまり竜は重さの霊を意味する。
以上の考察によって、「三つの変容」における獅子が戦う竜は、『ツァラトゥストラ』において重さの霊として登場していることが証明された。ツァラトゥストラは重さの霊と戦っているのだから、ツァラトゥストラは獅子であることになる。ツァラトゥストラが獅子であること、つまりツァラトゥストラが過去において駱駝であったこと、そして未来において獅子から子供へ変容することを『ツァラトゥストラ』に即して証示しよう。

五　ツァラトゥストラの変容（駱駝から獅子へ、獅子から子供へ）

ツァラトゥストラがかつて駱駝であったことは、すでに引用した「三つの変容」のヴァリアントから明らかである（二）。「私が若かったとき、私は最も重いものを大いに探し求めた。／そうだ、私は砂漠へ行った。そしてそこで初めて最も孤独な砂漠において、私は私の最も重いものを見出した」[21]。私＝ツァラトゥストラは若いとき駱駝だったのである。このことは『ツァラトゥストラ』においても「私の血は僧侶たちの血と血縁関係にある」（「僧侶」）と言われていることから疑う余地がない。つまりツァラトゥストラはかつて「駱駝＝英雄＝僧侶」であった（一）。さらに第一部「背後世界論者」に定位しよう。

「かつてツァラトゥストラは、すべての背後世界論者たちのように、彼の妄想を人間の彼岸へと投影した。一人の苦悩し憔悴した神の作品のように世界は私にそのとき現われた」。

自分がかつて背後世界論者の一人であったことを、ツァラトゥストラはこのように回想している。背後世界論者はキリスト教の僧侶である。しかしツァラトゥストラはこの段階を克服した。「私は私を、苦悩する者を克服した」（「背後世界論者」）のである。この克服はツァラトゥストラの変容であるが、それはいかにして可能となったのか。「ますます正直に話すことをそれは学ぶ、自我は。つまり自我が学べば学ぶほど、それだけ一層自我は身体と大地のための言葉と栄光を見出す」（「背後世界論者」）。つまりツァラトゥストラは「正直と呼ばれる、徳のなかで最も若い徳」（「背後世界論者」）によって、彼岸ではなく、大地にその意味を見出した。それは「妄想を人間の彼岸へと投影すること」（「背後世界論者」）の批判であり、「最も神聖なもののうちに妄想と恣意を見出す」（「三つの変容」）ことである。これは「誠実さからの道徳の自己克服」であった（二）。この自己克服はここで、正直（Redlichkeit）という最も若い徳によるキリスト教の克服として語られている[22]（序章四）。ツァラトゥストラが背後世界論者としての自分を克服することは、駱駝から獅子への変容である。ツァラトゥストラの変容は第四部「退職」において明確に語られている。年老いた法王はツァラトゥストラに言う。

「おお、ツァラトゥストラよ、こんなにも不信仰なのに、お前が信じているより、お前は敬虔なのだ。お前の内なる或る神が神を持たないことへお前を改宗させたのだ。／神をもはや信じないようにお前をするのは、お前の敬虔さそのものではないか。そしてお前のあまりに大きな正直さがお前をまたさらに善悪の彼岸へ運び去るだろう」。

ここでツァラトゥストラの二つの変容が語られている。「お前の内なる或る神が神を持たないことへお前を改宗させた」こと、そして「お前のあまりに大きな正直さがお前をまたさらに善悪の彼岸へ運び去るだろう」ことである。前者は過去のこととして、後者は未来のこととして書かれている。現在ツァラトゥストラは「神を持たないこと（Gottlosigkeit）」という段階にいる。つまりツァラトゥストラは「神を持たない者（der Gottlose）」としての獅子である。とすれば最初の変容は駱駝から獅子への変容である。この変容は「お前の内なる或る神が神を持たないことへお前を改宗させた」と語られるが、「お前の内なる或る神」は「お前の敬虔さ」と言い換えられている。敬虔さは「お前の内なる或る神」としてキリスト教道徳に由来する徳である。この敬虔さがついに神を否定するに至ったのである。つまりこの変容はキリスト教の自己克服、「誠実さからの道徳の自己克服」を意味する。[23] これは先に言われた正直さによるキリスト教の自己克服と同じ事態である。

第二の変容は「お前のあまりに大きな正直さがお前をまたさらに善悪の彼岸へ運び去るだろう」と表現されている。「またさらに（auch noch）」という表現は、正直さが第一の変容も引き起こしたことを示している。キリスト教に由来する同じ徳（敬虔さ＝正直さ）がツァラトゥストラの二つの変容を可能にする。「私の血は僧侶たちの血と血縁関係にある」（「僧侶」）ことがこの二つの変容を引き起こすのである。第二の変容は未来のこととして書かれているから、ツァラトゥストラがこれからなすべき変容である。第一の変容が「駱駝から獅子へ」であるとすれば、第二の変容は「獅子から子供へ」であろう。『善悪の彼岸』は子供の段階を意味する。『ツァラトゥストラ』においてツァラトゥストラは獅子として登場する。そして『ツァラトゥストラ』の最後において、善悪の彼岸へと到達する、つまり子供への変容が起こる。これを示すのが、鳩の群れを伴った笑う獅子である。ツァラトゥストラの成熟・完成は、子供となることを意味する。それは第二部最終章「最も静かな時」における要求の実現である。

最も静かな時はツァラトゥストラに語る。「お前は力を持っているが、お前は支配することを欲しない。これがお前の最も許しがたいことだ」（「最も静かな時」）。「お前は力（Macht）を持っている」とはツァラトゥストラが獅子であることを意味する。「三つの変容」において「獅子の力」が語られている。「新しい価値を創造すること――これは獅子もいまだなしえない。しかし新しい創造のための自由を手に入れること――これは獅子の力（die Macht des Löwen）がなしうる」。とすれば、「お前が支配することを欲しない」とは、ツァラトゥストラが獅子から子供へ変容しようとしないことだろう。実際、支配することを要求する最も静かな時は、ツァラトゥストラに子供になることを要求する。「おお、ツァラトゥストラよ、お前は来なければならない者の影として歩むべきである。そのようにお前は命令し、命令しながら先行するだろう／……／お前はさらに子供になり、羞恥をなくさねばならない。／青春の誇りがまだお前にある。お前は遅れて若くなったのだ。しかし子供になろうとする者はまたさらに自分の青春を克服しなければならない。」（「最も静かな時」）。「支配すること」は「子供になること」を意味する[24]（七）。

第二部の最終章において最も静かな時はツァラトゥストラに「お前は力を持っているが、お前は支配することを欲しない」と言う。これは第二部までのツァラトゥストラのあり方を示している。つまり「力はある（獅子である）が、支配しようと欲しない（子供になろうとしない）」。第一部と第二部においてツァラトゥストラは獅子であるが、獅子であることにとどまっている。[25] 最も静かな時の要求に応えるために、第三部からツァラトゥストラは獅子から子供への変容の歩みを開始する。それは最も静かな時が語る二つの課題を果たす歩みである。つまり「偉大なことを成し遂げること」（永遠回帰の思想との対決）（第三部）、そして「偉大なことを命令すること」（永遠回帰の思想の告知としての命令）のために同情を克服すること（第四部）である（第三節(六)）。永遠回帰の思想と対決し、同情を克服することによって、ツァラトゥストラは「偉大なことを命令する子供」となるのである。『ツァラトゥストラ』はツァラトゥストラが獅子から子供へ変容する物語である。

六　子供の世界

「しかし言え、私の兄弟たちよ、獅子もできなかった何を、さらに子供はできるのか。なぜ略奪する獅子がまたさらに子供にならねばならないのか。／子供は無垢であり、忘却すること、新たに始めること、遊戯、自ら回転する車輪、第一の運動、聖なる然りを言うことである。／そうだ、創造の遊戯のために、私の兄弟たちよ、聖なる然りを言うことが必要なのだ。精神は今や彼の意志を意志する、世界を喪失した者は彼の世界を獲得するのだ」（「三つの変容」）。

子供は「無垢、忘却すること、新たに始めること、遊戯、自ら回転する車輪、第一の運動、聖なる然りを言うこと」である。しかしこのことを引用し繰り返すだけでは、子供を理解したことにはならない。そして『ツァラトゥストラ』における「子供」の用例を調べても理解はほとんど進まない。「三つの変容」における子供を解明するために、子供の世界に定位するのがいいだろう。「世界を喪失した者は彼の世界を獲得する」とされるが、「彼の世界」とは子供の世界である。駱駝は「汝なすべし」による彼の世界を持っていた。獅子はその世界を否定するが、しかし自分自身の世界を創造することはできない。獅子は「世界を喪失した者」である。獅子が子供になることによって、「世界を喪失した者は彼の世界を獲得する」。精神が子供となることによって獲得する世界を明らかにすることを通して、子供とは何かに答えることができるだろう。

しかし子供の世界を『ツァラトゥストラ』のうちに探すことができるのか。そして何を手引きにして探せばいいのか。その手引きとなるのは、子供を特徴づける言葉、つまり「無垢、忘却すること、新たに始めること、遊戯、自ら回転する車輪、第一の運動、聖なる然りを言うこと」である。子供のこうしたあり方は子供の世界において可能となる。子供となることと子供の世界を獲得することは同義である。

「三つの変容」における子供の最初の特徴は「無垢」である。この言葉は第三部「日の出前」の冒頭に現われる。「おお、私の上なる天空よ、お前純粋なものよ、深いものよ、お前光の深淵よ。お前を見ながら、私は神的な欲望におののく。／お前の高みへ私を投げ込むこと――それが私の深さだ。お前の純粋さの中に私を隠すこと――それが私の無垢だ」。ここで「私の無垢（mein Unschuld）」が語られているが、それは光の深淵としての天空の純粋さの中に身を潜めることである。深淵が永遠回帰の否定的な世界を形象化するのに対して、光の深淵は永遠回帰の肯定的な世界の形象である（第四節五）。「日の出前」の世界は「世界は深い、昼が考えたより深い」と言われるが、それは第四部「酔歌」で歌われる世界、永遠回帰の肯定的な世界である。その肯定的な世界に身を隠す、つまりその世界を獲得することは、私が無垢であること、つまり「無垢（Unschuld）としての子供」であることを意味するだろう。

それ故次のように言われる。「お前が私のまわりにいるだけで、私は祝福する者であり、然りを言う者である、お前純粋なもの、光輝くもの、お前光の深淵よ」（「日の出前」）。この「然りを言う者（ein Ja-Sager）」は「聖なる然りを言うこと（ein heiliges Ja-sagen）としての子供」である。

光の深淵としての世界はさらに遊戯の世界である。「お前は私にとって神的な偶然のための舞踏場であり、お前は私にとって神的なさいころとさいころ遊びをする者のための神々のテーブルなのだ[26]」（「日の出前」）。さいころ遊びをする者（Würfelspieler）とは「遊戯（ein Spiel）としての子供」であろう[27]。子供が遊戯するこの世界は「神的な偶然のための舞踏場」とされるが、偶然は無垢な子供として形象化される。「偶然を私のもとへ来させよ。偶然は子供（ein Kindlein）のように無垢である」（第三部「オリーブの山」）。偶然とは「忘却すること、新たに始めること、遊戯としての子供」である。[28]「日の出前」の世界は子供の世界、「すべての物がむしろ偶然という足で舞踏することを好む」（「日の出前」）と言われる世界である。「舞踊する」という言葉は、第三部「回復する者」においてツァラトゥストラの動物たちが歌う世界を想起させる。

「すべての物はそれ自身舞踏する。それは来て、手をさしのべ、笑い、逃げる――そして帰って来る。／すべてのものは行き、すべてのものは帰って来る。存在の車輪は永遠に回転する。すべてのものは死に、すべてのものは再び花開く。永遠に存在の年はめぐる。／すべてのものは壊れ、すべてのものは新たに組み立てられる。永遠に存在の同じ家は建てられる。すべてのものは別れ、すべてのものは再び会う。永遠に存在の円環は自分に忠実である。／あらゆる瞬間に存在は始まる。あらゆる此処のまわりで彼処の球が回転する。中心は至る所にある。永遠性の道は曲がっている」（「回復する者」二）。

ツァラトゥストラの動物たちは永遠回帰の肯定的な世界をこのように歌っている（第五節三）。動物たちが歌う「すべての物がそれ自身舞踏する」世界は、「すべての物がむしろ偶然という足で舞踏することを好む」世界と同じである。とすれば、この世界もまた子供の世界であろう。「存在の車輪は永遠に回転する（ewig rollt das Rad des Seins）」が、それは「自ら回転する車輪（ein aus sich rollendes Rad）としての子供」を想起させるだろう。そして「あらゆる瞬間に存在は始まる（In jedem Nu beginnt das Sein）」ことは、「新たに始めること（ein Neubeginnen）としての子供」の姿である。これはツァラトゥストラの動物たちが歌う世界、永遠回帰の肯定的な世界であるが、動物は無垢である。「動物には無垢が属している」（第一部「純潔」）。動物たちが歌う世界は「無垢としての子供」の世界である。

「日の出前」における光の深淵としての世界、そして「回復する者」において動物たちが歌う世界は、子供の世界である。しかしツァラトゥストラはいまだ子供の世界に達していない。「日の出前」の世界は、「意に反する至福」のうちでツァラトゥストラが幻視するのであり、それは彼がいまだ獲得していない世界である。そして第三部「回復する者」においても、ツァラトゥストラは疲れ切った回復期の患者（der Genesende）にすぎず、動物たちが歌う世界にいまだ到達していない（第五節四）。ツァラトゥストラがこの子供の世界を獲得するのは、『ツァラトゥストラ』の最後においてである。(29)

七　子供と超人

以上で精神の三つの変容を辿り終えたが、その変容の最高の段階は子供である。しかしツァラトゥストラが指し示す目標、最高の段階は超人である。「見よ、私はお前たちに超人を教える。／超人は大地の意味である」（「序説」三）。つまり『ツァラトゥストラ』は最高の段階として目指すべき目標を、超人、そして子供としている。とすれば『ツァラトゥストラ』において子供＝超人でなければならない。子供と超人が別々のものであれば、それ自体奇妙なことだろう。「三つの変容」における竜が『ツァラトゥストラ』の展開のうちで、重さの霊として登場するように（四）、「三つの変容」での子供は、ツァラトゥストラの教説において超人として教えられるだろう。

まず子供と超人が『ツァラトゥストラ』において同一視されていることを確認しよう。第一部「老いた女と若い女」において、「お前の希望が『私は超人を産みたい』であって欲しい」とツァラトゥストラは言う。このことを第一部「子供と結婚」は次のように表現している。「創造者にとっての渇望、超人への矢と憧憬。語れ、私の兄弟よ、それが結婚へのお前の意志なのか」。結婚の目的は超人を産むこととされている。しかし「子供と結婚」は同じことを次のように言い表わしている。「より高い身体をお前は創造すべきである、第一の運動、自ら回転する車輪を。創造者をお前は創造すべきである」。「第一の運動、自ら回転する車輪」が三つの変容における子供を意味していることは明白であるから、「超人を産むこと」＝「子供を創造すること」、つまり「超人＝子供」である。

『ツァラトゥストラ』において子供と超人が同一視されているのは確かである。しかし「子供＝超人」とすることに対して、抵抗を感じるかもしれない。それは子供と超人の一般的なイメージに由来するだろう。「無垢、忘却することと、新たに始めること、遊戯、自ら回転する車輪、第一の運動、聖なる然りを言うこと」から生じる子供のイメージは、「一人で無邪気に遊び戯れる幸福な小児」であろう。それに対して、人間を克服した超人は力への意志の最高の体現者であり、その力によって他者に命令する仮借なき支配者というイメージである。この二つのイメージはとても重なるようには見えない。しかしこうした対立したイメージそのものが誤っている。

超人は「大地の意味」、「大海」、「稲妻・狂気」（「序説」三）とされている。しかしこのような言葉に定位しても、子供との同一性など言えない。「超人＝子供」を確認するためには、超人の思想がどこから生まれたかを見る必要がある。「新旧の板」三においてツァラトゥストラは「私が『超人』という言葉を拾い上げたのは、そこであった」と語っている（四）。「そこ」とは次のような世界である。

「そこではすべての生成が神々の舞踏と神々の悪ふざけだと私に思われた、そして世界は解放され、放出されて、自分自身へ逃げ帰る。／多くの神々が永遠に逃げ合い、永遠に再び探し合う。多くの神々が至福に反論し合い、再び耳を傾け合い、再び相互に帰属し合う。／そこではすべての時間が瞬間に対する至福な嘲笑だと私に思われた。そこでは必然性が自由そのものであり、自由の刺を至福に玩んだ」（「新旧の板」二）。

この世界が子供の世界（永遠回帰の肯定的な世界）であることは明らかである[30]（六）。「すべての生成が神々の舞踏と神々の悪ふざけだ」とは、「すべての物がそれ自身舞踏する」こと、「すべての物がむしろ偶然という足で舞踏することを好む」ことと同じだろう。そして「多くの神々が永遠に逃げ合い、永遠に再び探し合う」世界は、「すべてのものは別れ、すべてのものは再び会う」という「永遠に存在の円環は自分に忠実である」世界、つまり子供の世界（舞踏の世界）である。超人の思想が子供の世界から生じたとすれば、超人＝子供であろう。

「超人が超-竜を欠きえない」とは「最も軽い者が重さの霊を必要とする」ことであった（四）。つまり超人は最も軽い者として、重さの霊に抗して、重さの霊を超えて舞踏する。超人は「舞踏する星」（「序説」五）であり、舞踏の世界（子供の世界）に生きている。超人の誕生の地は舞踏の世界としての永遠回帰の肯定的な世界である。最も軽い者としての超人は、「最も重い思想がそれにとって軽く至福である存在者」であろう（序章三）。このような存在者は「遊戯としての子供」のイメージに合致する。

　最も静かな時はツァラトゥストラに「子供になれ」と要求したが、それは「支配すること」、「命令すること」の要求であった（五）。確かに「三つの変容」における子供には、支配し命令する者のイメージが欠けているように見えるが、しかし第一部「創造者の道」においてツァラトゥストラは語っている。「お前は新しい力（Kraft）と新しい正義なのか。第一の運動なのか。自ら回転する車輪なのか。お前はまた、星たちがお前のまわりで回るように星たちを強制することができるのか」[31]。「第一の運動、自ら回転する車輪」であることは子供の性格であるが、それがさらに「星たちがお前のまわりで回るように星たちを強制することができる」と特徴づけられている。「三つの変容」における子供は第一の運動、自ら回転する車輪として、自分のまわりで星たちが回るように星たちを強制することができる。このように強制することは命令することである。子供は一人で戯れる単なる小児ではなく、星たちに命令し支配するのである。「星たちを強制する」子供、つまり命令し支配する子供は超人であろう。

　確かにツァラトゥストラは「超人の告知者」として登場する[32]。しかしツァラトゥストラ自身が超人にならねばならない[33]。そうでなければ永遠回帰の思想を告知する教師となりえないだろう。「ツァラトゥストラは超人の幸福から、すべてのものが回帰するという秘密を語る」[34]（一八八三年秋）のだから。確かに最も静かな時はツァラトゥストラに、「お前は来なければならない者の影として歩むべきである。そのようにお前は命令し、命令しながら先行するだろう」（「最も静かな時」）と言っていた。しかしツァラトゥストラは「来なければならない者の影」（予言する者）であるだけでなく、「来なければならない者」（救済者）自身となる（第九節五）。ツァラトゥストラは予言者であると同時に、その予言の成就者なのである。「私は私自身の先駆け（mein eigner Vorläufer）である」[35]（第三部「小さくする徳」三)。

第一節は「道化師＝超人」を、第二節は「子供＝超人」を証明した。ツァラトゥストラがなるべき者は「道化師＝超人＝子供」である。しかしさらにツァラトゥストラは「永遠回帰の教師」となると言われている。そのように規定するのはツァラトゥストラの動物たち（鷲と蛇）である。「私の動物たちが私を導いてくれるように」（「序説」一〇）というツァラトゥストラの願いに応じて、ツァラトゥストラの動物たちは彼を永遠回帰の教師（＝道化師）へと導く。ツァラトゥストラの動物たちに即してツァラトゥストラの歩みを捉えなければならない。それが第三節「ツァラトゥストラの動物たち」の課題となる。

第三節　ツァラトゥストラの動物たち

「『我欲す』。回復し勝利をおさめた者の讃歌。笑う獅子と鳩の群れ（一つの試み――それ以上ではない。彼自身と彼の思想）。四つの動物たち（賢さを持った誇り――柔和さを持った力）が来る――彼らはお互いに近づく」(1)。

一八八三年秋の断章においてこのようにニーチェは書いている。ツァラトゥストラの四つの動物たちとは、鷲と蛇、獅子と鳩である。四つの動物たちは「賢さ（蛇）を持った誇り（鷲）」と「柔和さ（鳩）を持った力（獅子）」として表現されている。「鷲と蛇」と「獅子と鳩」はそれぞれ対をなしている。それは「彼自身と彼の思想」を示している。つまり鷲と獅子は「ツァラトゥストラ自身」（永遠回帰の思想に対するツァラトゥストラのあり方）を形象化し、蛇と鳩は「ツァラトゥストラの思想」（永遠回帰の思想）の形象である。さらにその対は天の動物（鷲、鳩）と地の動物（蛇、獅子）という組み合わせであり、天と地という神話的な対となっている(2)。この四つの動物たちが『ツァラトゥストラ』という形象の物語の展開を導いている。この物語の最初（「序説」一）において、ツァラトゥストラの動物としての鷲と蛇に言及され、「序説」一〇で鷲と蛇が登場する。そして第四部最終章「徴」において獅子と鳩が現われる。『ツァラトゥストラ』という物語を一つの全体として捉えるためにも、ツァラトゥストラの動物たちに定位しなければならない。

一　導き手としての鷲と蛇

「序説」九においてツァラトゥストラは新しい真理を獲得する。その核心はツァラトゥストラが道化師になろうと決意することにあるが、その決意をしたのは正午であった。

「このことをツァラトゥストラが彼の心に語ったのは、太陽が正午に位置していたときであった。そのとき彼は訝しげに高みへと目を向けた。なぜなら彼は頭上に鳥の鋭い叫びを聞いたからである。すると見よ。一羽の鷲が空に大きな円を描いていた。そしてその鷲に一匹の蛇がぶらさがっていたが、それは獲物のようにでなく、友のようにであった。なぜなら蛇は鷲の首に輪を描いて巻き付いていたからである。／『私の動物たちだ』とツァラトゥストラは言って、心から喜んだ。『太陽の下で最も誇り高い動物と太陽の下で最も賢い動物――彼らは偵察に出かけて来たのだ。／……／私の動物たちが私を導いてくれるように』」（「序説」一〇）。

ツァラトゥストラは「私の動物たちが私を導いてくれるように」と願っている。『ツァラトゥストラ』は彼の動物たちがツァラトゥストラを導く物語である。しかしどこへ導くのか。第三部「回復する者」二において鷲と蛇は、「見よ、あなたは永遠回帰の教師なのだ。それが今やあなたの運命なのだ」と言う。動物たちが彼を導くとしたら、それは永遠回帰の教師へ導くのでなければならない。「正午の兄弟」としての鷲と蛇は「正午と永遠性」というテロスへ、つまり大いなる正午において永遠回帰の思想を告知することへとツァラトゥストラを導く（序章三）。

「蛇は鷲の首に輪を描いて巻き付いていた」という表現は、「輪を描いて（geringelt）」という言葉によって、「永遠性の蛇」、つまり永遠回帰の思想を形象化している（序章三）。その首に蛇が輪を描いて巻き付いている鷲は「空に大きな円を描いていた」。この円もまた永遠回帰の思想に関係している。しかし永遠回帰の思想そのものでなく、永遠回帰の思想に対するツァラトゥストラの姿勢（ツァラトゥストラ自身）を比喩していると理解すべきである。鷲と蛇は一つの対をなし、「賢さ（蛇）を持った誇り（鷲）」、「彼自身と彼の思想」を示している。このことは本節の冒頭での引用から明らかであるが、第一部「贈る徳」に即して証示することができる。「贈る徳」一において、ツァラトゥストラは杖を弟子たちから与えられる。その杖の黄金の握りには、「一匹の蛇が太陽に巻き付いていた（sich ringeln）」。これについてツァラトゥストラは語る。

「この新しい徳は力である。それは支配する思想であり、その思想に賢い魂が巻き付いている。つまり黄金の太陽であり、それに認識の蛇が巻き付いている」（「贈る徳」一）。

ツァラトゥストラは太陽に比喩されているのだから（第七節一）、「黄金の太陽」はツァラトゥストラ自身を意味するだろう。(3) そして「一匹の蛇が太陽に巻き付いていた」における蛇（賢い魂＝認識の蛇）は、ツァラトゥストラの動物である蛇（太陽の下で最も賢い動物）であろう。「蛇は鷲の首に輪を描いて巻き付いていた（sie hielt sich um seinen Hals geringelt）」（「序説」一〇）と「一匹の蛇が太陽に巻き付いていた（eine Schlange ringelte sich um die Sonne）」が対応している。「太陽－蛇」と「鷲－蛇」の関係が同型であり、太陽がツァラトゥストラの形象であるとすれば、鷲もツァラトゥストラを形象化していることになる。鷲は鷲の勇気として、永遠回帰の思想に関わるツァラトゥストラの勇気を意味するだろう（三）。

鷲と蛇の関係は「鷲に一匹の蛇がぶらさがっていたが、それは獲物のようにでなく、友のようにであった」とされている。それは鷲の勇気によって永遠回帰の思想の否定面が克服され、肯定的な永遠回帰の思想として蛇が見られているからである。鷲と蛇のこのあり方はツァラトゥストラのあるべき姿を予示している。第四部「挨拶」において「賢い蛇は鷲の首に巻き付いていた」と語られている。この言葉は、すでに永遠回帰の否定面を克服したツァラトゥストラの姿を形象化している。そしてツァラトゥストラのこの姿は、第四部「学」において「鷲の翼と蛇の賢さを持った人間の勇気」として語られることになる。蛇の賢さは永遠回帰の思想を認識することであり、鷲の翼は深淵としての永遠回帰の思想を肯定（光の深淵）へと転化させる飛翔性を示している。

少し先走りすぎたが、『ツァラトゥストラ』という物語を一つの全体として捉えるために、ツァラトゥストラの動物たちに定位しなければならない。ツァラトゥストラを彼の動物たちが導くように、我々もこの動物たちを導きの糸とすることができる。ツァラトゥストラの動物たちは彼を永遠回帰の教師へと導くが、それはいかにしてなのか。その導きの具体的なあり方を解明しなければならない。

二　勇気は最高の殺害者である

永遠回帰の思想が表立って語られるのは、第三部「幻影と謎」においてである。そこで重さの霊である小人との対決と牧人の幻影が語られている。小人との対決の前に勇気が語られ、牧人の喉に這い込む黒い重い蛇が登場する。牧人が黒い重い蛇をかみ切ることは永遠回帰の否定面を克服することを形象化している。ツァラトゥストラの動物たちが彼を永遠回帰の教師へと導くとすれば、まさにここでこそ彼を導いているのでなければならない。永遠回帰の思想との対決を可能にするのは勇気であるが、それはツァラトゥストラの動物である鷲の勇気である。そして永遠回帰の思想の否定面の形象である黒い重い蛇は、ツァラトゥストラの動物である蛇なのである。黒い重い蛇については後で論じるとして（四）、まず鷲の勇気について考察しよう（二、三）。

「しかし私のうちに、私が勇気と呼ぶ或るものが存在する。それは今までに私のあらゆる不満を殺害した。この勇気がついに私を立ち止まらせ、『小人よ、お前か、あるいは私か』と言うように命じたのだ」（「幻影と謎」一）。

小人との対決はツァラトゥストラのうちにある勇気によって可能となる。永遠回帰の思想が初めてはっきり語られ、それとの対決が開始される「幻影と謎」において、勇気が語られるのは偶然ではない。この勇気こそが、永遠回帰の思想をめぐる戦いを可能にし、導くのである。勇気は次のように語られている。

「勇気は最高の殺害者である、攻撃する勇気は。なぜならあらゆる攻撃のうちに鳴り響く楽曲があるからだ。／しかし人間は最も勇気ある動物である。従って人間はあらゆる動物を克服した。鳴り響く楽曲によって人間はさらにあらゆる苦痛を克服した。しかし人間の苦痛は最も深い苦痛である。／人間は深淵に臨んだ目まいをも殺害する。人間が深淵に臨まないところがどこにあるだろうか。見ることがそれ自身深淵を見ることではないか。／勇気は最高の殺害者である。勇気は同情をも殺害する。同情は最も深い深淵である。人間が生を深く見れば、それだけ深く人間はまた苦悩を見るのだ。／しかし勇気は最高の殺害者である、攻撃する勇気は。勇気はさらに死を殺害する。なぜなら勇気は『これが生だったのか。よし、もう一度』と語るからである」(「幻影と謎」一)。

「勇気は最高の殺害者である」という言葉が三度語られ、「勇気は殺害する」として、三つのもの(深淵に臨んだ目まい、同情、死)が挙げられている。殺害される三つのものはたまたま挙げられたわけではない。それらはすべて永遠回帰の思想との対決・克服に本質的に関わっている。

「深淵に臨んだ目まい」とは何を意味するのか。「深淵」という言葉に我々は「人間は深淵にかけられた一本の綱である」というテーゼにおいて出会っている。すでに述べたように(第一節三)、この深淵は永遠回帰の思想の否定面(極限のニヒリズム)を意味していた。ここでも「深淵」という言葉の核心に、永遠回帰の思想の否定面を読み取ることができるだろう。勇気が深淵に臨んだ目まいを殺害するとは、深淵としての永遠回帰の思想を呼び出し、それを直視し克服することを意味する。深淵を直視する試みは第三部「幻影と謎」において幻影として見られ、第三部「回復する者」においてツァラトゥストラ自身の行為となる。そして第三部の終わりをなす「第二の舞踏の歌」と「七つの封印」において一応そのテロスに達する。つまり深淵に臨んだ目まいを殺害する勇気は、第三部全体を導いているのである。

勇気はさらに最も深い深淵である同情を殺害する。同情の克服が第四部の主題であることは、第四部のモットー(第二部「同情する者」からの引用)から明らかである。「……そして最近私は悪魔が次の言葉を言うのを聞いた。

『神は死んだ。人間に対する同情によって神は死んだのだ』」。永遠回帰の教師となるためには、その思想の否定面を肯定へと転化させる（深淵に臨んだ目まいを殺害する）だけでは十分でなく、永遠回帰の告知によって没落する人々への同情を克服しなければならない。「最も深い深淵」と言われるのは、永遠回帰という深淵を最終的に克服するために、同情の克服を必要とするからである（序章二）。同情の克服は深淵の最後の克服であり、それ故「最も深い深淵」の殺害である。「生を深く見る」とは最終的に永遠回帰の思想の洞察に至ることであり、その思想は人間にとって苦悩、最大の苦悩となる。永遠回帰の思想の告知はこの苦悩を引き起こし、その重みは多くの人間を破滅させる。永遠回帰の教師は同情を克服しなければならない。それを可能にするのが、同情を殺害する勇気である。この勇気が第四部でのツァラトゥストラを導く(4)。

では最後の「死を殺害する」とはいかなることなのか。死を殺害することは「これが生だったのか。よし、もう一度（Noch einmal）」と語ることである。ツァラトゥストラは第三部において永遠回帰の思想を肯定へと転じ（深淵に臨んだ目まいの殺害）、第四部において同情を克服する（最も深い深淵の殺害）。そして第四部「酔歌」において、永遠回帰の思想を最終的に肯定する歌を歌う。その歌の名は「もう一度（Noch einmal）」（「酔歌」一二）である。この歌を歌いうることはツァラトゥストラが永遠回帰の教師となったことを示している。それ故に次の章、つまり第四部最終章「徴」においてツァラトゥストラの四つの動物たちが一堂に会するのである。笑う獅子と鳩の登場は、ツァラトゥストラが永遠回帰の教師となったことの徴である。

深淵に臨んだ目まいを殺害し、最も深い深淵としての同情を殺害することによって、永遠回帰の教説を教えることが可能となる。これはツァラトゥストラが永遠回帰の教師となる歩みである。この歩みのテロスは永遠回帰の教説を教える大いなる正午である。この場面の記述は遺稿に見出される。「決定的瞬間。ツァラトゥストラは祝祭においてすべての人々に問う。『お前たちはすべてをもう一度（noch einmal）欲するか』――すべての者は『然り』と言う。／そのとき彼は幸福のあまり死ぬ(5)」（一八八三年秋）。この場面は第一部最終章「贈る徳」三において語られた「一つの希望の子供たちと共に大いなる正午を祝う」祝祭の場面である。「お前たちはすべてをもう一度(noch einmal)欲するか」に対して「然り」と言うことは、死を殺害する勇気が「これが生だったのか。よし、もう一度(Noch einmal)」と語ることに対応するだろう(6)。

勇気が殺害する三つのもの(深淵に臨んだ目まい、同情、死)はすべて、永遠回帰の教師となる歩みに即して挙げられている。深淵に臨んだ目まい(永遠回帰の思想の直視)—同情(永遠回帰の思想によって破滅する者への同情の克服)—死(大いなる正午を祝う)。しかしツァラトゥストラの歩みを導くこの勇気は彼の動物といかなる関係があるのか。この勇気はツァラトゥストラの動物である鷲の勇気なのである。このことを示さねばならない。

三　鷲の勇気

「お前たちの心は目まいがする(schwindlig)のか。お前たちにここで深淵が口を開いているのか」。

第四部「高等な人間」二において、ツァラトゥストラは高等な人間たちに、神の死による目まいと深淵を語っている。目まいと深淵という言葉は、第三部「幻影と謎」一における「深淵に臨んだ目まい(Schwindel an Abgründen)」を思い起こさせる。実際「高等な人間」四において、ツァラトゥストラは高等な人間たちに「お前たちは勇気を持っているか」と問うのである。この勇気は「鷲の勇気(Adler-Mut)」(「高等な人間」四)である。

「……大胆であるのは、恐怖を知り、恐怖を制する者、深淵を見る者、しかも誇りをもって深淵を見る者である。／深淵を見る者、しかも鷲の目によって深淵を見る者、鷲の爪によって深淵をつかむ者、こうした者が勇気を持っている」(「高等な人間」四)。

「鷲の目によって深淵を見る者、鷲の爪によって深淵をつかむ者」こそが勇気を持っている。この勇気は「深淵に臨んだ目まいを殺害する勇気」である。しかもそれは「誇りをもって深淵を見る者」とされるが、「誇り」という言葉がここで使われていることは、この鷲がツァラトゥストラの動物である鷲であることを示している。本節の冒頭の引用から分かるように、「誇り」はツァラトゥストラの動物である鷲を意味しており、彼の鷲は「太陽の下で最も誇り高い動物」（「序説」一〇）なのである。

ツァラトゥストラの動物である鷲は、「深淵に臨んだ目まいを殺害する勇気」、つまり永遠回帰の思想という深淵を見る勇気、直視し克服する勇気を意味している。第三部「幻影と謎」において小人との対決を可能にする勇気は、ツァラトゥストラの動物である鷲の勇気なのである。この鷲の勇気は最も深い深淵である同情をも殺害するだろう。

第四部「憂愁の歌」一においてツァラトゥストラは「私の動物たちはどこにいるのか。こちらへ来い、こちらへ来い。私の鷲と私の蛇よ」と呼びかけ、鷲と蛇が現われる。そして「憂愁の歌」三において年老いた魔法使いが「憂愁の歌」を歌う。この歌の中に鷲が登場する。[7]

「あるいは、鷲のように、長い間、／長い間じっと深淵をのぞき込み、／自分の深淵をのぞき込む鷲のように」（「憂愁の歌」三）。

この「自分の深淵をのぞき込む鷲」が、鷲の勇気として語られた「鷲の目によって深淵を見る者」と同じ鷲であることは明白だろう。続けて次のように歌われている。

「おお、いかにその深淵はここで下へ向かって、／下へ、その中へ、／ますます深い深みへと輪を描いていることか」。

「深淵が輪を描いている（sich ringeln）」という表現は、「永遠性の蛇が輪を描いて（geringelt）横たわっている」という永遠回帰の思想の形象を想起させる。つまり鷲がのぞき込む深淵は永遠回帰の思想としての深淵を暗示している。そしてその深淵が「ますます深い深みへと輪を描く」ことは、最も深い深淵へと至ることである。「ますます深い深み」は最も深い深淵としての同情を示唆しているだろう。憂愁の歌はさらに続く。

「そのとき、／突然、一直線に、／すばやく飛んで、／小羊たちをめがけて急降下する」（「憂愁の歌」三）。

鷲が小羊を襲うことはたまたま言われたことではない。第三部「回復する者」二において、ツァラトゥストラの動物である鷲は、七日間横たわっていたツァラトゥストラのために、食べ物を取ってくるが、その中に二匹の小羊が含まれていた。ツァラトゥストラの鷲は彼自身を形象化しているが、ツァラトゥストラは鷲として小羊の肉を好むのである。「私の胃は、おそらく鷲の胃ではないか。なぜなら私の胃は小羊の肉を最も好むからだ」(第三部「重さの霊」一)。つまり小羊を襲う鷲はツァラトゥストラの鷲なのである。[8] しかしなぜ鷲が小羊を襲うのか。それは小羊が「神の小羊(das Lamm Gottes)」としてのイエスを形象化しているからである。[9] そしてキリスト教は同情の宗教である。[10]「同情は人間たちを愛する者がそれにくぎ付けされる十字架ではないか」という「序説」三の言葉(第一節六)は、同情とイエス(十字架にくぎ付けされたイエス)との結びつきを示している。

鷲が小羊を襲うことは、最も深い深淵としての同情を殺害することを意味する。「深淵がますます深い深みへ輪を描いている」ことは、「輪を描いている」ことにおいて永遠回帰を、そして「ますます深い深み」によって最も深い深淵としての同情を示している。鷲が急降下して襲う小羊はイエスの形象であり、同情の宗教であるキリスト教を比喩している。小羊を襲う鷲はツァラトゥストラの動物としての鷲であり、最も深い深淵である同情を殺害する勇気を意味している。同情の宗教であるキリスト教をここで批判していることは、憂愁の歌が次のように歌うことから明らかである。

「人間を神とも／羊とも見たお前は／人間のうちの神を／人間のうちの羊を引き裂き／そして引き裂きながら笑う」(「憂愁の歌」三)。

人間のうちの神を引き裂くとはキリスト教の否定を意味する。そして引き裂きながら笑うという残酷さは、同情を超えた笑い、綱渡り師を跳び越える道化師の笑いである。

「これが、これがお前の至福だ／豹と鷲である者の至福だ／詩人と道化である者の至福だ」(「憂愁の歌」三)。

綱渡り師を跳び越える道化師(道化)は同情を克服している。それが鷲の至福、道化の至福である。「小羊に襲いかかる鷲」のうちに、同情の克服を読み取ることができる。鷲の勇気は同情をも殺害する。そして道化＝道化師こそが同情を克服する者なのである。

第三部「幻影と謎」一における勇気は「深淵に臨んだ目まい」と「最も深い深淵としての同情」を殺害する。それはツァラトゥストラの動物である鷲の勇気である。ツァラトゥストラの鷲は「誇りをもって深淵を見る者、鷲の目によって深淵を見る者、鷲の爪によって深淵をつかむ者」（永遠回帰の思想の直視）であり、「小羊たちをめがけて急降下する鷲」（同情の克服）である。ツァラトゥストラの動物である鷲の勇気によって、ツァラトゥストラは永遠回帰の思想の否定面を肯定へと転化し、同情を克服することができる。この二つの課題を果たすことによって、ツァラトゥストラは「もう一度」の歌を歌うこと、大いなる正午を迎えることができるのである。

以上でツァラトゥストラの動物である鷲がツァラトゥストラを導いていることの具体的な意味が解明された。しかしツァラトゥストラのもう一つの動物である蛇はいかなる仕方で登場するのか。第三部「幻影と謎」に立ち返ろう。

四　黒い重い蛇

第三部「幻影と謎」において勇気が語られた後に、「止まれ、小人よ。私かお前かだ。……」（「幻影と謎」二）とツァラトゥストラは語り、永遠回帰の思想をめぐって小人と対決する（第四節二）。ツァラトゥストラがこのように語ることができるのは、ツァラトゥストラの鷲の勇気、深淵に臨んだ目まいを殺害する勇気によってである。それは永遠回帰の思想という深淵を直視する勇気である。それ故深淵的な思想としての永遠回帰の思想が初めてツァラトゥストラの口から語り出されるのである。永遠回帰の思想を直視することが重さの霊である小人との対決を可能にする。そして深淵（＝永遠回帰の思想）に臨んだ目まいを殺害することは、牧人の幻影として形象化されて表現されるのである。ツァラトゥストラは牧人の幻影を見る。

「私は若い牧人を見た、彼は身をよじり、息をつまらせ、痙攣し、顔を歪めていた。彼の口から一匹の黒い重い蛇が垂れ下がっていた。……蛇は喉に這い込み、蛇は喉にかみついたのである」(「幻影と謎」二)。

牧人の喉にかみついた「黒い重い蛇」は何を意味しているのか。すでに論じたように(第一節三)、「黒い重い蛇」は「最も重い最も黒いもの」であり、「最も重い」という形容詞は「最大の重し」としての永遠回帰の思想を、そして「最も黒い」という形容詞はニヒリズムの極限形態を表現している。つまり牧人の喉に這い込んだ「黒い重い蛇」は、「永遠回帰の思想」(重い)の否定面(黒い)の形象、極限のニヒリズムの形象である。

しかしツァラトゥストラの動物である蛇も永遠回帰の思想の形象である。黒い重い蛇はツァラトゥストラの蛇といかなる関係にあるのか。「黒い重い蛇が牧人の喉をかむ」という幻影が語られる第三部「幻影と謎」の次の章「意に反する至福」において、この幻影と同じことが語られる。「ついに私の深淵が動き出し、私の思想が私をかんだ。／ああ、お前、私の思想である深淵的な思想よ……」。つまり「黒い重い蛇」は「私の深淵」=「私の思想」である。黒い重い蛇がかむことが、ここでは「私の深淵」=「私の思想」がかむこととして語られている。つまり「黒い重い蛇」は「私の深淵」=「私の思想」である。そしてツァラトゥストラの動物である蛇は永遠回帰の思想の形象である。とすれば「黒い重い蛇」はツァラトゥストラの動物としての蛇であることになる。実際ニーチェは遺稿で次のように書いている。

「これが私の首を絞めて殺そうとした私の言葉だ。／これが私の喉に這い込んだ私の蛇だ[11]」(一八八三年秋)。

ここで語られている「私の喉に這い込んだ私の蛇」が牧人の喉に這い込んだ蛇であることは明白である。つまり「黒い重い蛇」は「私の蛇」(「私の」が強調)、ツァラトゥストラの動物である蛇なのである[12]。

蛇が牧人の喉にかみついたのを見たツァラトゥストラは、蛇を喉から引き出そうとしたが無駄だった。そのときツァラトゥストラは叫ぶ。「かめ、かめ、頭をかみ切れ、かめ」(「幻影と謎」二)。このように叫び、そして蛇の頭をかみ切ることを可能にするのは、ツァラトゥストラの動物である鷲の勇気、「深淵に臨んだ目まいを殺害する」鷲の勇気である。

蛇は賢さとして、永遠回帰の思想を象徴する。太陽の下で最も賢い蛇が永遠回帰の思想を認識する。ツァラトゥストラの蛇は永遠回帰の思想の形象である。それは最初に深淵、黒い重い蛇として現われる。そして太陽の下で最も誇り高い鷲は永遠回帰の思想（深淵）を直視する勇気を比喩している。この勇気が牧人の喉にかみついた蛇をかみ切る。それは永遠回帰の否定面の克服、肯定へと転化させることを意味する。蛇の頭をかみ切った牧人は「光に包まれた者（ein Umleuchteter）」となる。この光は光の深淵、永遠回帰の肯定的な世界である（第四節五）。鷲の勇気によって深淵は光の深淵へと変わるが、それはツァラトゥストラの蛇が「黒い重い蛇」から「光のうちで輪を描く蛇」、「永遠性の蛇」へと変容することなのである。ツァラトゥストラの蛇は、牧人の喉をかむ黒い重い蛇から自分の尾をかむ蛇、ウロボロスの蛇へと変容する（第六節四）。それは永遠回帰が肯定された姿、「正午と永遠性」における蛇である。

この「正午と永遠性」というテロスへ向かう歩みを、ツァラトゥストラの動物たち（鷲と蛇）が導いている。鷲の勇気によって永遠回帰を直視し、さらに同情を克服するのは、大いなる正午を迎え、「もう一度」と生に対して語るためである。ツァラトゥストラのこの歩みは第二部最終章「最も静かな時」で語られた要求を果たすことを意味する。

五　成熟の徴としての獅子と鳩

「『偉大なことを成し遂げることは困難である。しかし一層困難なことは、偉大なことを命令することである。／お前は力を持っているが、お前は支配することを欲しない。これがお前の最も許しがたいことだ』。それに対してツァラトゥストラは答える。『私には命令するための獅子の声が欠けている』。再びささやくようにツァラトゥストラに語りかける。『嵐をもたらすものは最も静かな言葉である。鳩の足で来る思想が世界を導くのだ』」（「最も静かな時」）。

第二部最終章において最も静かな時はツァラトゥストラにこのように語っている。この言葉のうちに、獅子と鳩が登場している。獅子は「命令するための獅子の声」として、そして鳩は「鳩の足で来る思想」としてである。世界を導く「鳩の足で来る思想」は、ツァラトゥストラの思想である永遠回帰の思想を指している。「命令するための獅子の声」は永遠回帰の思想を告知し、その思想によって世界を導き命令するツァラトゥストラ自身のあり方を示している。獅子と鳩はツァラトゥストラの動物であり、「ツァラトゥストラ自身と彼の思想」を形象化しているのである。

ここで本節の冒頭の引用を想起しよう。ツァラトゥストラの動物は「鷲と蛇」、そして「獅子と鳩」であった。それは「賢さ（蛇）を持った誇り（鷲）」と「柔和さ（鳩）を持った力（獅子）」を意味する。四つの動物は「彼自身と彼の思想」の形象である。つまり鷲と獅子は永遠回帰の思想に対するツァラトゥストラの姿勢（彼自身）の形象であり、蛇と鳩は永遠回帰の思想（彼の思想）の形象である。永遠回帰の思想の形象は蛇から鳩へ、そしてツァラトゥストラ自身の形象は鷲から獅子へと変容する。この変容はツァラトゥストラの成熟によって可能となる。つまり獅子と鳩はツァラトゥストラが成熟したことの徴である。[13]

蛇から鳩への永遠回帰の思想の変容は、地の動物である蛇から天の動物である鳩へ、地の重さから天の軽さへの変容である。鳩の柔和さは鳥の飛翔性としての軽さを意味している。これによってツァラトゥストラは「最も重い思想がそれにとって軽く至福である存在者」[14]（一八八三年秋）となる。この変容は鷲の勇気（深淵に臨んだ目まいと同情の殺害）によって可能となる。鷲の飛翔性は地の蛇を天へともたらす。つまり永遠回帰の思想は深淵（地）から光の深淵（天）へと変容する。しかしそれによって鷲の仕事は終わり、ツァラトゥストラ自身を比喩する形象は鷲（天）から獅子（地）へと変わる。地の動物である獅子は、永遠回帰の教説を教える力、この思想の告知を通してこの大地を支配するツァラトゥストラ自身の形象である。『ツァラトゥストラ』の展開を導くツァラトゥストラの四つの動物たちが構成する世界は、天と地の対立・組み合わせとその相互転化の世界、神話的な世界である。[15]

「鷲と蛇」は彼のテロスへ導く動物であるが、それに対して「獅子と鳩」は彼がそのテロスに到達したことの徴、ツァラトゥストラの時が来たことを示す徴である。それ故ツァラトゥストラは言うのである。「それを私は今や待っている。なぜなら私の時が来たという徴がまず私のもとに来なければならないからである。つまり鳩の群れを伴った笑う獅子が来なければならないからである」(「新旧の板」一)。ツァラトゥストラの時とは彼が大いなる正午を迎えうるまでに成熟した時である。この徴がツァラトゥストラのもとに来るのは、『ツァラトゥストラ』の最終章「徴」においてである。

では徴としての「鳩の群れを伴った笑う獅子」がツァラトゥストラのもとに来るために、ツァラトゥストラは何をしなければならないのか。最も静かな時は次のように語っていた。「偉大なことを成し遂げることは困難である。しかし一層困難なことは、偉大なことを命令することである」。ここに二つ課題が読み取れる。つまり「偉大なことを成し遂げること」と「偉大なことを命令すること」である。ツァラトゥストラが大いなる正午を迎えるために鷲の勇気がなさねばならなかったことを思い出そう。それは深淵に臨んだ目まいを殺害すること、そして同情を殺害することであった。「偉大なことを成し遂げる」とは、永遠回帰の思想を直視し(目まいを殺害し)、それを肯定へと転化することであろう。そして「偉大なことを命令する」とは、他者に永遠回帰の思想を直視することを命令すること、つまり永遠回帰の思想を告知することであろう。そのために同情の克服(同情の殺害)が必要なのである。徴としての「笑う獅子」は同情を超えた笑いを意味している。同情を超えることによって初めて、獅子は命令する力となるのである。最も静かな時がツァラトゥストラに要求する二つの課題は、永遠回帰の思想の否定面を肯定へと転化すること(第三部の課題)、そして同情を克服すること(第四部の課題)である。この課題を果たすことによって、永遠回帰の思想は「鳩の足で来る思想」となり[16]、ツァラトゥストラは「命令するための獅子の声」を獲得するだろう。そのことを示す徴として、第四部の最後(「徴」)においてツァラトゥストラの動物である獅子と鳩が登場する。『ツァラトゥストラ』と遺稿に即して、この二つの課題をさらに確認しよう。

六　ツァラトゥストラの二つの課題

「ああ、お前、私の思想である深淵的な思想よ。……つねに私にとってお前の重さがすでに十分恐ろしいものであった。しかしいつか私はさらに、お前に上がって来いと呼びかける強さと獅子の声を手に入れねばならない。／私がそのことについてまず自分を克服してしまったら、そのとき私はまた一層偉大なことについてさらに自分を克服するだろう。そして勝利を私の完成の封印としよう」。

第三部「意に反する至福」においてツァラトゥストラはこのように語っている。ここで二つの克服が語られている。一つは深淵的な思想（永遠回帰の思想）に上がって来いと呼びかけることについての克服、もう一つは一層偉大なことについての克服である。この二つの克服は、最も静かな時が語る二つの課題・困難と対応している。第一の困難は「偉大なことを成し遂げること」、永遠回帰の思想を直視する（深淵に臨んだ目まいを殺害する）ことであった。それがここでの第一の克服（そのことについてまず自分を克服すること）に対応することは、「お前（私の思想である深淵的な思想＝永遠回帰の思想）に上がって来いと呼びかける強さ」という言葉から明白である。[17]第二の困難は「偉大なことを命令するという一層困難なこと」であり、そのために同情の克服を必要とする。この同情の克服がここで「一層偉大なことについてさらに自分を克服する」と表現されている。この二つの困難を克服する（自分を克服する）ことによる勝利は、ツァラトゥストラの完成である。二つの課題は遺稿においても書かれている。

「ツァラトゥストラが彼の最大の苦痛に打ち勝ったとき初めて、彼は勝利を賭けて彼の最大の竜と戦うだろう」[18]（一八八三年秋）。

「最大の苦痛」は永遠回帰の思想の否定面を直視することによる苦痛を意味するだろう。永遠回帰の思想は「最も苦痛を与える真理（die wehetuendste Wahrheit）」であった（第二節三）。第三部「回復する者」においてツァラトゥストラはその克服の課題に立ち向かうが、それは「私の大きな苦痛（mein großer Schmerz）」（「回復する者」二）と呼ばれている。それ故「彼の最大の苦痛に打ち勝つ」ことは永遠回帰の思想に上がって来いと呼びかけることについての克服である。

では「勝利を賭けて彼の最大の竜と戦う」とは何を意味しているのか。「三つの変容」において「勝利を賭けて彼は大きな竜と戦おうとする」と言われていたが、この竜はキリスト教道徳の形象であった（第一節四）。そしてキリスト教は同情の宗教である（三）。とすれば「最大の竜と戦う」とは、同情の克服を意味するだろう。

同じ一八八三年秋の遺稿に次の断章があった（第一節二）。「第三部はツァラトゥストラの自己克服である。それは超人のための、人類の自己克服の模範である。／そのために道徳の克服が必要である。／お前はお前の友たちを犠牲にする。彼らはそれによって没落するほど十分深い。そして彼らはこの思想を創造したのではない（このことがなお私を支えている）。／これは、ツァラトゥストラの前に立ちはだかる最後の反論、最強の敵である。今やツァラトゥストラは熟した[19]」。ツァラトゥストラの「最強の敵」は「彼の最大の竜」と同じであろう。永遠回帰という「この思想」の告知は、その重さに耐えられない者を没落させる。つまりその教説の教師は「友たちを犠牲にする」ことになる。永遠回帰の教説を教えうる者になるために、「道徳の克服」、つまり同情の克服が必要なのである。ツァラトゥストラの最強の敵（＝最大の竜）は同情である。「勝利を賭けて彼の最大の竜と戦う」とは、同情の克服であり、道徳との最後の戦いである。この最後の戦いに勝利することによって、その勝利はツァラトゥストラの完成の封印となる[20]。

ツァラトゥストラの二つの課題は永遠回帰の思想の否定面を肯定へと転化すること、そして同情の克服である。この二つの課題は最も静かな時が提示していたが（五）、さらに「大いなる疲労の告知者」（第四部「困窮の叫び」）である予言者に即しても示すことができる。このことを証明することによって、『ツァラトゥストラ』における予言者の重要性を確認できるだろう[21]。

第二部「予言者」においてこの予言者の教説は「すべては空しい、すべては同じことだ、すべてはあった」とされている。これはニヒリズムを意味する（第四節三）。この思想は第三部「回復する者」二において再び登場する。「人間に対する大きな嫌気――それが私を窒息させ、私の喉に這い込んだ。つまり予言者が予言した言葉『すべては同じことだ、何事もする価値がない、知は窒息させる』が」（「回復する者」二）。私の喉に這い込んだ黒い重い蛇をかみ切ることは、ニヒリズムの克服、つまり予言者の教説を克服することを意味する。それはツァラトゥストラの第一の課題を果たすことである。この予言者は第四部「困窮の叫び」においても登場し、ツァラトゥストラに言う。「同情だ、おお、ツァラトゥストラよ。私はお前の最後の罪へとお前を誘惑するために来たのだ」（「困窮の叫び」）。予言者が語る同情への誘惑を拒絶することは、ツァラトゥストラの第二の課題（同情の克服）を果たすことである。[22]

二つの課題の両方において同じ予言者が現われていることは、予言者の重要性を示している。『ツァラトゥストラ』における予言者の意味を明らかにしなければならない。それはこの予言者のモデルが誰か（例えばショーペンハウアー）といったテキストの外への問いとは基本的に異なる。『ツァラトゥストラ』における予言者の位置を問うべきである。予言者の思想は「すべては空しい、すべては同じことだ、すべてはあった」、「すべては同じことだ、何事もする価値がない、知は窒息させる」と表現されている。この思想は第三部「新旧の板」一三でも「何のために生きるのか。すべては空しい……」という形で繰り返される。それは新しい板に書かれている教説である。「『知恵は疲労させる、何事もする価値が――ない。お前は欲求すべきでない』。――この新しい板が公の市場にさえ掛かっているのを私は見た。／打ち砕け、おお、私の兄弟よ、この新しい板をも打ち砕け」（「新旧の板」一六）。

古い板と新しい板を区別するのは神の死である。古い板は善悪というキリスト教道徳が書かれている。新しい板は神の死以後の教説である。新しい板は「半分書かれており」（「新旧の板」三）、その内容は予言者の思想（ニヒリズム）である。しかしこのニヒリズムはツァラトゥストラの教説を歪めたものであるから、打ち砕かねばならない。[23] 新しい板に新たに書かれるのは、予言者の思想を克服するツァラトゥストラの教説である。

予言者とツァラトゥストラは神の死以後の世界に属し、その地平において対立している。ツァラトゥストラが永遠回帰の教師となるために、予言者の思想（ニヒリズムと同情）を克服しなければならない。「大いなる疲労の告知者＝予言者」は、ツァラトゥストラの二つの課題を一人の人物のうちに形象化したものである。二つの課題は最も静かな時と予言者において提示されているが、提示の仕方は肯定・否定という違いがある。つまり最も静かな時はツァラトゥストラが応えるべき積極的な要求として、そして予言者は克服されるべき誤った思想として、(24)二つの課題を示している。

この二つの課題をツァラトゥストラが果たし、戦いに勝利することを可能にするのは、彼の動物である鷲の勇気である（三）。この勝利によってツァラトゥストラは完成する。「私がそのこと（永遠回帰の思想を直視すること）についてまず自分を克服してしまったら（第三部の課題）、そのとき私はまた一層偉大なこと（同情の克服）についてさらに自分を克服するだろう（第四部の課題）。そして勝利を私の完成の封印としよう」。「勝利を私の完成の封印とする」ことは、ツァラトゥストラが彼の敵である竜との戦いに完全に勝利したことを示している。

この二つの課題を果たすことによってツァラトゥストラは成熟し、大いなる正午を迎える準備が整う。それ故第四部最終章「徴」においてツァラトゥストラは語る。「私の苦悩と私の同情――それに何の重要性があろうか。／私は一体幸福を求めているのか。私は私の事業を求めているのだ……」（「徴」）。この言葉は「私の苦悩と私の同情」をツァラトゥストラが克服したことを意味している。「私の苦悩」とは永遠回帰の思想を直視する苦悩、「ツァラトゥストラの最大の苦痛」である。そして「私の同情」とは最後の罪としての同情である。(25)この二つを克服することによって、ツァラトゥストラは大いなる正午を迎えることができる。大いなる正午において永遠回帰の教師としてその教説を教えることこそが、ツァラトゥストラの事業である。

七　我欲す

一八八三年秋の断章を引用することから本節の考察は始められ、そして第四部最終章「徴」にまで至った。ここにおいて「四つの動物たち（賢さを持った誇り——柔和さを持った力）が来る——彼らはお互いに近づく」ことが実現する。「徴」においてツァラトゥストラのすべての動物たちが一緒に登場するのである。第四部最終章を考察しなければならない。

同情の克服を果たし、最後に「もう一度」という名の歌、永遠回帰を欲する歌で終わる長い一日が明ける。その翌日を舞台とする最終章「徴」は円環構造を持っている。「徴」の最初の言葉と最後の言葉を並べてみよう。

「しかしこの夜が明けた朝、ツァラトゥストラは彼の寝床から起き上がり、腰に帯をまき、彼の洞窟から外へ出てきた、燃えるように力強く、暗い山から来る朝の太陽のように」。

「このようにツァラトゥストラは語り、彼の洞窟を立ち去った、燃えるように力強く、暗い山から来る朝の太陽のように」。

「燃えるように力強く、暗い山から来る朝の太陽のように」という言葉を「徴」の最初と最後に配置することによって、そして「彼の洞窟から外へ出てきた」と「彼の洞窟を立ち去った」という対句によって、最終章「徴」は一つの円環を形作っている。しかしさらに「徴」におけるツァラトゥストラの最初の言葉は、「序説」での彼の最初の言葉に対応している。

「お前大いなる天体よ、お前深い幸福な目よ、もしお前が照らす者たちを持たなかったなら、すべてのお前の幸福は何であろうか」（「徴」）。

このように「ツァラトゥストラは以前に語ったように語った」が、これは彼が以前に語った言葉、「序説」で語った最初の言葉である。「お前大いなる天体よ。もしお前が照らす者たちを持たなかったなら、お前の幸福は何であろうか」（「序説」一）。『ツァラトゥストラ』はその終わりにおいて、その始まりを想起させる。『ツァラトゥストラ』という物語は一つの円環をなしている。[26] その始まりを指示するのは、「徴」におけるツァラトゥストラの最初の言葉だけではない。「お前大いなる天体よ」で始まる言葉を語り終えた場面もまた、『ツァラトゥストラ』「序説」一〇における場面、新しい真理をツァラトゥストラが獲得した場面を想起させる。二つの記述を並べて引用しよう。

(1)「このことをツァラトゥストラが彼の心に語ったのは、太陽が昇ったときであった。そのとき彼は訝しげに高みへと目を向けた。なぜなら彼は頭上に彼の鷲の鋭い叫びを聞いたからである。『よし』と彼は上に向かって叫んだ。『これは私の心にかない、私にふさわしい。私の動物たちが目覚めている。なぜなら私が目覚めているからである。／私の鷲は目覚めており、私と同じように太陽に敬意を表わしている。鷲の爪によって鷲は新しい光をつかもうとしている。お前たちは私の本当の動物たちだ。私はお前たちを愛する。／しかし私にはいまだ私の本当の人間たちが欠けている』」（「徴」）。

(2)「このことをツァラトゥストラが彼の心に語ったのは、太陽が正午に位置していたときであった。そのとき彼は訝しげに高みへと目を向けた。なぜなら彼は頭上に鳥の鋭い叫びを聞いたからである。すると見よ。一羽の鷲が空に大きな円を描いていた。そしてその鷲に一匹の蛇がぶらさがっていたが、それは獲物のようにでなく、友のようにであった。なぜなら蛇は鷲の首に輪を描いて巻き付いていたからである。／『私の動物たちだ』とツァラトゥストラは言って、心から喜んだ。『太陽の下で最も誇り高い動物と太陽の下で最も賢い動物――彼らは偵察に出かけて来たのだ。……私の動物たちが私を導いてくれるように』」（「序説」一〇）。

(1)と(2)の対応は明らかだろう。(1)においてツァラトゥストラが彼の頭上に見たのは、(2)の「一羽の鷲が空に大きな円を描き、その鷲に一匹の蛇がぶらさがっている」場面である。だからツァラトゥストラは「私の動物たちが目覚めている」と複数形で語るのである。そして鷲が描く円と蛇が描く輪は、ツァラトゥストラ自身（鷲の勇気）と彼の思想（永遠回帰の思想としての蛇）を形象化している。「序説」においてこの形象はいまだツァラトゥストラのものとなっていなかった。それ故に彼は「私の動物たちが私を導いてくれるように」と願ったのである。しかし鷲と蛇の導きによって「徴」でのツァラトゥストラは熟し、完成した。そのように導いてくれたからこそ、ツァラトゥストラは鷲と蛇を(2)のように単に「私の動物たち」と言わずに、「私の本当の動物たち (meine rechten Tiere)」と呼ぶ。鷲と蛇は「正午の動物たち」として大いなる正午を迎えるところまでツァラトゥストラを導いたからである。

しかし(1)の「鷲の爪によって鷲は新しい光をつかもうとしている」とはいかなることなのか。ツァラトゥストラの鷲は「鷲の目によって深淵を見る者、鷲の爪によって深淵をつかむ者」(「高等な人間」四)であった。それは深淵という永遠回帰の思想の否定面を直視する勇気を意味していた。しかしここで「鷲の爪によって深淵をつかむ (mit Adlers-Krallen den Abgrund fassen)」が「鷲の爪によって新しい光をつかもうとする (mit Adlers-Klauen nach dem neuen Lichte greifen)」と言い換えられている。鷲の爪によってつかむものが、「深淵」から「新しい光」へと変わっている。鷲の勇気によって深淵（永遠回帰の否定的な世界）は光の深淵（永遠回帰の肯定的な世界）へと変容した。「深淵をつかむ」ことは「光の深淵（新しい光）をつかむ」ことへと変わる。それは私の深淵（ツァラトゥストラの蛇）としての黒い重い蛇が光の深淵（新しい光）としての蛇へと変容したことに対応する。変容した蛇は「正午と永遠性」における「光のうちで蛇が輪を描いて横たわっている」とされる蛇、永遠性の蛇である。

しかしこのことによって、導き手としての鷲と蛇の仕事は終わっている。ツァラトゥストラはもはや(2)のように「私の動物たちが私を導いてくれるように」と言わず、「お前たちは私の本当の動物たちだ。私はお前たちを愛する」と語る。この言葉は導き手としての鷲と蛇がその役割を終えたことを示している。しかしツァラトゥストラは「私にはいまだ私の本当の人間たちが欠けている」と言う。この「本当の人間たち」、つまりツァラトゥストラの子供たちが近づいていることを示す徴が「鳩の群れを伴った獅子」である。

「『徴が来た』とツァラトゥストラは語り、そして彼の心は変容した。そして実際、彼の前が明るくなったとき、彼の足もとに一匹の黄色い力ある動物が横たわり、その頭を彼の膝にすり寄せ、愛のあまり彼から離れようとしなかった。それは自分のかつての主人を再び見出した犬のようであった。しかし鳩たちがその愛によって熱心であることは獅子に劣らなかった。そして鳩が獅子の鼻の上をかすめて飛ぶたびに、獅子は頭を振り、驚き、そして笑った。／こうしたすべてのことに対してツァラトゥストラは一言語っただけだった。『私の子供たちは近い、私の子供たちは』」（「徴」）。

ここでツァラトゥストラの成熟した徴である「鳩の群れを伴った獅子」が登場する。それはツァラトゥストラの子供たちが近いことの徴である。つまりツァラトゥストラが「一つの希望の子供たち」と共に祝う大いなる正午が近いことの徴である。第二部最終章「最も静かな時」において予示されていたことがここで実現する。鳩は「鳩の足で来る思想」としての永遠回帰の思想を形象化している。地の動物である蛇から天の動物である鳩へと形象が変わることは、深淵（地）から光の深淵（天）へと永遠回帰の世界が変容したことを示す。そしてツァラトゥストラ自身の形象は鷲から獅子へと変わる。(27) 獅子は「命令するための獅子の声」をツァラトゥストラが獲得したことを形象化している。永遠回帰の思想に関わるツァラトゥストラの姿勢は、鷲の勇気から獅子の命令に変わる。そしてその獅子は笑う。この笑いは重さの霊（永遠回帰の思想の否定面と同情）を完全に克服したこと、「怒りによってでなく、笑いによって人は殺す。さあ、重さの霊を殺そうではないか」（「読むことと書くこと」）の実現を示している。

「『我欲す（Ich will!）』。回復し勝利をおさめた者の讃歌。笑う獅子と鳩の群れ……」。本節の冒頭の引用は「我欲す」という言葉で始まっていた。それはいかなる意味なのか。「徴」における笑う獅子と鳩の群れの登場は、ツァラトゥストラが「我欲す」と語りうることの徴である。この「我欲す」は第二部最終章「最も静かな時」の要求、二つの課題をツァラトゥストラが果たすことによって可能となった。最も静かな時の要求に対してツァラトゥストラは、最初に「私はそれを語ることを欲しない」と答え、さらにもう一度最後に答える。「しかしついに私は最初に言ったことを言った。『私は欲しない（Ich will nicht）』」（「最も静かな時」）。最も静かな時の要求に対するツァラトゥストラのそのときの態度である「私は欲しない（Ich will nicht）」が、第三部と第四部の歩みによって克服され、その最後においてツァラトゥストラは「私は欲する＝我欲す（Ich will!）」と言いうるようになる。最も静かな時の二つの要求をツァラトゥストラが果たしたからである。それはツァラトゥストラが永遠回帰の教師となったことを示している。それは「私の目標に私は向かおう（Zum meinem Ziele will ich.）」（「序説」九）という意志の実現であり、ツァラトゥストラは「綱渡り師を跳び越える道化師」となったのである。それによって彼は大いなる正午を迎えうるまでに成熟した。だからこそ『ツァラトゥストラ』におけるツァラトゥストラの最後の言葉は大いなる正午を迎える言葉で終わるのである。「これは私の朝だ、私の日が始まる。今や上がって来い、上がって来い、お前大いなる正午よ」（「徴」）。

第三節はツァラトゥストラの動物たちを導きの糸として、ツァラトゥストラが永遠回帰の教師となるまでの歩みを辿った。道化師＝超人（第一節）＝子供（第二節）となるツァラトゥストラは、永遠回帰の教師となる。ツァラトゥストラのなるべき者が永遠回帰の教師であるが故に、第一章において繰り返し永遠回帰の思想に言及しなければならなかった。しかし改めて『ツァラトゥストラ』の根本思想である永遠回帰の思想を主題として扱うことにしよう。それが第二章の課題である。

註

第一節

（1）KGW VII-1, p.557 Herbst 1883 16[88].

（2）K. Jaspers, *Nietzsche*, Walter de Gruyter, 1936, p.360.

（3）G. Deleuze, *Nietzsche et la philosophie*, Presses Universitaires de France, 1991, p.219.

（4）G. Deleuze, ibid., p.219.

（5）G. Deleuze, ibid., p.220.「ツァラトゥストラの道化師によって代表されるこの思想においてすべては偽りであり、悲しげである。つまり活動は反動にすぎず、肯定は幻影にすぎない。ツァラトゥストラはそれに対して純粋な肯定を対置する」(ibid., p.207)。ドゥルーズは道化師を小人（重さの霊）と同様に、超人の敵対者と見なしている。「道化師はツァラトゥストラのカリカチュアである。……ツァラトゥストラのように、道化師は克服し、乗り越えると主張する。しかし道化師にとって乗り越えることは、担ってもらうこと（人の肩の上に、あるいはツァラトゥストラの肩の上に這い上がること）、あるいは上を跳び越えることである。それは『超人』についての可能な二つの誤解である」(G. Deleuze, *Nietzsche*, Presses Universitaires de France, 1995, p.44)。「担ってもらう」のは、第三部「幻影と謎」の小人（重さの霊）であり、「上を跳び越える」のは「序説」六と「新旧の板」四における道化師である。

（6）薗田宗人訳『ツァラトゥストラはこう語った』白水社、一九八二年、四九一頁。

「道化師－綱渡り師」に関していかなる解釈がなされてきたのか、それらがどれほど説得力を持っているか、またナウマンの解釈がどの程度影響しているのか、こうしたことを確認するためにも、『ツァラトゥストラ』の他の翻訳に付された訳註をいくつか見てみよう。

竹山道雄訳『ツァラトストラかく語りき』（上）（新潮社、一九五三年）は次のように説明している。「この章に叙せられている綱から落ちる綱渡人と、それを跳び越す道化役者とは、何を意味しているか、明確には解釈できない。――矯激な政治勢力と、之によって強圧せられ転落したドイツの知識階級とその理想主義を示したもの、と解したら如何であろうか」（二九頁）。「綱が人類の進化の過程を象徴し、綱渡人が之を辿って向上しゆかんとする人間精神の何らかの比喩であることは、疑う余地がない。（故に、この綱渡人が末人ではない）」（三〇頁）。「この道化役者に関してニーチェ自身が二様の正反対の事を言っている。――『超克にはさまざまの方法がある。之をよく考えよ。人間もまた跳び越されうる、と考えるのは道化役者のみである。』（第三篇、新旧の表）『あわれむべき綱渡人を跳び越す道化役者はツァラトゥストラ自身である。彼の自嘲である。』（全集十二、二五五）――前の言葉に従えば、この道化役者は性急な飛躍的なユートピアンの夢想的改革者哲学者で、現実を無視した実験のために、かえって人間を破滅せしめる者。（但し、この第三篇の言葉がはたしてここの道化役者を指すか、も疑問である。）後の言葉に従えば超人という理想に達せんため、人間を没落せしめんとするツァラトゥストラ自身。――そのほかいろいろな解釈あれども、いづれも充分ではない。いづれにしても、進化しつつある人間を中途にして急激に破滅せしむる、ある力を暗示している。あるいは、当時の政治的勢力・プロシャ主義の如きものを指すか、とも想像される」(三〇–三一頁)。竹山道雄はナウマンの解釈を紹介しそれを十分でないとしているが、その理由を何も語らないし、私見とされる彼の解釈に何の根拠も示していない。「註釈書としてはナウマンを見たが、充分満足はできなかった。私見によって解したところも多い」(三〇九頁)。しかしテキスト上の根拠がない私見(単なる断言・感想文・作り話)は、『ツァラトゥストラはかく語った』の理解に役立つのでなく、むしろ逆に理解を妨げる。

浅井真男訳『ツァラトゥストラ』(筑摩書房、一九六〇年)において、道化師は「空疎な誇張と多弁と嘲笑をことするが、本性不明の、むしろ本性を欠く者。のちに出る魔術師、俳優よりさらに無意味な存在」(一一頁)とされる。「綱渡りは、自分が綱を渡るという意味を知らず、ただその技術を身につけているだけだから、綱渡りの行動に自主性を持たない。つまり奴隷であってしかるべき者である」(一一頁)。

高橋健二・秋山英夫訳『こうツァラツストラは語った』(河出書房新社、一九六一年)は次のように解釈している。「綱渡り師によって、完全をめざして努力する人間を示し、そういう人間をおびやかす危険を示す。綱渡り師はまだ古い彼岸の信仰を脱しきれていないが、誠実に勇敢にその天職をはたす」(一八頁)。「道化役者に似た男は、良心のない扇動家、夢想的な過激な改革者をさすかと思われる。第三部の『古い板と新しい板について』四節参照」(一八頁)。

手塚富雄訳『ツァラトゥストラ』(中央公論社、一九六六年)は、「序説」六について、「未来への綱を渡るにも、暴力的、誇示的に、人を犠牲にしてそれをする者、また真に自分の意志からするのでない者がいる」(七一頁)とまとめている。そして「新旧の板」四の道化師に対しては、「『飛び越え』は、性急であり暴力的である。『ツァラトゥストラの序説』六の道化師参照」(二九五頁)と註を付けている。

吉沢伝三郎訳『ツァラトゥストラ』(上)(筑摩書房、一九九六年)において、道化師は「民衆をそそのかすラディカルな煽動者、目標が一挙にして(とくに暴力によって)達成されうると民衆に対してまことしやかに説くところの、狡猾だが良心なきデマゴーグ」(三〇五頁)であり、綱渡り師は「民衆を支配するための手段としてデマゴーグに利用されている者、そういう者として自分の職務を忠実に果たしている者、しかしその必要がなくなったときには、デマゴーグによってすぐにも破滅させられる者」(三〇五頁)である。

訳註ではないが、大石紀一郎編『ニーチェ事典』(弘文堂、一九九五年)は、「自らの卑小な存在に居直り超人を拒否する道化」と「跳躍を望みつつもそれに耐えられずに自らの生命を滅ぼす綱渡り師」という仕方で対比している(四〇四頁)。

吹田順助『譯註ツァラトゥストラ』（郁文堂書店、一九二九年）も紹介しておこう。「先には綱を、今度は綱渡りをば、ニーチェは完全化に対して努力する人間に対する象徴として、かつ彼を脅かすところの危険の具象化の為に利用している。元よりこの綱渡りはいまだ古い彼岸の信仰に捕らわれていた。彼にはまた虚偽なる『指導者』（『道化師』）に対する内面の独立性が欠けている。然し彼はそれでも正直にかつ勇敢に彼の人間的職分を果たした。その為にツァラトゥストラは彼を尊敬する。――『道化役』のここに与えられたる解釈は、ツァラトゥストラの後の言葉に依拠しているのである、『人間は超克せられねばならないところの或るものである。超克のいろいろの路と方法とがある。その点をよく注意せよ！　然し道化役はただこう考えるだけである――人間は跳び越されることも出来る。』――かくの如くこの章の場面に於いては、道化役は一歩一歩正直に前進するところの人間を、益々急速なる進行にまで促し、終には彼を跳び越して、かくして彼に没落を与えるのである」（三二―三三頁）。「没良心的な煽動主義の代表者としての道化役は、純粋の民衆指導者たるツァラトゥストラに対して嫉妬を感ずる、そして彼を偽善的な警告、その上露骨な脅迫に依って市から追い出そうと努めるのである」（三六―三七頁）。

（7）G. Naumann, *Zarathustra-Commentar*, vol. I, H. Haessel, 1899, pp.107-108.

（8）ニーチェ思想のうちに矛盾を見出すことが一般的な傾向である。永遠回帰と力への意志との矛盾が最もポピュラーである。さらに個々の思想（永遠回帰、力への意志、超人など）そのもののうちに矛盾が指摘される。Cf. W. Müller-Lauter, *Nietzsche: Seine Philosophie der Gegensätze und Gegensätze seiner Philosophie*, Walter de Gruyter, 1971.

　いかなる矛盾を探し出すにしろ、そうした矛盾は解釈者の無知・無理解の反映にすぎないではないか、と疑うことが必要だろう。「パスカル級の思想家において『矛盾』の存在を人が主張するとき、つねに慎重でなければならず、矛盾が本当に避けられないものとして現われる最後の瞬間以外に、この解決を受け容れてはならない」(L. Goldmann, *Le dieu caché*, Gallimard, 1955, p.323)。

（9）「ためらう怠惰な者たちを私は跳び越えるだろう」という「序説」九のツァラトゥストラの言葉に対して、次のように言うことは無理である。「この言葉を以て（二五頁の）道化役者がツァラトゥストラ自身であることの証左とすることはできないであろう。この言葉は三三頁以下の、ツァラトゥストラの新しい決心を述べているのであるから」（竹山道雄訳『ツァラトストラかく語りき』（上）四〇頁）。当然次のように言わざるをえない。「それゆえ、飛び越すという点に関しては、道化師はツァラトゥストラその人であると考えざるをえず、……」（原佑『ニーチェ　時代の告発』以文社、一九七一年、二二一頁）。Cf. H. Weichelt, *Zarathustra-Kommentar*, p.8.

（10）「新旧の板」四において「克服」という言葉は、「人間は克服されねばならないものである」、「お前自身を克服せよ」という仕方で使われている。つまり「克服」は人間の自己克服を意味している。それに対して「人間を跳び越える」とは、他の人間を跳び越えることである。「しかし」という語による対比は、自己克服と他者を跳び越えることの対比である。一歩一歩自分自身を克服するのは善いことであるが、しかし「人間を跳び越える」のは性急・暴力的であって悪いことである、という対比ではない。

（11）「最初に一人の者が来なければならない、／――お前たちを再び笑わせる一人の者、一人の善き快活な道化（Hanswurst）、一人の舞踏者・風・風よけ、或る老いた道化が」（第四部「挨拶」）。来なければならないとされる「或る老いた道化（irgend ein alter Narr）」がツァラトゥストラであることは、この箇所に対応する草稿から明らかである。「お前たちを笑わせる一人の者がおそらく来なければならない――／――一人の善き快活な道化（Hanswurst）、頭と足を持った舞踏者、一つの風・風よけ、或る道化・ツァラトゥストラ（irgend ein Narr und Zarathustra）が」（KGW VII-3, p.134 Winter 1884-85 33[1]）。

（12）KGW VII-1, p.557 Herbst 1883 16[88]. 同じ時期に次の断章が属する。「ツァラトゥストラ第三部。前に進め、足萎えよ、やみ商人よ、――さもないと私が跳ぶぞ（ich springe）、など。／このようにそれが私に呼びかけた。／生自身が生にとって最も重いこの思想を創造した、生はその最高の障害を越えて行こうとするのだ」（KGW VII-1, p.515 Sommer-Herbst 1883 15[46]）。「前に進め、足萎えよ、やみ商人よ」は明らかに道化師の言葉を受けている。「『前に進め、足萎えよ』と彼の恐ろしい声が叫んだ。『前へ進め、怠け者、やみ商人、青ざめた者よ。……』」（「序説」六）。

（13）KGW VII-1, p.548 Herbst 1883 16[65].

（14）KGW VII-1, p.167 November 1882-Februar 1883 4[186].

（15）「ツァラトゥストラの結論は、思想を感じないために、人間が動物へと退化しなければならないということである。それとも超人へと自己形成しなければならない」（KGW VII-1, pp.503-504 Sommer-Herbst 1883 15[4]）。

（16）KGW VI-4, p.28.

（17）「綱渡り師－道化師」解釈にとって決定的な、ニーチェの言葉を改めて二つ引用しよう。

(1)「綱渡り師を最も低い段階に置く」（一八八二年一一月－一八八三年二月）。

(2)「ツァラトゥストラ自身が哀れな綱渡り師を跳び越える道化師である」（一八八三年秋）。

この(1)(2)を知っていれば誰でも、綱渡り師を否定的に、そして道化師を肯定的に解釈するだろう。しかし綱渡り師を超人思想の体現者とする思い込みが相変わらず根強い。綱渡り師を肯定するというこの思い込みがあるからこそ、綱渡り師を跳び越え死に至らしめる道化師は否定的に解釈され、ツァラトゥストラの敵対者とされるのである。

吉沢伝三郎訳『ツァラトゥストラ』(上)もまたこの思い込みに捕らわれている。綱渡り師は「超人への意志を表示する象徴」(同上、二八九頁)、「ツァラトゥストラ―ニーチェ自身の思想の象徴として、『超人への意志』を表示するもの」(同上、三〇七頁)とされている。それにもかかわらず(2)によって、「道化師も綱渡り師も、根源的にはツァラトゥストラの分身であることを端的に否定している。」(同上、三〇六頁)と言わざるをえない。しかし(1)は綱渡り師がツァラトゥストラ―ニーチェ自身の分身であるとされるのだから、「綱渡り師でも道化師でもある」という分身説(折衷説)は成立しない。そもそも綱渡り師と道化師は対立しているのだから、「あれかこれか」という選択しかない。「あれもこれも」という折衷説はテキストを解明するのでなく、曖昧にするだけである。

従来の一般的な解釈は、(a)綱渡り師を肯定し道化師を否定する。それに対して本書は、(b)道化師を肯定し綱渡り師を否定する。(b)の解釈については、拙論「道化師ツァラトゥストラ」(『哲学年報』第六〇輯、二〇〇一年)参照。(a)と(b)は対立しているのだから、(a)か(b)のどちらかを選ばねばならない。(1)(2)を知っていれば誰でも(b)を選ぶだろう。

しかし思い込みから解放されるのは難しいので、(b)を反駁することはできないが、かといって(a)を捨て切ることもなかなかできない。ここから「(a)も(b)も」という「あれもこれも」解釈が生まれる。(a)「綱渡り師であり道化師でない」と(b)「道化師であり綱渡り師でない」をシャッフルすると、「綱渡り師でも道化師でもあり、綱渡り師でも道化師でもない」というテーゼが導かれる。

このテーゼを主張しているのは村井則夫『ニーチェ――ツァラトゥストラの謎』である。しかし「どちらでもあり、どちらでもない」(同上、一一九頁)という解釈は、「あれもこれも」という折衷説の極致、つまり曖昧化の極致というだけでなく、単なる矛盾の表明である。「どちらでもあり、どちらでもない」それ自体が矛盾の表現であるが、これは(A)「綱渡り師でもあり綱渡り師でもない」と(B)「道化師でもあり道化師でもない」という二つの矛盾を含む。概念の二義性によって矛盾を解消するのが一般的な対処法である。(A)の矛盾をどう処理するか不明であるが、(B)の矛盾は概念の二義性によって、つまり「道化師を追い越す第二の道化師」(同上、一二四頁)を導入することによって解消される。「ツァラトゥストラは、自らが『跳び越える』道化師を演じることによって、綱渡り師のみならず、当の道化師をも『跳び越え』ようとしている」(同上、一二五頁)。しかし道化師と区別された「第二の道化師」などニーチェのテキスト・遺稿のどこにも書かれていないし、具体的な意味をも欠いている。そもそも「どちらでもあり、どちらでもない」解釈が矛盾を引き起こしたのだから、その解釈を放棄さえすれば、つまり「(a)も(b)も」でなく(b)を選べば、何の問題も生じない。

「綱渡り師―道化師」をめぐる解釈は、「ためらう怠惰な者たちを私は跳び越えるだろう」というツァラトゥストラの言葉(二一、六）だけでなく、「人間は動物と超人との間にかけられた一本の綱、深淵にかけられた一本の綱である」というテーゼ（三）、「道化と死体の中間」という言葉（四）、「道化師－墓掘人－隠者」の登場の意味（五）を同時に解明しなければならない。さらに「跳び越える（überspringen でなく hinwegspringen）」という語の用例をも整合的に解釈しなければならない（本節の註29）。しかし「どちらでもあり、どちらでもない」や「道化師を追い越す第二の道化師」という解釈は、テキスト上の根拠がないだけでなく、これらの解明・解釈に役立つこともないだろう。

「どちらでもあり、どちらでもない」とする客観的な根拠はないが、主観的な理由はある。それは『ツァラトゥストラ』を「メニッペア」（同上、六〇頁）として読むという解釈視点である。おそらくこうした読み方は最近の流行なのだろう。神崎繁『ニーチェ　どうして同情してはいけないのか』（NHK出版、二〇〇二年）の「Ⅲ　永遠回帰――『メニッペア』風に」参照。確かにどのような解釈視点を採用するかは各自の自由であるが、しかし解釈視点はそれを採用したからといって、それだけで解釈の根拠となるわけではない。そして解釈そのものがメニッペア風に、つまり「これといって筋の統一をもたず……予想もつかない展開を辿る破天荒なテクスト」（同上、六二頁）になっていいわけではない。

（18）「市場はもったいぶった道化師たち（feierliche Possenreißer）に満ちている。――そして民衆はその大物たちを自慢している。つまり彼らは民衆にとってその時代の支配者である」（第一部「市場のハエ」）。ツァラトゥストラは「もったいぶった道化師たち」を市場のハエとして批判しているが、「道化師たち」と複数形で書かれており、しかも「もったいぶった」という形容詞が付いている。それ故「もったいぶった道化師たち」は、単数形の道化師（「序説」での道化師、「新旧の板」での道化師）と同一視することはできない。

（19）「私、ツァラトゥストラ、生の代弁者、苦悩の代弁者、円環の代弁者が――この私がお前を呼ぶのだ。私の最も深淵的な思想を。／幸いだ。お前が来る、――お前の声が聞こえる。私の深淵が語る。私の最後の深みを私は光のもとにさらしたのだ」（「回復する者」一）。ここでも「お前」＝「私の最も深淵的な思想」＝「私の深淵」である。「私の最も深淵的な思想」は永遠回帰の思想である。

（20）「あるがままの生存は意味も目標もないが、しかし無への終局なしに不可避的に回帰する、つまり『永遠回帰』。これはニヒリズムの極限形態である、つまり無（『無意味』）が永遠に」（KGW VIII-1, p.217 Sommer 1886–Herbst 1887 5[71]）。

（21）KGW VII-2, p.281 Sommer–Herbst 1884 27[23]. 本節の註12での引用から読み取れるように、永遠回帰という最も重い思想によって人間が没落することは、道化師が綱渡り師を跳び越えることと関係している。

（22）KGW VII-1, p.583 Herbst 1883 17[56].

(23) KGW VIII-1, p.123 Herbst 1885-Herbst 1886 2[127].

(24) 草稿では次のようになっていた。「人間の存在は不気味であり、いまだ意味を欠いている。つまり道化（ein Hanswurst）が人間の存在にとって破滅のもとになりうる。／この者は何のために生きるのか。あの者は何のために死ぬのか。誰もそのことを知りえない。なぜなら何のためにがそこに存在しないからである」（KGW VII-1, p.229 November 1882-Februar 1883 5[28]）。

(25) KGW VII-1, p.150 November 1882-Februar 1883 4[116].

(26) 死体と道化師は次のように一緒に語られている。「私と同じ類いの者は、私と同じ類いの体験をするだろう。それ故彼の最初の同伴者は死体と道化師でなければならない」（第三部「背教者」一）。「序説」において最初に登場したツァラトゥストラは、死体（綱渡り師）と道化師との中間的存在なのである。

(27) 第三部「帰郷」はこのときのツァラトゥストラを次のように描写している。「お前は森のなかで、どっちつかずで、どこへ行くべきかを知らず、一つの死体のそばに立っていた」。

(28) 第二の下山がなされるのは、「私の教えが危機にある、雑草が小麦と呼ばれようとしている。／私の敵が強大になり、私の教えの肖像を歪めてしまった」（第二部「鏡を持った子供」）からである。ツァラトゥストラの教えは「すべての神々は死んだ。今や我々は、超人が生きることを欲する」（「贈る徳」三）のうちに表現されている。それに対してツァラトゥストラの敵は、神の死から「すべては空しい、すべては同じことだ、すべてはあった」（第二部「予言者」）というペシミズムを導き、ツァラトゥストラの教えを歪める（第三節六）。

(29) KGW VI-4, p.32.

「序説」六における道化師の登場の意味を正確に捉えるためには、「道化師」という言葉に定位するだけでなく、「跳び越える（hinwegspringen）」という語にも着目しなければならない。この語の用例を改めて挙げよう。

(1)「彼は悪魔のように叫び声をあげ、彼の道を塞いでいた者を跳び越えた」（「序説」六）。

(2)「この町から立ち去れ。さもないと明日私がお前を跳び越えるだろう、生きている者が死んだ者を跳び越えるだろう」（「序説」八）。

(3)「私の目標に私は向かおう。私は私の道を行く。ためらう怠惰な者たちを私は跳び越えるだろう。このように私の歩みが彼らの没落であって欲しい」（「序説」九）。

(4)「ツァラトゥストラ自身が哀れな綱渡り師を跳び越える道化師である」（一八八三年秋）。

(5)「私の目標に私は向かおう——今や私は私の道を行く。そして死んだ者が生きている者を跳び越えるべきではない」（「序説」のヴァリアント）。

これらの用例すべてを整合的に解釈しなければならない。しかしそれは簡単なことである。(1)(2)の道化師にツァラトゥストラがなることは、(3)(4)(5)から誰でも導ける。それ以外の解釈など不可能である。

(30)「同情が神を窒息させた、と人が語っていることは本当なのか。／神は人間が十字架にかかるのを見て、それに耐えられなかった、そして人間に対する愛が神の地獄となり最後に神の死となった、と人が語っていることは本当なのか」（第四部「退職」）。「同情はそれが強ければ、地獄の感情である。／人間への最高の愛からの殺害」（KGW VII-1, p.153 November 1882-Februar 1883 4[128]）。「同情は地獄の感情である。つまり同情はそれ自身、人間を愛する者がかけられる十字架である」（KGW VII-1, p.210 November 1882-Februar 1883 5[1-168]）。

(31) KGW VII-2, p.73 Frühjahr 1884 25[249].「今や私のハンマーが像の牢獄に向かって残酷に荒れ狂う。石から破片が飛び散る。そんなことは私にはどうでもいいのだ」（第二部「至福の島」）。「ツァラトゥストラにとって人間は不格好なもの、素材、彫刻家を必要とする醜い石である」（『この人を見よ』「ツァラトゥストラ」八）。

(32)「ハンマーとしての最も重い認識」（KGW VII-1, p.540 Herbst 1883 16[48]）。「ハンマーとしての最も重い思想」（KGW VII-2, p.228 Sommer-Herbst 1884 26[298]）。「最も力ある人間の手のうちのハンマーとしての永遠回帰の教説」（KGW VII-2, p.295 Sommer-Herbst 1884 27[80]）。

(33)「人間の克服という目的のための人間の支配。／その教説を耐える者たちを除いて、人間がそれにおいて没落する教説による克服」（KGW VII-1, p.323 Frühjahr-Sommer 1883 7[238]; p.538 Herbst 1883 16[41]）。

(34)「『回帰』が教えられる——『私は悲惨さを忘れていた』。彼の同情が増大する。彼は人々が耐えられないのを見る」（KGW VII-1, p.154 November 1882-Februar 1883 4[132]）。

(35)「超人は従来の徳を完全に超えており、同情から離れ去って非情である。容赦なく彼の大理石を打ち砕く創造者。／ツァラトゥストラの最後の教説のために」（KGW VII-1, p.386 Juni-Juli 1883 10[25]）。

(36) KGW VII-1, p.574 Herbst 1883 17[21], cf. KGW VII-1, p.667 Ende 1883 22[3].

(37) KGB III-1, p.321.

(38) KGB III-1, p.327.

(39) 田中美知太郎「ギリシア悲劇への案内――それはどういうものか――」(『ギリシア悲劇全集　第一巻』人文書院、一九七九年、一二頁)参照。

「しかしそのように私の創造的意志、私の運命がそれを欲する。あるいはより正直にお前たちに言えば、そのような運命をまさに――私の意志が欲するのだ」(「至福の島」)。運命が欲することを自分の意志とすることは、すでに悲劇を超えている。それをニーチェは運命愛と呼ぶ。「まず必要なこと――そしてそれをできるだけ美しく完全に。『必然的なものを愛せよ』――運命愛(amor fati)、これが私の道徳であろう……」(KGW V-2, pp.537-538 Herbst 1881 15[20])。「人間における偉大さに対する私の定式は運命愛である。人が別のものを持とうと欲しないこと、前方にも、後方にも、永遠に欲しないこと。必然的なものを単に耐えるのでなく、さらにそれを隠すのでもない――あらゆる理想主義は必然的なものに対する偽りである――そうでなく必然的なものを愛すること」(『この人を見よ』「なぜ私はかくも利口なのか」一〇)。「必然的なものを愛する」という運命愛は『ツァラトゥストラ』において次のように言い表わされている。「必然性が自由そのものであり、自由の刺を至福に玩んだ」(「新旧の板」二)。「運命を私の意志が欲する」=「必然なものを愛する」=「必然性が自由そのもの」という境地は、「英雄の運命の変転」という悲劇を超えているだろう。

(40) KGW VII-1, p.129 November 1882-Februar 1883 4[57].

快活な英雄であるツァラトゥストラは「恐怖と同情という悲劇の効果」(アリストテレス『詩学』第一四章)を生み出そうとする悲劇作者の気にいらないのである。道徳(同情)の克服こそが悲劇を笑う高みを可能とし、恐怖と同情を喚起する悲劇を克服する。「最も異様で最も過酷な問題においてさえ生そのものに対して然りと言うこと、自らの無尽蔵さを喜びながらその最高の典型の犠牲における生への意志――これを私はディオニュソス的と呼び、悲劇的な詩人の心理学への橋と察知した。恐怖と同情から逃れ去るためでも、危険な情動を激しく放出することによってその情動から自分を浄化するためでもなく――アリストテレスはそう理解した――、恐怖と同情を超えて、生成そのものの永遠の快――破壊への快をも含んでいるあの快であるために」(『偶像の黄昏』「私が古人に負っているもの」五)。

(41) 「最も真剣なものでありまた最も快活なもの」という言葉は、ウィトゲンシュタイン『草稿』(一九一六年一〇月一七日)へ導く。「芸術的な驚きは、世界が存在することである。存在するものが存在することである。/芸術的な考察の仕方の本質は、世界を幸福な目で考察することなのか。/生は真剣であり、芸術は快活である」。最後の言葉はシラー『ヴァレンシュタイン』のプロローグからの引用であるが、「真剣―快活」(ernst-heiter)という対比は、ニーチェとウィトゲンシュタインが同じ生を生きていたことを示すだろう。二人がともにショーペンハウアー『意志と表象としての世界』から強い影響を受けたことを想起しよう。レッドパスは次のように回想している。「私が彼（ウィトゲンシュタイン）に、どの哲学者が印象的に書いていると思いますか、と尋ねたとき、彼は即座に『ニーチェだ』と答えた」（Th. Redpath, "A Student's Memoir", in: *Portraits of Wittgenstein*, Volume 3, ed. by F. A. Flowers, Thoemmes, 1999, p.18）。ウィトゲンシュタインはヴァイニンガーを高く評価しているが、ヴァイニンガー『この世の終わり』はニーチェについて次のように書いている。「自分自身を最も憎んだ人間はニーチェだったかもしれない。……ニーチェにおいては自分自身に対する憎しみは肯定への最も強い意志から生じた。それ故彼のなかでこの憎しみは創造的になり悲劇的になった。……宗教の欠如からニーチェの没落が説明される。……ニーチェに欠けていたのは恩寵であった。しかし恩寵なしにツァラトゥストラの孤独も耐えられない。こうして彼にとって論理はそれだけが最も貴重な財産でなく、外からの強制であった（なぜなら彼は自分をあまりに弱いと感じていたので、至る所に危険を察知したからである）。しかし論理を否定する者は、狂気への途上にある」（K. Löwith, *Nietzsches Philosophie der ewigen Wiederkehr*, p.300）。ウィトゲンシュタイン『論理哲学論考』における論理については、拙書『形而上学者ウィトゲンシュタイン』筑摩書房、二〇〇二年、第二章参照。

（42）デメトリオス『文体論』（渡辺浩司訳）は次のように書いている。「一方で、サチュロス劇や喜劇では笑いと魅力の両方を必要とし、他方で悲劇は多くの場合魅力あるものを受け入れるが、笑いは悲劇の敵となるのである。つまり、滑稽な悲劇などというものを誰も考えることはできないだろうし、［そんなものを作れば］悲劇ではなくサチュロス劇を書くことになるだろう」（『修辞学論集』京都大学学術出版会、二〇〇四年、四六五頁）。

（43）ツァラトゥストラがなるべき姿を予め示す形象は、道化師の他に、「蛇は鷲の首に輪を描いて（geringelt）巻き付いていた」（「序説」一〇）というあり方（第三節一）、そして第三部「幻影と謎」二における牧人（第四節五、六）である。

（44）C. A. Bernoulli, *Franz Overbeck und Friedrich Nietzsche : eine Freundschaft*, p.234. Cf. K. Jaspers, *Nietzsche*, p.361; W. Ross, *Der ängstliche Adler : Friedrich Nietzsches Leben*, Deutsche Verlags-Anstalt, 1980, pp.785-786. 小林真『ニーチェの病跡　ある哲学者の生涯と旅・その詩と真実』金剛出版、一九九九年、一八頁参照。

第二節

（1）レーヴィットはニーチェ哲学の三つの発展段階を三つの変容に即して、そしてヤスパースは「知恵への道。道徳の克服への示唆」（KGW VII-2, pp.157-158 Sommer-Herbst 1884 26[47]）という断章に即して、解釈している。Cf. K. Löwith, *Nietzsches*

Philosophie der ewigen Wiederkehr, pp.126-130; K. Jaspers, *Nietzsche*, pp.33-35.

(2) 英雄が重荷を担いそれを喜ぶ者であることは、『ツァラトゥストラ』第一部が完成し出版された一八八三年の夏に書かれた遺稿から読み取れる。「『私が私の重荷を最後の高みまで運んでしまったら、どんなに私は一息つき手足を伸ばしたいことか』。このようにしばしば英雄は道の途中で考える。しかし彼が上に達しその重荷を投げ捨てるようになったとき、彼はそのようにしないのである。そのとき彼はまたさらに彼の疲労に打ち勝つ。つまりその際彼の身体の上に神的な雨が降り注ぐのである」(KGW VII-1, p.459 Sommer 1883 13[1])。

(3) 「彼らと矛盾し、彼らに苦痛を与えるものを、彼らは神と呼んだ。これがこれらの英雄のやり方だった。そして人間を十字架にかけることによる以外に、彼らは彼らの神を愛することができなかった」(KGW VII-1, p.452 Sommer 1883 13[1])。

(4) 駱駝の「汝なすべし」の一つの例として、「キリスト教の教団における無条件的な服従」(KGW VII-2, p.101 Frühjahr 1884 25[351])が挙げられている。それ故「駱駝＝僧侶」が成り立つだろう。

(5) イエスの山上の垂訓における六つの反対命題(アンチテーゼ)については、『荒井献著作集1』岩波書店、二〇〇一年、一一四-一一七頁、二〇八-二一九頁、『荒井献著作集2』岩波書店、二〇〇二年、二〇七-二四〇頁参照。さらに山上の垂訓(山上の教説)については、田川建三『宗教とは何か　下　マタイ福音書によせて』洋泉社、二〇〇六年、八-一〇九頁、『新約聖書　訳と註　第一巻』作品社、二〇〇八年、五四五-六二一頁参照。

『ツァラトゥストラ』のうちには山上の垂訓を想起させる表現が多く見られる。第四部「自由意志による乞食」は「山上の垂訓者(Berg-Prediger)」を登場させ、次のように語らせている。「貧しい人々が幸いであるということは、もはや真ではない。天の国はむしろ雌牛のもとにある」。これは山上の垂訓における最初の言葉を背景としている。「心の貧しい人々は、幸いである、天の国はその人たちのものである(Selig sind, die da geistlich arm sind; denn ihrer ist das Himmel-reich.)」(マタイ五・三)(L.B, p.11; cf. Biblia, p.1973)。Cf. KGW VI-4, p.925.「心の貧しい人々」は『ツァラトゥストラ』において次のように使われている。「心の貧しい人々(die Geistig-Armen)も非常に私の気に入る、つまり彼らは眠りを促進するから。その人たちは幸いである、特にその人たちが正しいと認められるときは」(第一部「徳の講座」)。「我々は少ししか知らないから、心の貧しい人々(die geistig Armen)は心の底から私の気に入る。それが若い女であれば、とくにそうである」(第二部「詩人」)。

ルター訳において「幸い」の一連の教説は、“Selig…; denn…”という表現形式であるが、このことは「序説」四へ導く。そこにおいてツァラトゥストラは「私は愛する、没落する者として以外には生きることのできない人々を、なぜならその人たちは向こう側へ渡って行く者だから」という仕方で、一連の同じ表現形式「私は……を愛する、なぜなら……（Ich liebe Die (Den)…, denn (weil)…)」を採用している。Cf. H. O. Seitschek, "Nietzsches Blick auf Jesus", in: *Zeitenwende – Wertewende*, ed. by R. Reschke, Akademie Verlag, 2001, p.213.

「幸い」の教説を念頭においた表現をさらに挙げよう。「この眠そうな人々は、幸いである、なぜならその人たちはすぐに居眠りをすることになっているから（Selig sind diese Schläfrigen: denn sie sollen bald einnicken.)」（第一部「徳の講座」)。「まことに私は、その同情において幸いである憐れみ深い人々を好まない。つまりその人々には羞恥が欠けているから」（第二部「同情する者」)。これはマタイ五・七を背景にしている。「憐れみ深い人々は、幸いである（Selig sind die Barmherzigen.)、その人たちは憐れみを受ける」（マタイ五・七）(LB, p.11; cf. Biblia, p.1973)。Cf. H. Weichelt, *Zarathustra-Kommentar*, pp.303-304.
「すべての成果はこれまで、厳しく迫害されている人々のもとに（bei den Gut-Verfolgten）あったのではないか」（第四部「最も醜い人間」)。これもまた「幸い」の教説を想起させる。「義のために迫害される人々は、幸いである（Selig sind, die um der Gerechtigkeit willen verfolgt werden.)、天の国はその人たちのものである」（マタイ五・一〇）(LB, p.11; cf. Biblia, p.1973)。
Cf. KSA14, p.335.

「救済する塩」（第三部「七つの封印」四）という言葉も、山上の垂訓へ導く。「あなたがたは地の塩である。だが、塩に塩気がなくなれば、その塩は何によって塩味が付けられよう。もはや、何の役にも立たず、外に投げ捨てられ、人々に踏みつけられるだけである」（マタイ五・一三）。Cf. KGW VI-4, p.918.

（6）「隣人を愛し、敵を憎め（Du sollst deinen Nächsten lieben und deinen Feind hassen)」（マタイ五・四三）(LB, p.14; cf. Biblia, p.1975）の反対命題を、ツァラトゥストラ自身が語っている。「認識の人は、自分の敵を愛すること（seine Feinde lieben）ができるだけでなく、自分の友を憎むこと（seine Freunde hassen）ができるのでなければならない」（第一部「贈る徳」三）。Cf. KSA14, p.295.

（7）『ロマ書』においても傲慢（高慢）は「死に値する行い」として批判されている。「……人をそしり、神を憎み、人を侮り、高慢であり（hochmütig)、大言を吐き、悪事をたくらみ、親に逆らい、無知、不誠実、無情、無慈悲です。彼らは、このようなことを行う者が死に値するという神の定めを知っていながら、自分でそれを行うだけでなく、他人の同じ行為をも是認しています」（ロマ書一・三〇−三二）。

（8）LB, p.401. Cf. Biblia, p.2367. 第四部「覚醒」二の「神は僕の身分となる（er nahm Knechtsgestalt an)」という言葉は

『ピリピ書』を背景に持っている。「かえって自分を無にして、僕の身分になり（Er ... nahm Knechtsgestalt an）、人間と同じ者になられました」（ピリピ書二・七）（LB, p.401; cf. Biblia, p.2367）。Cf. H. Weichelt, *Zarathustra-Kommentar*, p.308; KGW VI-4, p.939.「以上のことすべては、『柔和にしてへりくだった心』（マタイ一一・二九）で『おのれを低くして……従順であった』者（ピリピ書二・八以下。また使徒言行録八・三三）、つまりイエスの歴史的な姿の中に凝集している（これらの資質はユダヤの民の指導者にはないものである）」（『聖書大事典』九七九頁）。

（9）「しかしこの愚かさは人間のすべての知恵より賢い」（パスカル『パンセ』L695/B445）。

（10）二番目の最も重いものにおける「誘惑者を誘惑するために、高い山に登ること」はイエスが悪魔によって誘惑されるという聖書の物語が背景となっているだろう（KGW VI-4, p.868）。「さて、イエスは悪魔から誘惑を受けるため、霊に導かれて荒れ野に行かれた。そして四十日間、昼も夜も断食した後、空腹を覚えられた。すると、誘惑する者が来て、イエスに言った。……更に悪魔はイエスを非常に高い山に連れて行き、世のすべての国々とその繁栄ぶりを見せて、……」（マタイ四・一－八）。三番目の「真理のために魂の飢え（Hunger）に苦しむ」という言葉は、イエスの山上の垂訓の言葉を想起させるだろう。「義に飢え（hungert）渇く人々は、幸いである、その人たちは満たされる」（マタイ五・六）。四番目の「病気であるのに慰める者たちを追い返すこと」は、病気であることを神の試練と見なしているだろう。「病気は信仰者にとっては神の試練であり（第一コリント書一一・三二）、神の栄光を表わすためのものなのである（ヨハネ九・三、一一・四）」（『聖書大事典』九九六頁）。五番目の最も重いものは、キリスト教道徳の誠実さから生まれた真理への意志を意味しているだろう。そしてそこに登場するヒキガエル（Kröte）は、『出エジプト記』（七・二五－二九）における蛙の災いを想起させる。エジプトには大きな「ヒキガエル（Kröte）」がいた（『聖書大事典』二八九頁）。

（11）「知恵への道。道徳の克服への示唆」という断章は、三つの歩みを語っている。それは三つの変容に対応している。「第一の歩み。誰よりも一層よく畏敬する（そして服従し、学ぶ）こと。……すべての重いものを担うこと。精神の禁欲主義……」（KGW VII-2, pp.157-158 Sommer-Herbst 1884 26[47]）。駱駝が担おうとする六つの最も重いものは「精神の禁欲主義」を表現している。駱駝の求める最も重いものとしてのキリスト教道徳は、『道徳の系譜』において「禁欲主義的理想」として描かれている。「三つの変容」と『道徳の系譜』の対応については、新名隆志「『道徳の系譜』の理念としての超人思想」（『哲学年報』第六一輯、二〇〇二年）参照。「この著作で主題化される僧侶、良心の咎め、禁欲主義的理想は決して否定的なものとして描かれているわけではなく、またそれらと対立する金髪の野獣が肯定的なものとして積極的に提示されているわけでもない。それらの主題は人間精神が動物性から脱却し、ラクダとなりシシとなる過程を示しており、極めて肯定的な意味を持っている。一方、金髪の野獣はこの超人へ至る道としての人間以前の動物性を示しており、この著作全体においては系譜学的舞台設定としての消極的意味しかもっていないのである」（同上、一一二頁）。金髪の野獣についてはさらに、新名隆志「『道徳の系譜』における「金髪の野獣」」（『哲学』第五三号、二〇〇二年）参照。

(12) KGW VII-1, p.180 November 1882-Februar 1883 4[237].

(13)「知恵への道。道徳の克服への示唆」における第二の歩みは、次のように描かれている。「第二の歩み。畏敬する心を砕くこと（最も固く拘束されているとき）。自由な精神。独立。砂漠の時代。すべての畏敬されているものの批判（畏敬されていないものの理想化）、逆転した評価の試み」（KGW VII-2, p.158 Sommer-Herbst 1884 26[47]）。

(14)「誠実な者＝自由な精神」は道徳が生み出したものである。「なぜ私は自由な精神であることを愛するのか。従来の道徳性の最終的な帰結として」（KGW VII-1, p.16 Juli-August 1882 1[42]）。

(15) KGW VII-1, p.589 Herbst 1883 17[75].

(16) KGW VII-1, p.180 November 1882-Februar 1883 4[237].

(17) KGW VII-1, p.181 November 1882-Februar 1883 4[242].

(18) KGW VII-1, p.623 Herbst 1883 20[3].

(19) Cf. KGW VI-4, p.899.

(20)「そうだ、重いものを担わされ、私は私の砂漠へ急いだ。しかしそこで私は初めて私の最も重いもの（mein Allerschwerstes）を見出した。／彼自身の徳の鍛冶屋・鉄床、彼自身の価値の審判者・試金石。／多くの重いものがある。そして私が若かったとき、私は最も重いものを大いに探し求めた。／そうだ、私は砂漠へ行った。そしてそこで初めて最も孤独な砂漠において、私は私の最も重いものを見出した」（KGW VII-1, p.180 November 1882-Februar 1883 4[237]）。ここで「私の最も重いもの」が「彼自身の徳の鍛冶屋・鉄床」と言われている。「鍛冶屋と鉄床」はニーチェの好んだ形象の一つである。「しかし創造者は堅いハンマーにならねばならない。さあ私のもとに来い、お前、ハンマー自身を堅く鍛える最も恐ろしい鍛冶屋よ」（KGW VII-1, p.570 Herbst 1883 17[15]）。鍛冶屋・鉄床・ハンマーといった形象は『ツァラトゥストラ』第二部「有名な賢者」へ導く。そこにおいて、民衆の奉仕者としての有名な賢者に対して、「神々のいない砂漠へ行き、自分の畏敬する心を砕いた者」としての誠実な者の意志、「獅子の意志」が対置されている。そして有名な賢者たちにツァラトゥストラは言う。「お前たちは精神の火花しか知らない。

しかしお前たちは精神がそれである鉄床を見ないし、精神のハンマーの残酷さを見ないのだ」（「有名な賢者」）。鉄床とハンマー、それから生じる火花という比喩は、「鍛冶屋・鉄床」の比喩に対応している。ハンマーは永遠回帰の思想を形象化している（第一節の註32、第七節の註25）。永遠回帰の思想というハンマーに耐ええない無数の個人と人種が没落するが故に、「ハンマーの残酷さ」（「有名な賢者」）と言われるのである。「ハンマーの残酷さ」を知っているのは、「神々のいない砂漠へ行き、自分の畏敬する心を砕いた者」としての誠実な者、つまり獅子である。駱駝が彼の最も孤独な砂漠において見出す最も重いもの（「彼自身の徳の鍛冶屋・鉄床」）とは、永遠回帰の思想である。この思想を見出すことによって、駱駝は獅子へと変容する。

(21) KGW VII-1, p.180 November 1882-Februar 1883 4[237].

(22) 「この最後の徳、我々の徳は正直さである」（KGW VIII-1, p.40 Herbst 1885-Frühjahr 1886 1[144]）。「なぜ私は自由な精神であることを愛するのか。従来の道徳性の最終的な帰結として。すべてのものに対して正しくあること、……正直さ……」（KGW VII-1, p.16 Juli-August 1882 1[42]）。

(23) 「お前の内なる或る神が神を持たないことへお前を改宗させた」という言葉は道徳の自己克服を言い表わしているが、草稿にも「神が神を殺した」（KGW VII-1, p.26 Juli-August 1882 1[75]）とある（序章の註24）。敬虔さと正直さについては、『曙光』の「序文」四（一八八六年）において、「数千年のドイツ的な正直さと敬虔さ（Rechtschaffenheit und Frömmigkeit）」による「道徳の自己止揚」が語られている。

(24) 獅子から子供への変容は「自由精神と隠者から支配しなければならないことへの移行」（KGW VII-1, p.542 Herbst 1883 16[51]）と言い表わされる。

(25) 「第一部と第二部の温和さと柔和さ等々。いまだ自分自身を確信していない力のすべての徴」（KGW VII-1, p.551 Herbst 1883 16[80]）。

(26) 「……私がかつて大地という神々のテーブルで神々とさいころ遊びをしたならば、——／——なぜなら大地は神々のテーブルであり、創造的な新しい言葉と神々のさいころ投げによって震えているから——」（「七つの封印」三）。

(27) 「日の出前」のこの箇所に対応する草稿には、はっきり「子供」が語られている。「お前は神的な偶然のための舞踏場である」に続けて、「最高の知恵は子供のように愚かさによって操られている」、「子供は愚かさによって操られ続ける」（KGW VI-4, p.363）等と書かれている。

(28) 「『遊戯』、無用なもの、力を背負わされた者の理想として、『子供らしさ』として。神の『子供らしさ』、遊ぶ子供（παις παίζων）」

(KGW VIII-1, p.127 Herbst 1885-Herbst 1886 2[130])。この一八八六年の言葉「遊ぶ子供（παῖς παίζων）」は、草稿『ギリシア人の悲劇時代における哲学』（一八七三年）へ導く。「あらゆる道徳的帰責なしに、永遠に同じ無垢のうちで、生成と消滅、建設と破壊をなすのは、この世界においてただ芸術家と子供の遊戯だけである。そして子供と芸術家が遊戯するように、永遠に生きる火は、無垢のうちで建設し破壊する――そしてこの遊戯を永劫の時（アイオーン）は自分自身と遊戯するのである」（KGW III-2, p.324）。

(29)『ツァラトゥストラ』の最後という問題は、「三部構成－四部構成」という基本的な問題に関係している（第三章）。ツァラトゥストラがこの子供の世界を獲得するのは、三部構成として読むとすれば、第三部の「第二の舞踏の歌」と「七つの封印」においてであり、四部構成として読むとすれば、第四部「酔歌」と「徴」においてである。

(30)「『超人』という言葉を拾い上げた」のが永遠回帰の肯定的な世界においてであったとされているが、これはニーチェ自身にも妥当する。超人の思想は、永遠回帰の思想の襲来の後に生まれた。「超人の誕生」（KGW VII-1, p.117 November 1882-Februar 1883 4[25]）が超人への最初の言及である（cf. VI-4, p.959 n.27）。

(31)「人間は新しい力、第一の運動、つまり自ら回転する車輪である。彼が十分に強ければ、彼は星たちを自分のまわりで回るようにさせるだろう」（KGW VII-1, p.211 November 1882-Februar 1883 5[1]178）。

(32)「見よ、私は稲妻の告知者であり、雲からの重い滴である。しかしこの稲妻は超人と呼ばれる」（「序説」四）。稲妻という言葉は、イエスを想起させるだろう。「稲妻（Blitz）が東から西へひらめき渡るように、人の子も来るからである」（マタイ二四・二七）。

(33)「ここであらゆる瞬間に人間が克服され、『超人』という概念が最高の実在性となっている」（『この人を見よ』「ツァラトゥストラ」六）。

(34) KGW VII-1, p.627 Herbst 1883 20[10].「ツァラトゥストラは我を忘れ、超人から回帰を教える」（KGW VII-1, p.392 Juni-Juli 1883 10[47]）。

(35)「それはツァラトゥストラにとってまだ早すぎる。つまりこれまで私はなお私自身の先駆け（mein eigener Vorläufer）だった。／軌道の中央で超人が生まれる」（KGW VII-1, p.583 Herbst 1883 17[56]）。「私自身の先駆け」という言葉は、ツァラトゥストラが洗礼者ヨハネとイエスを兼ねていることを意味している。「『見よ、わたしはあなたより先に使者を遣わし、あなたの前に道を準備させよう』と書いてあるのは、この人のことだ」（マタイ一一・一〇）。Cf. H. Weichelt, *Zarathustra-Kommentar*, p.306. 吉沢伝三郎訳『ツァラトゥストラ』（下）三八三－三八四頁参照。Vorläuferという語は、新約聖書の『ヘブル書』（六・

二〇）を想起させる。「イエスは、わたしたちのために先駆者（Vorläufer）としてそこへ入って行き、永遠にメルギゼデクと同じような大司祭となられたのです」。Cf. LB, p.478; Biblia, p.2440; K. Schlechta, *Nietzsches großer Mittag*, Vittorio Klostermann, 1954, p.54.

第三節

（1）KGW VII-1, p.634 Herbst 1883 21[2].「最も偉大な結末の瞬間（獅子）。我欲す（ich will!!!）」（KGW VII-1, p.548 Herbst 1883 16[64]）。「我欲す」が強調され、さらに感嘆符が三つも付いている。

「我欲す」という言葉は、確かに三つの変容の獅子を想起させる。「獅子の精神は『我欲す（ich will）』と言う」（「三つの変容」）。しかしここで「我欲す」と言うのは、ツァラトゥストラの動物である獅子であって、三つの変容の獅子ではない。二つの獅子は区別されねばならない（本節の註17）。それ故「我欲す」という言葉も、「三つの変容」の意味とは独立に解釈されねばならない（本節七）。

（2）「鷲と蛇」と「獅子と鳩」にいわゆる神話学から光を当てることが試みられている。Cf. D. S. Thatcher, "Eagle and Serpent in *Zarathustra*", in: *Nietzsche-Studien*, vol. 6, 1977, pp.240-260. 確かに『ツァラトゥストラ』に登場する動物たちの意味を捉えることなしに、『ツァラトゥストラ』を正確に解釈できない。しかし動物の神話象徴をどれほど集めたとしても、それが単なる外からの当てはめにすぎないならば、恣意的な連想ゲームにとどまる。ツァラトゥストラの動物たちが何を意味しているのかは、『ツァラトゥストラ』そのものから理解する以外にないのである。

（3）『ツァラトゥストラ』第一部の完成後、ケーゼリッツ宛の葉書（一八八三年四月二三日）においてニーチェは書いている（序章の註19）。「今日私は偶然に、『ツァラトゥストラ』が何を意味しているのかを学びました。それは『黄金の星（Gold-Stern）』を意味します。この偶然は私を喜ばせます。私の小著の全構想がこの語源に由来する、と人は思うかもしれません。しかし私は今日までこれについて何も知らなかったのです」（KGB III-1, p.366）。第一部のうちに「ツァラトゥストラ＝黄金の星」を探すとすれば、「贈る徳」一における「黄金の太陽（eine goldene Sonne）」以外に考えられないだろう。

ツァラトゥストラが「太陽＝星」とされていることは、「新旧の板」三〇からも読み取れる。「――一つの星として、自分の正午において用意ができており、熟している、太陽の矢に対して灼熱し、突き刺され、至福である／――一つの太陽そのものとして、仮借なき太陽の意志として、勝利において殲滅することに準備ができている」。

（4）第四部の二番目の章「困窮の叫び」において「深淵」という言葉が使われている。「そのときツァラトゥストラは長い長い叫びを聞いた。それは深淵が呼びかけ合い、さらに先へと渡す叫びであった。なぜならどの深淵も叫びを持ち続けることを欲しなかったからである。それほど叫びは厭な響きだった」。確かにここでの「深淵」という語は、「曲がりくねった深淵のかなたに」（第四部「蜜のささげもの」）の用例と同様に、「深い谷」として理解でき、具体的なイメージを作ることができる。しかしこの「深淵」という言葉のうちに、「同情は最も深い深淵である」というテーゼを聞き取ることができる。なぜならこの叫びは同情を求めているからである。「同情だ、おお、ツァラトゥストラよ。私はお前の最後の罪へとお前を誘惑するために来たのだ」（「困窮の叫び」）。第四部は最後の罪である同情を克服することを課題としている。

（5）KGW VII-1, p.635 Herbst 1883 21[3]. ここで語られている「そのとき彼は幸福のあまり死ぬ」ということ、つまり大いなる正午におけるツァラトゥストラの死については、第七節二参照。

（6）死の殺害は「これが生だったのか。よし、もう一度（Noch einmal）」と語る。これはショーペンハウアー『意志と表象としての世界』と対照的である。「おそらく人間は彼の生の終わりにおいて、思慮深く同時に正直であれば、もう一度（nochmals = noch einmal）生を始めから終わりまで生きることを望まず、むしろそれよりまったくの非存在を選ぶだろう」（A. Schopenhauer, *Die Welt als Wille und Vorstellung, Sämtliche Werke*, vol. 2, Brockhaus, 1988, p.382）。「人が墓をたたき、再び起き上がりたいかと死者たちに問えば、彼らは頭を横に振るだろう」（A. Schopenhauer, *Die Welt als Wille und Vorstellung, Sämtliche Werke*, vol. 3, Brockhaus, 1988, p.531）。カントも人間学講義で語っている。「理性的な人間は誰も自分の生をもう一度（noch einmal）最初から始めることを望まないだろう」（*Kant's gesammelte Schriften*, 25, Walter de Gruyter, 1997, p.1079）。

（7）「憂愁の歌」は「ただの道化！ ただの詩人！」という題で『ディオニュソス讃歌』の冒頭に入れられている。しかし『ディオニュソス讃歌』は「ツァラトゥストラの歌」と呼ばれていた。Cf. KSA14, pp.513-514. 塚越敏・中島義生訳『ニーチェ書簡集Ⅱ』筑摩書房、一九九四年、六〇六-六〇七頁参照。それ故確かに「憂愁の歌」は『ツァラトゥストラ』において魔法使いが歌うが、しかし「ツァラトゥストラの歌」として読むことができる。ナウマンは「憂愁の歌」について次のように書いている。「最初の二詩節と最後の二詩節だけが魔法使いに、ワーグナーに似合っているだろう。なぜならこの箇所だけが厭世主義的な色合いを帯び、主に女性的な刻印を持っているからである。それに対して、豹と鷲の比喩を語っている中間の段落はその朗らかで男性的な語調においてツァラトゥストラにのみ適合する」（G. Naumann, *Zarathustra-Commentar*, vol. IV, H. Haessel, 1901, p.157）。

（8）「ともかく私の鷲は、小さい白い羊たちにとって一つの危険であり、猛禽と呼ばれて欲しい」（KGW VII-1, p.365 Mai - Juni

1883 9[24], cf. ibid., p.451 Sommer 1883 13[1])。「小羊たちが大きな猛禽を恨んでいることは、奇妙ではない。大きな猛禽が小さな小羊を手に入れるのを悪くとる理由がないだけである」(『道徳の系譜』「第一論文」一三)。

(9)「しかし人はパンだけで生きるものではなく、よい小羊の肉によっても生きる(Aber der Mensch lebt nicht vom Brot allein, sondern auch vom Fleische guter Lämmer...)」(第四部「晩餐」)。ツァラトゥストラのこの言葉は、イエスの言葉(マタイ四・四)を背景にしている。「人はパンだけで生きるものではない。神の口から出る一つ一つの言葉で生きる(Der Mensch lebt nicht vom Brot allein, sondern von einem jeden Wort, das aus dem Mund Gottes geht.)」(LB, p.7, cf. Biblia, p.1971)。Cf. H. Weichelt, *Zarathustra-Kommentar*, p.307.「よい小羊の肉によっても生きる」と「神の口から出る一つ一つの言葉で生きる」の対比は、小羊がイエスの形象であることを示している。

「これと並んで新約聖書の信仰告白定式には、第二の、イエスを神の小羊とする発言の系統がある(ヨハネ一・二九、三六、第一コリント書五・七、第一ペテロ書一・一八－一九)。……ヨハネ黙示録においては、屠られた小羊が勝利者として現れる」(『聖書大事典』四八〇頁)。

(10)「人はキリスト教を同情の宗教と呼ぶ」(『アンチクリスト』七)。「何らかの悪徳より一層有害なものは何か。——すべてのできそこない・弱きものに対する行為の同情——キリスト教」(『アンチクリスト』二)。

(11) KGW VII-1, p.607 Herbst 1883 18[39].

(12)「この『黒い重い蛇』は、円を描く鷲の首に輪を描いてつかまり、軽く高みに身を持している蛇に対する反対形象である。この重い蛇は最も陰うつなつねに同じもの、要するにニヒリズムの目標・意味のなさ、ニヒリズムそのものである」(GA44, 199)。ハイデガーが黒い重い蛇をツァラトゥストラの動物と対比させ区別しているとすれば、彼の解釈は誤りである。

(13) 第二部最終章において最も静かな時は、最後に言う。「おお、ツァラトゥストラよ、お前の果実は熟している、しかしお前はお前の果実にふさわしく熟していない。／だからお前は再び孤独へ戻らねばならない。なぜならお前はさらに成熟するべきだからである」。孤独へ戻らねばならないのは、ツァラトゥストラが二つの課題を果たすためである。それを果たすことによってツァラトゥストラは成熟する。この成熟の徴が獅子と鳩である。「最も静かな時、ツァラトゥストラよ、お前は熟した——雌獅子、鳩」(KGW VII-1, p.543 Herbst 1883 16[51])。「最後にツァラトゥストラの第三の動物としての獅子——彼の熟しと成熟の象徴」(KGW VII-1, p.608 Herbst 1883 18[45])。

(14) KGW VII-1, p.638 Herbst 1883 21[6].

(15)「鷲と蛇」と「獅子と鳩」は、der Adler - die Schlange と der Löwe - die Taubeであり、ドイツ語の名詞の性から見れば、男性名詞と女性名詞の組み合わせである。つまり男と女の対立と補完という神話的思考を見ることができる。

(16) 永遠回帰の否定面を肯定へと転化することは、さまざまな形象によって表現されている。「黒い重い蛇」から「鳩の足で来る思想」への変容として、つまりツァラトゥストラの動物が蛇から鳩へと交替することとして。深淵から光の深淵への変容として（第四節）。そして「黒い重い蛇」から「永遠性の蛇」（ウロボロスの蛇）への変容として（第六節四）。

(17)「お前に上がって来いと呼びかける強さと獅子の声」と言われている。「獅子の声（Löwen-Stimme）」という言葉は、第二部「最も静かな時」における「命令するための獅子の声（des Löwen Stimme zum Befehlen）」、そして第四部最終章「徴」における「穏やかな長い獅子のほえる声（ein sanftes langes Löwen-Brüllen）」を想起させる。「命令するための獅子の声」は「鳩の足で来る思想」と対となって語られているし、「徴」における獅子も「鳩の群れを伴った獅子」として登場しているから、ツァラトゥストラの動物としての獅子であって、三つの変容の獅子ではない。とすれば、第三部「意に反する至福」における「獅子の声」の獅子もまた、三つの変容の獅子でなく、ツァラトゥストラの動物としての獅子であろう。

(18) KGW VII-1, p.593 Herbst 1883 17[87].

(19) KGW VII-1, p.548 Herbst 1883 16[65].

(20) 第四部最終章「徴」のヴァリアントにおいて、最後の誘惑である同情を克服したツァラトゥストラは次のように語っている。「……そしてまことに、私の子供たちが来る、なぜなら笑う獅子が来たからである。おお、勝利よ、おお、幸福よ」（KGW VII-3, p.130 Winter 1884-85 32[14]）。

(21)『ツァラトゥストラ』における予言者の重要性については、東司昌子「知恵の書と十字架を超えるツァラトゥストラ――永遠回帰と同情の克服――」（『日本哲学会第六一会大会予稿集』五一‐五三頁）参照。

(22) 同情への予言者の誘惑が『ツァラトゥストラ』第四部を規定していることは『この人を見よ』から読み取れる。「同情の克服を私は高貴な徳の一つと見なしている。私は『ツァラトゥストラの誘惑』として一つの場面を創作した。そこにおいて大きな困窮の叫びがツァラトゥストラのもとに届き、同情が最後の罪のように彼を襲い、彼を自己から背かせようとする。ここで誘惑に負けないこと、ここでいわゆる無私の行為のうちで働いている多くの低級な近視眼的な衝動から彼の課題の高みを純粋に保つこと、これがツァラトゥストラのような人が受けなければならない試練、おそらく最後の試練である。――力の彼の本来的な証明……」（『この人を見よ』「なぜ私はかくも賢明なのか」四）。『ツァラトゥストラの誘惑』は『ツァラトゥストラ』第四部を指している。

(23) 第一節の註28参照。

(24) 「しかしすべては同じことだ、何事もする価値がない、求めることは無駄だ、もはや至福の島々も存在しない」。このように大いなる疲労の予言者は第四部「困窮の叫び」において語っている。「すべては同じことだ、何事もする価値がない」という言葉は、「回復する者」二における「予言者が予言した言葉『すべては同じことだ、何事もする価値がない、知は窒息させる』」と同じであり、ニヒリズムを意味している。では「求めることは無駄だ、もはや至福の島々も存在しない」は何を言い表わしているのか。確かに「至福の島々」は『ツァラトゥストラ』第二部の舞台であるが、しかしその島々が存在しなくなった、と言われているわけではない。第三部「意に反する至福」において、「そのような木々が並んで立っているところ、そこに至福の島々がある」と語られている。この木々は「私の園・最善の土地の木々」であり、「いつか私の同伴者となり、ツァラトゥストラと共に創造する者・共に祝う者となる」。つまり至福の島々は、「共に創造する者たちをツァラトゥストラは求める、共に収穫し共に祝う者たちをツァラトゥストラは求める」(「序説」九)と言われる者たちがいる場所である。彼らは「一つの希望の子供たち」(永遠回帰の教説に真にふさわしい者)であり、共に大いなる正午を祝う者である(第一節六)。「求めることは無駄だ、もはや至福の島々も存在しない」とは、「共に創造する者たち・共に収穫し共に祝う者たち」を求めることが無駄であること、永遠回帰の思想を教えるべき者が存在しないことを意味する。この思想を告知するためにこそ同情の克服が必要なのだから、予言者は同情の克服など無意味だと語っていることになる。第四部「困窮の叫び」における予言者の言葉はニヒリズムと同情を、つまり克服されるべき誤った思想を語ることによって、ツァラトゥストラの二つの課題を示している。

(25) 「私の苦悩」の克服は第三部において遂行される。「神的な苦悩がツァラトゥストラ第三部の内容である」(KGW VII-1, p.554 Herbst 1883 16[85])。「私の同情」の克服が第四部のテーマであることは、第四部のモットーから明らかである。

(26) 四部構成の『ツァラトゥストラ』が一つの円環をなしているように、三部構成の『ツァラトゥストラ』もまた一つの円環として構想されている。『ツァラトゥストラ』第三部を完成させたニーチェは葉書(一八八四年三月三〇日のケーゼリッツ宛)に書いている。「あなたは私の『交響曲』のフィナーレにも満足していますか(それは第一部の冒頭に結びついています。つまり循環ですが、悪循環でなければよいのですが)」(KGB III-1, p.491)。いかなる循環・円環なのだろうか。
三部構成としての『ツァラトゥストラ』において、「七つの封印」が最終章であり、七節から成っている。各節はすべてWennという語で始まり、「おお、どうして私が永遠性を激しく求めないことがあろうか、……」という同じ言葉で終わっている。最終章「七つの封印」の最終節七は、繰り返しの表現を除けば、次のように歌われている。

「私がかつて私の頭上に（über mir）静かな天空を張り拡げ、自分自身の翼で自分自身の天空に飛び込んだとすれば、／私が戯れながら深い光の遠方のなかを泳ぎ、私の自由に鳥の知恵が訪れたならば、——／——しかしこのように鳥の知恵は語る。『見よ、上もなく、下もない。お前を投げよ、まわりに、前方へ、後方へ。お前軽い者よ、歌え、もはや語るな。／すべての言葉は重い者たちのために作られたのではないか。軽い者にとってすべての言葉は偽るのではないか。歌え、もはや語るな』」（「七つの封印」七）。

「歌え、もはや語るな」という鳥の知恵は、動物たち（鷲と蛇）の導きによってツァラトゥストラが到達した最後の境地を表現している（第五節五）。では「私がかつて私の頭上に（über mir）静かな天空を張り拡げ……」は何を言い表わしているのか。この言葉は第一部の冒頭、つまり「序説」に結びつくだろう。「序説」一はツァラトゥストラの動物としての鷲と蛇に言及し、「序説」一〇において鷲と蛇が現われる。

「このことをツァラトゥストラが彼の心に語ったのは、太陽が正午に位置していたときであった。そのとき彼は訝しげに高みへと目を向けた。なぜなら彼は頭上に（über sich）鳥の鋭い叫びを聞いたからである。すると見よ。一羽の鷲が空に大きな円を描いていた。そしてその鷲に一匹の蛇がぶらさがっていたが、それは獲物のようにでなく、友のようにであった。なぜなら蛇は鷲の首に輪を描いて巻き付いていたからである」（「序説」一〇）。

鷲はツァラトゥストラ自身の形象であり（本節一、三）、「序説」一〇での鷲はツァラトゥストラがなるべき姿を予示している（本節一）。「自分自身の翼で自分自身の天空に飛び込んだ」とは、ツァラトゥストラ自身が「空に大きな円を描いている」鷲となったこと（鳥の知恵を獲得したこと）を意味しているのである。三部構成としての『ツァラトゥストラ』はその最終章の最終節において、第一部の冒頭（「序説」）へと回帰する。最終節が「序説」の鷲と蛇へと立ち返ることは、四部構成としての『ツァラトゥストラ』においても同様である（本節七）。

（27）「獅子はツァラトゥストラの両手に落ちた涙をなめた。ツァラトゥストラは心の底から揺り動かされ、彼の心は変わったが、しかし一言も語らなかった。しかし鷲は嫉妬深げに獅子の行動を眺めていたなど、と言われている」（KGW VII-3, pp.79-80 Winter 1884-85 31[21]）。遺稿は『ツァラトゥストラ』第四部最終章「徴」の場面をこのように描いている。なぜ鷲が獅子の行動を嫉妬深げに眺めるのか。鷲と獅子はともにツァラトゥストラ自身、彼の姿勢・態度を形象化している。最終章「徴」において、ツァラトゥストラ自身の形象は、鷲から獅子へと変わる。だからこそ「嫉妬深げに」と言われるのである。

ツァラトゥストラの死に関する奇妙な記述が遺稿にある。「すべての人が立ち去ったとき、ツァラトゥストラは蛇に手を差し伸べる。『私の賢さは何を私に助言するのか』――蛇はツァラトゥストラを刺す。鷲は蛇を引き裂き、獅子は鷲にとびかかる。彼の動物たちの戦いを見たとき、ツァラトゥストラは死んだ」(KGW VII-1, p.539 Herbst 1883 16[45])。この戦いはツァラトゥストラの動物たちが彼を導いている仕方を形象化している。私の賢さ(私の蛇)に助言を求めたとき、蛇がツァラトゥストラを刺すのは、永遠回帰の思想(私の蛇)がツァラトゥストラをかむこと、つまりツァラトゥストラが永遠回帰の思想を直視することである。この直視を可能にするのがツァラトゥストラの鷲(鷲の勇気)であり、「鷲が蛇を引き裂く」のは、永遠回帰の否定面を克服する(さらに同情を克服する)ことである。それによってツァラトゥストラ自身の形象は鷲から獅子へと変容する。「獅子が鷲にとびかかる」ことはこの変容を示している。かくしてツァラトゥストラは命令する力を持った獅子として大いなる正午を迎え、永遠回帰の思想を告知し、死ぬのである。

第二章　永遠回帰

「私は若い牧人を見た、彼は身をよじり、息をつまらせ、痙攣し、顔を歪めていた。彼の口から一匹の黒い重い蛇が垂れ下がっていた。／……／しかし牧人は、私の叫びが彼に助言したように、かんだ。彼はすばらしい仕方でかんだのである。遠くへ彼は蛇の頭を吐き出した。そして立ち上がった。／もはや牧人でもなく、もはや人間でもなかった。それは変容した者、光に包まれた者であり、笑ったのである。今までに地上で、彼が笑ったように、人間は笑ったことがなかった」（「幻影と謎」二）。

第三部「幻影と謎」二においてツァラトゥストラが見た牧人の幻影が描かれている。牧人の幻影は永遠回帰の教師となるためにツァラトゥストラが引き受けねばならない運命を予め示しており、「序説」での道化師と同様に（第一節七）、『ツァラトゥストラ』の芸術的技法である。ツァラトゥストラが彼のこの運命を自覚的に引き受けるのは、第二部最終章における最も静かな時の二つの要求をきっかけとしてであり、永遠回帰の思想との対決は第三部から始まる。永遠回帰の思想は最初にその否定面が「黒い重い蛇」（深淵）として現われる。しかし蛇の頭をかみ切る鷲の勇気によって、深淵は光の深淵（永遠回帰の肯定的な世界）へと変容する。牧人の笑いは「光に包まれた者」の笑いとして、この光の深淵に対応するだろう（第四節）。永遠回帰の世界を否定から肯定へ転化することを導くのはツァラトゥストラの動物たち（鷲と蛇）であり、動物たちが歌う永遠回帰の世界はツァラトゥストラが到達すべき世界（子供の世界）を示している。この世界は悲劇の世界でなく、「すべての物がそれ自身舞踏する」世界である。悲劇としての『ツァラトゥストラ』という解釈はここで最終的に否定されるだろう（第五節）。確かに永遠回帰の永遠性は時間のうちでの永遠性、つまり永続性（sempiternitas）を意味する。しかし永遠回帰の世界を肯定する次元は、快としての永遠性である。『ツァラトゥストラ』の根本思想である永遠回帰の思想の根底に、現在としての永遠性（aeternitas）を読み取らねばならない（第六節）。

『ツァラトゥストラ』の根本思想としての永遠回帰を主題とする第二章は三つの節として展開される。

第四節　深淵から光の深淵へ
第五節　永遠回帰の世界
第六節　永遠性

第四節　深淵から光の深淵へ

「お前たちが高みを求めるとき、お前たちは上を見る。私は高められているから、私は下を見る。／お前たちの誰が笑うことと高められていることを同時になしうるだろうか。／最高の山に登る者は、すべての悲-劇と悲劇的-真剣さを笑う」。

第一部「読むことと書くこと」におけるこの言葉は、第三部を導くモットーとされている。(1) 第三部においてツァラトゥストラは、「すべての悲-劇と悲劇的-真剣さを笑う」高みに登ることを決意する。この高みに登るためには、悲劇と悲劇的な真剣さを自分の運命として引き受けねばならない。それは永遠回帰の思想との対決、その直視と克服であり、最も静かな時の第一の要求「偉大なことを成し遂げること」の遂行である。それを通して永遠回帰の世界は深淵から光の深淵へと変容するだろう。

一　山頂と深淵が一つになる

「そしてさらに一つのことを私は知っている。つまり私は今や、私の最後の山頂、最も長い間私に残されていたものの前に立っている。ああ、私の最もつらい道を登らねばならない。ああ、私は私の最も孤独なさすらいを始めたのだ。／しかし私のような者はこのような時を免れない。つまりこのような時が私のような者に語りかける。『今や初めてお前は偉大さのお前の道を行く。山頂と深淵――それが今や一つになるのだ……』」。

第三部の最初の章「さすらい人」においてツァラトゥストラは自らの課題をこのように述べている。ツァラトゥストラはここで最後の山頂の前に立っている。この最後の山頂に登ることは「すべての悲-劇と悲劇的-真剣さを笑う」高みに至ることである。「偉大さのお前の道を行く」とは、最も静かな時の最初の要求「偉大なことを成し遂げること」であろう。つまり永遠回帰の思想との対決とその克服である。それは「山頂と深淵が一つになる」と表現されている。しかしこれは何を意味するのか。

深淵という言葉に我々は何度も出会っている。「序説」における「人間は深淵にかけられた一本の綱である」というテーゼにおいて（第一節三）、そして「深淵を見る鷲の勇気」として（第三節三）、さらに「私の深淵が私をかむ」こととして（第三節四）、である。深淵は永遠回帰の思想の否定面を意味していた。「山頂と深淵が一つになる」における深淵は、永遠回帰の思想の否定面を意味するだろう。ここで永遠回帰の思想が暗示されていることは、「私は私の最も孤独なさすらいを始めた」と言われていることからも読み取りうる。「最も孤独な」という形容詞は、駱駝が獅子へと変容する「最も孤独な砂漠」として、「最も孤独な者の見た幻影」として、『ツァラトゥストラ』において語られていた。それは永遠回帰の思想が現われる「最も孤独な孤独」を意味する（第二節三）。「最も孤独なさすらい」を始めたツァラトゥストラは、次の章「幻影と謎」において「最も孤独な者の見た幻影」、つまり永遠回帰の思想をめぐる幻影を見るのである。「深淵」と「最も孤独なさすらい」という語はともに永遠回帰の思想を指し示している。

では「山頂と深淵が一つになる」とはいかなることなのか。「最も孤独な者」という言葉は、第三部「日の出前」にも「太陽より先にお前は私のもとに、最も孤独な者のもとにやって来た」と語られていた。「お前」と言われているのは「私の上なる天空、純粋なもの、深きもの、光の深淵」である。ここでも深淵が語られるが、それは「光の深淵」、つまり永遠回帰の肯定的な世界である。「山頂と深淵が一つになる」とは、深淵が山頂へと高まり、両者が一つになって、天空としての光の深淵となることである。ツァラトゥストラは、深淵としての永遠回帰の思想の否定面（深淵）へと深く降り、深淵を光の深淵（山頂）へと高めねばならない。[2]「最も孤独なさすらい」を始めるツァラトゥストラは、深淵との対決を通して、その深淵を光の深淵へと転化するだろう。それは「すべての悲-劇と悲劇的-真剣さを笑う」高みに至ることであり、その笑いは「牧人の笑い」という幻影として語られる。ツァラトゥストラは自分の運命を引き受けねばならない。

「私がかつて降りたより、一層深く苦痛の中へ、苦痛の最も黒い満ち潮に至るまで、私は降りて行かねばならない。このように私の運命が欲するのだ。よし、私は準備ができている」（「さすらい人」）。

「苦痛の最も黒い満ち潮」における「最も黒い」という形容詞は、「最も重い最も黒いもの」としての永遠回帰の思想、極限のニヒリズムを意味する（第一節三）。そして永遠回帰の思想は「最も苦痛を与える真理（die wehetuendste Wahrheit）」[3]（一八八三年秋）である。「苦痛の最も黒い満ち潮に至るまで降りて行かねばならない」という運命を引き受けることにおいて、『ツァラトゥストラ』は運命が欲する苦痛・苦悩を引き受ける悲劇である。しかし『ツァラトゥストラ』の父と母は「運命と笑い」であった（第一節七）。つまりツァラトゥストラは単なる英雄（運命）でなく、快活な英雄として悲劇を笑う高みに至ることができる。悲劇を笑う高みは「山頂（悲劇を笑うには、運命を引き受けることを通して悲劇を超えなければならない。しかし悲劇を笑う高みに至るため高み）と深淵（運命・悲劇）が一つになる」ことのうちに読み取りうるだろう。

二　小人との対決

第三部の最初の章「さすらい人」において自分の運命を引き受けたツァラトゥストラは、次の章「幻影と謎」において最も孤独な者の見た二つの幻影、つまり小人と牧人の幻影を語る。それは永遠回帰の思想との対決における最初の一歩である。二つの幻影の意味、そして両者の関係を明らかにしなければならない。

最初の幻影は「重さの霊、私の悪魔・不倶戴天の敵」としての小人との対決である。重さの霊としての小人は「鉛のしずくの思想」を語る。「おお、ツァラトゥストラよ、お前知恵の石よ。お前はお前を高く投げた。しかしあらゆる投げられた石は落下しなければならない」（「幻影と謎」一）。小人のこの言葉は「重さの霊によってすべてのものは落下する」という重さの霊の本質的な思想を言い表わしている。小人との対決は「笑いによって重さの霊を殺す」（「読むことと書くこと」）ことの第一歩である。ツァラトゥストラの動物である鷲の勇気が小人との対決を可能にする（第三節二、三）。

「止まれ、小人よ。私かお前かだ。しかし私は我々二人のうちでより強い者だ。つまりお前は私の深淵的な思想を知らない。その思想にお前は耐えられないだろう」（「幻影と謎」二）。

小人との対決は永遠回帰の思想（私の深淵的な思想）を提示することによって開始される。しかしなぜ永遠回帰の思想によって小人と対決するのだろうか。小人の思想は「あらゆる投げられた石は落下しなければならない」である。どんなに高く石（知恵の石としてのツァラトゥストラ）を投げても、石は結局落下してしまう。何をしても同じことであり、すべては空しい。これはニヒリズムである。

永遠回帰とは同じものが永遠に回帰することである。「すべての物が永遠に回帰する、そして我々自身も。我々はすでに無限回存在した、すべての物も」（「回復する者」二）。すべてが同じものとして永遠に回帰するとすれば、何をするにしろ、それはすでにあったことであり、これからもあるだろう。何をしても同じであり、すべては空しい。これもニヒリズムである。しかもより強いニヒリズムである。石を高く投げることが新しい結果を何も生まないというだけでなく、石を高く投げること自体が同じものとして無限回、過去にも生じたし、未来にも生じるからである。

小人との対決は、小人の思想をさらに徹底化した思想、小人の思想より一層強い思想である極限のニヒリズム（永遠回帰の思想の否定面）を提示することによって遂行される。このより強い思想に耐えうるか否か、これがツァラトゥストラと小人との戦いの試金石となる。永遠回帰の思想は小人の思想より一層強力な思想であるが故に、「お前は私の深淵的な思想を知らない。その思想にお前は耐えられないだろう」と言われるのである。そして強い思想を知り、耐えられるツァラトゥストラはより強い者とされる。

瞬間という門道とそこから延びている二つの道に即してツァラトゥストラは永遠回帰の思想を語ろうとする。彼は小人に問う。「誰かがこの二つの道の一方をさらに先に、一層先に、一層遠くに行ったとすれば、小人よ、この二つの道が永遠に相容れないとお前は信じるか」。この問いに小人は答える。「すべてのまっすぐなものは偽る。すべての真理は曲がっている。時間自身は円環である」（「幻影と謎」二）。しかしツァラトゥストラは小人の答えに対して怒って、「お前重さの霊よ、あまりに安易に捉えるな」と語る。小人の答えが永遠回帰の思想を安易に捉えているとされるが、なぜなのか。

小人は傍観者として永遠回帰の思想をその実存的な意味において捉えていない、だから安易に捉えているのだ、と考えられるかもしれない。しかし小人との対決において、瞬間における実存的決断（ハイデガー）といったことなどどこにも読み取れない。(4) ツァラトゥストラがここで語っているのは、永遠回帰の宇宙論的証明である。このことを論じる前にまず、小人の答えが安易であることの意味を考えよう。

小人の答えは「すべての真理は曲がっている」という一般的な命題を提示し、その一般命題を時間に適用し、その個別例として「時間自身は円環である」を導出している。「時間自身は円環である」という命題は永遠回帰の思想の表現であるが、しかし小人にとってこれは「すべての真理は曲がっている」の中の一つの真理、一般的な命題から導かれる一つの真理にすぎない。ここにこそ小人の答えの安易さがある。永遠回帰の思想は推論された一つの派生的な真理にすぎないのでなく、『ツァラトゥストラ』の根本思想、根本真理である。ツァラトゥストラが小人の答えに対置させるのは、時間の本質から永遠回帰を示すことである。ツァラトゥストラは小人の答えを安易だと言った後に、次のように語っている。

「見よ、この瞬間を。瞬間というこの門道から長い永遠の小路が後方に延びている。つまり我々の後ろに一つの永遠性がある。／すべての物で歩みうるものが、すでに一度この小路を歩んでしまっていることは、必然ではないのか。すべての物で起こりうるものが、すでに一度起こり、なされ、歩み過ぎてしまっていることは、必然ではないのか。／そしてすべてのものがすでに存在していたとすれば、お前小人はこの瞬間をどう思うか。この門道もまたすでに存在していたことは、必然ではないのか。／そしてすべての物は堅く結び合わされ、この瞬間はすべての来るべき物を引き起こすようになっているのではないか。それ故さらに自分自身をも。／なぜなら、すべての物で歩みうるものは、またこの長い小路をさらに先へと、もう一度歩まねばならないからである」（「幻影と謎」二）。

ツァラトゥストラのこの議論は、過去と未来にわたって時間が無限であること、すべての物が起こりうることの可能性が有限であること、そして因果の必然性（すべての物は堅く結び合わされている）を前提している。世界における出来事の有限性と時間の無限性から、同じものの永遠回帰を導出しているのである。これは永遠回帰の宇宙論的な証明である。永遠回帰の思想の襲来に関する断章と同じ遺稿ノートに、すでに最初の宇宙論的証明が書かれている。

「力の世界はいかなる減少もこうむらない。なぜならそうでなければ、力の世界は無限の時間のうちで弱くなり、消滅してしまっているだろう。力の世界はいかなる静止状態をもこうむらない。なぜならそうでなければ、静止状態が達成されてしまっており、存在の時計は静止しているだろう。それ故力の世界は決して均衡に至らず、静止の瞬間を決して持たず、世界の力とその運動はあらゆる時間に対して等しい大きさである。この世界がいかなる状態に達しうるとしても、世界はその状態に達してしまったのでなければならず、しかも一度だけでなく、無限回達してしまったのでなければならない。この瞬間に達したことも同じである。つまりこの瞬間はすでに一度存在したのであり、何回も存在したのであり、そして今とまったく同じ仕方でこの瞬間は回帰し、すべての力は今と正確に同じ布置において回帰するだろう。それはこの瞬間を生んだ瞬間についても同様であり、今の瞬間の子供である瞬間に関しても同様である」(5)(一八八一年春–秋)。

この断章は永遠回帰の宇宙論的証明の典型的な姿を示している。「幻影と謎」においてもこの証明と同じ論理によって、ツァラトゥストラが永遠回帰の思想を導出していることは明白だろう。瞬間という概念も同じ働きをしている。つまりツァラトゥストラが「幻影と謎」において語っている瞬間は物理的な時間における瞬間であって、決断の実存的な瞬間などとまったく関係がないのである。

小人との対決は永遠回帰の宇宙論的な証明を通して提示された永遠回帰の思想に即して遂行される。しかしその議論は「我々が永遠に回帰することは必然ではないか」(「幻影と謎」二)ということに達する。ここに至り、最も孤独な者の見た幻影は転換点を迎える。「このように私は話した、ますます小さな声で。なぜなら私は私自身の思想と背後思想を恐れたのである。そのとき突然、一匹の犬が近くでほえるのを私は聞いた」(「幻影と謎」二)。ここでツァラトゥストラが恐れている「私自身の思想と背後思想」とは、永遠回帰の宇宙論的な意味の背後にある実存的な意味である。それは永遠回帰の思想の否定面、極限のニヒリズムである。ここから舞台は小人との対決場面を離れ、牧人の幻影へと転換する。

「今や小人はどこへ行ったのか。そして門道は、そして蜘蛛は、そしてすべてのささやきはどこへ行ったのか。

私は一体夢を見ていたのか。私は目覚めていたのか。荒々しい岩礁の間に私は突然立っていた、一人で、寂しく、最も寂しい月光（Mondschein）のなかに」（「幻影と謎」二）。

この舞台転換の記述に現われる「蜘蛛と月光」という形象は、『喜ばしき知』三四一を思い起こさせる。それは「最大の重し」という言葉で始まっている。そして「この蜘蛛と、木々の間のこの月光（Mondlicht）」が永遠に回帰するものとして挙げられている（第六節一）。「蜘蛛と月光」は、ニーチェにおいて永遠回帰の思想の宇宙論的契機の形象として使われている。しかもその形象を通して語られる永遠回帰の思想は「最大の重し」として、永遠回帰の実存的契機（極限のニヒリズム）であり、牧人の喉に這い込む黒い重い蛇として現われるのである。

第三部「幻影と謎」は永遠回帰の思想を初めて主題的に提示しているが、小人と牧人という二つの幻影として語られている。しかしなぜ永遠回帰の思想は二つの幻影として描かれたのか。それはこの思想が二つの契機を持っているからである。つまり永遠回帰の思想は、小人の幻影においてその宇宙論的契機が、そして牧人の幻影においてその実存的契機が言い表わされているのである。「幻影と謎」において二つの幻影として永遠回帰の思想が示された理由はここにある。小人との対決を見たので、次に牧人の幻影を考察することにしよう。

三　牧人をかむ黒い重い蛇

「そしてまことに、私が見たもの、そのようなものを私は見たことがなかった。私は若い牧人を見た、彼は身をよじり、息をつまらせ、痙攣し、顔を歪めていた。彼の口から一匹の黒い重い蛇が垂れ下がっていた。／私はかつて顔に、これほど多くの吐き気と身の毛のよだつ恐怖を見たことがあるだろうか。彼はおそらく眠っていたのだろう。そのとき蛇が喉に這い込み、蛇は喉にかみついたのである」（「幻影と謎」二）。

牧人の喉にかみついた「黒い重い蛇」は、「最も重い最も黒いもの」として、永遠回帰の思想の否定面、極限のニヒリズムを意味している。それ故に牧人の顔に、ツァラトゥストラがかつて見たことのないほどの吐き気と身の毛のよだつ恐怖が見られたのである。小人との対決の場面で宇宙論的契機において語られていた永遠回帰の思想は、ここで初めてその実存的な意味が露わとなる。

「私の手は蛇を引っぱり、さらに引っぱった。しかし無駄だった。私の手は蛇を喉から引き出せなかった。そのとき私の中から叫んだ。『かめ、かめ。／頭をかみ切れ。かめ』」(「幻影と謎」二)。

ツァラトゥストラは牧人を助けようとする。しかし牧人の喉から蛇を引き出せなかった。このことは何を意味しているのか。永遠回帰の思想が示すニヒリズムを克服するのは、他人の助けによってでなく、喉にかみつかれた者のみがなしうること、彼自身が蛇の頭をかみ切ることによってのみなのである。それ故ツァラトゥストラは「かめ、かめ。頭をかみ切れ。かめ」と叫ぶのである。最も孤独な者の見た幻影は、最も孤独な者が自分自身の力で克服すべき課題を提示している。

牧人の喉に蛇が這い込むという幻影は、第三部「回復する者」二においてツァラトゥストラのこととして実現するが、それは「予言者が予言した言葉『すべては同じことだ、何事もする価値がない、知は窒息させる』が私の喉に這い込んだ」と表現されていた(第三節六)。つまり黒い重い蛇は「すべては同じことだ……」というニヒリズム、永遠回帰の思想の否定面を形象化している。予言者のこの言葉は第二部「予言者」における言葉「すべては空しい、すべては同じことだ、すべてはあった」を受けている。予言者の思想の背景を考えてみよう。

予言者の言葉「すべては空しい(Alles ist leer)」は第三部「新旧の板」一三にも登場する。「何のために生きるのか。すべては空しい(Alles ist eitel)……」。これは知恵と呼ばれ、「知恵の古き諸書」に書かれているとされている。「知恵の古き諸書」という言葉は「知恵文学(Weisheitsliteratur)」を指すと考えられるが、旧約聖書において『箴言』、『ヨブ記』、『伝道の書』などを含む。事実「すべては空しい(Alles ist eitel)」という言葉は、『伝道の書』の冒頭を想起させる。ルター訳では次のようになっている。"Es ist alles ganz eitel, sprach der Prediger, / es ist alles ganz eitel."(6) とすれば予言者の言葉「すべては空しい、すべては同じことだ、すべてはあった」は

『伝道の書』に由来するだろう。[7]

コヘレトの最初の言葉「なんという空しさ／なんという空しさ、すべては空しい」（伝道の書一・二）は予言者の最初の言葉「すべては空しい」として語られる。次の言葉は「太陽の下、人は苦労するが／すべての苦労も何になろう。／……／川はみな海に注ぐが海は満ちることなく／どの川も、繰り返しその道程を流れる」（伝道の書一・三－七）であるが、これは「すべては同じことだ」とまとめられるだろう。さらに『伝道の書』の次の箇所は予言者の最後の言葉「すべてはあった」を意味している。「かつてあったことは、これからもあり／かつて起こったことは、これからも起こる。／太陽の下、新しいものは何ひとつない」（伝道の書一・九）。つまり予言者の言葉「すべては空しい、すべては同じことだ、すべてはあった」は、『伝道の書』の冒頭部分に、その語られる順と意味において、正確に対応している。

しかし第三部「回復する者」二で語られる予言者の言葉は、これと少し違う。「すべては同じことだ、何事もする価値がない、知は窒息させる」。しかし「何事もする価値がない」は「太陽の下、人は苦労するが／すべての苦労も何になろう」（伝道の書一・三）と同じことを意味している。そして最後の言葉「知は窒息させる」は『伝道の書』第一章の最後の言葉「知恵が深まれば悩みも深まり／知識が増せば痛みも増す」（伝道の書一・一八）に対応するだろう。つまり予言者の言葉は『伝道の書』第一章に由来している。

予言者の言葉の背景に『伝道の書』を見出したが、『伝道の書』のペシミズムは次のように表現されている。「既に死んだ人を、幸いだと言おう。更に生きて行かねばならない人よりは幸いだ。いや、その両者よりも幸福なのは、生まれて来なかった者だ。太陽の下に起こる悪い業を見ていないのだから」（伝道の書四・二－三）。このペシミズムの典型的な定式は、古代ギリシア時代にも見出される。[8] ニーチェは若いときからこのペシミズムを熟知していた。『悲劇の誕生』はギリシア人が生存の恐怖と恐ろしさを知っていたことを、古い伝説のうちに読み取っている。ミダス王はディオニュソスの従者シレノスに、「人間にとって最も善く最も卓越したことは何か」と問う。シレノスは次のように答える。「……最も善いことはお前にとってまったく到達不可能である、つまりそれは生まれなかったこと、存在しないこと、無であることである。しかし第二の最も善いことはお前にとって、すぐに死ぬことである」[9]（『悲劇の誕生』三）。

牧人の喉に這い込んだ黒い重い蛇は予言者の言葉であったが、その言葉は『伝道の書』に由来している。黒い重い蛇は永遠回帰の思想の否定面を意味している。『伝道の書』に由来する「すべては空しい」という知恵は、「何のために」という目標が欠けているペシミズムである。それは永遠回帰の思想といかに関係しているのか。すべてが空しいのは「かつてあったことは、これからもあり／かつて起こったことは、これからも起こる。／太陽の下、新しいものは何ひとつない」（伝道の書一・九）からである。この表現は「幻影と謎」における永遠回帰の世界を想起させる。「すべての物で歩みうるものが、すでに一度この小路を歩んでしまっていることは、必然ではないのか。すべての物で起こりうるものが、すでに一度起こり、なされ、歩み過ぎてしまっていることは、必然ではないのか。……すべての物で歩みうるものは、またこの長い小路をさらに先へと、もう一度歩まねばならない」（「幻影と謎」二）。しかし両者は同じではない。

『伝道の書』は「かつて起こったことは、これからも起こる」という意味で「太陽の下、新しいものは何ひとつない」と言う。それは「太陽の下」として同じ太陽を前提している。「かつて起こったことは、これからも起こる」が、それは何をしても結局同じような（似たような）結果になるだけだという意味である。正確に同じことが起きるのでも、すべてが同じ順序で起きるのでもない。それに対して同じものの永遠回帰はより強い主張を持っている。「私は回帰する、この太陽と共に、この大地と共に、この鷲と共に、この蛇と共に。新しい生へでも、より善き生へでも、似たような生へでもない。／私はこの同じ同一の生へと永遠に回帰する……」（「回復する者」二）。永遠回帰の思想は『伝道の書』のペシミズムの単なる繰り返しでなく、その徹底化した形態、極限のニヒリズムである。『伝道の書』の世界において、人間はすぐに死ぬことによって第二の最善のことを選ぶことができる。つまり死によって、生まれなかった状態へ戻ることができるという意味で、死が一つの救いとなりうる。しかし永遠回帰の世界において死は何の救いももたらさない。再びこの同じ生へ、しかも永遠に回帰するのだから。

この極限のニヒリズムをいかにして克服できるのか。牧人の笑いはそれが可能であることを示している。

四　牧人の笑い

「しかし牧人は、私の叫びが彼に助言したように、かんだ。彼はすばらしい仕方でかんだのである。遠くへ彼は蛇の頭を吐き出した。そして立ち上がった。／もはや牧人でもなく、もはや人間でもなかった。それは変容した者、光に包まれた者であり、笑ったのである。今までに地上で、彼が笑ったように、人間は笑ったことがなかった」(「幻影と謎」二)。

牧人は蛇の頭をかみ切り、それを遠くへ吐き出すが、それは永遠回帰の思想の否定面(極限のニヒリズム)を克服したことを示している。そして牧人は立ち上がるが、彼はもはや牧人でも、人間でもないとされている。人間でないとは、人間を自己克服した超人(超‐人間(Über-Mensch))を意味するだろう。そして「変容した者(ein Verwandelter)」という言葉は、精神の三つの変容(drei Verwandlungen)を想起させる。とすれば牧人は子供へと変容した者であろう。

「変容した者」はさらに「光に包まれた者(ein Umleuchteter)」である。変容した者をまわりから照らす(umleuchten)光とは、光の深淵であろう。牧人が蛇の頭をかみ切るとは、永遠回帰の思想の否定面を克服することであるが、この否定面は深淵という形象によって表現されていた。この克服によって深淵は光の深淵へと変化する。そして光の深淵の世界は子供の世界であった(第二節六)。そうであるとすれば、「変容した者」は子供へと変容した者として、光に包まれた者、光の深淵という光によって照らされた者であろう(第五節六)。

牧人は変容した者、光に包まれた者として笑う。牧人のこの笑いは、本節の冒頭で引用した第三部のモットーを想起させる。「……最高の山に登る者は、すべての悲-劇と悲劇的-真剣さを笑う」。悲劇を笑う高みに登るためには、悲劇と悲劇的真剣さを自分の運命として引き受けねばならない。牧人は「最も苦痛を与える真理」である永遠回帰の思想と対決し、自らの力で克服したことによって、この高みに至ったのである。牧人の笑いは悲劇を超えて笑う高みに達したことを意味している。

しかし「幻影と謎」におけるツァラトゥストラ自身は牧人の笑いにいまだ到達していない。彼はただ牧人の笑いを幻影として見るだけである。それ故ツァラトゥストラは語る。「おお、私の兄弟たちよ、いかなる人間の笑いでもない笑いを私は聞いた。そして今や渇望が私を蝕む、決して静まることのない憧憬が。／この笑いへの私の憧憬が私を蝕むのだ」（「幻影と謎」二）。

第三部「幻影と謎」において牧人の幻影を見たツァラトゥストラは、その次の章「意に反する至福」において「お前（最も深淵的な思想）に上がって来いと呼びかけることを、私はいまだ敢えてすることはなかった」と言っている。それをなすことは「私の最も深い苦痛」を進んで引き受けることである。そう考えているツァラトゥストラに「午後の幸福」、「意に反する至福」が訪れる。それに対してツァラトゥストラは言う。「立ち去れ、お前至福な時よ。至福が意に反して私のもとに来た。私の最も深い苦痛を進んで引き受けるよう私はここに立っている。都合の悪いときにお前は来たのだ」（「意に反する至福」）。しかし朝方になってもこの至福はツァラトゥストラを去らなかった。この至福の中でツァラトゥストラは日の出前に、光の深淵を幻視するのである。「このように祝福する者は至福である」（「日の出前」）。それは「光に包まれた者」を照らす光の深淵の世界、永遠回帰の肯定的な世界である。

牧人の幻影は「荒涼とした月光のなかで」（「幻影と謎」二）見られた。つまり黒い重い蛇（永遠回帰の思想の否定面としての深淵）が牧人の喉に這い込んだのは夜である。牧人はその蛇をかみ切ることによって、「光に包まれた者」、つまり光の深淵という光に照らされた者へと変容する。この「光の深淵」をツァラトゥストラは「日の出前」に幻視するのである。夜に喉に這い込んだ深淵は日の出前に「光の深淵」となる。それはさらに「正午の深淵」へと深められるだろう（第六節六）。深淵という形象の変容は、夜から日の出前へ、そして正午への時間の移りゆきとパラレルに描写されている。『ツァラトゥストラ』は時間形象の物語である。しかしまず「光の深淵」の世界を見ることにしよう。

五　光の深淵

「おお、私の上なる天空よ、お前純粋なものよ、深いものよ、お前光の深淵よ。お前を見ながら、私は神的な欲望におののく。／お前の高みへ私を投げ込むこと——それが私の深さだ。お前の純粋さの中に私を隠すこと——それが私の無垢だ」。

「意に反する至福」の次の章「日の出前」はこのように始まっている。私の上なる天空としての光の深淵が語られている。深淵という言葉は『ツァラトゥストラ』において一貫して永遠回帰の思想との密接な関わりのうちで用いられている。とすれば光の深淵（Licht-Abgrund）は、永遠回帰の思想と関係するだろう。「光」という語は天空としての深淵、山頂と一つになった深淵を意味する（一）。黒い重い蛇としての永遠回帰の否定性（黒さと重さ）に対して、光は明るさと軽さを比喩している。つまり光の深淵は永遠回帰の肯定的な世界を意味している。

第三部「日の出前」において永遠回帰の世界が語られていることは、「太陽より先にお前は私のもとに、最も孤独な者のもとにやって来た」（「日の出前」）と語られていることからも読み取れる。永遠回帰の思想は最も孤独な者に立ち現われる。「お前（光の深淵）は最も孤独な者のもとにやって来た」という表現は、「深淵」と「最も孤独な者」という言葉によって、永遠回帰の世界をはっきり指し示している。

光の深淵はもはや「黒い重い蛇」（深淵）でなく、「明るい軽い蛇」と言うことができる。それは「正午と永遠性」における蛇である（序章三）。「永遠性の蛇がその光のうちで輪を描いて横たわっている」が、この光のうちでの永遠性の蛇こそが、光の深淵である。光の深淵が肯定される世界であることは、そこで「然りを言う者」となることから明白である。「お前が私のまわりにいるだけで、私は祝福する者、然りを言う者である、お前純粋なものよ、光輝くものよ、お前光の深淵よ」(「日の出前」)。そして光輝くものとしての光の深淵が私のまわりに(um mich)いるとは、その光が私をまわりから照らすこと(umleuchten)である。つまり私は「光に包まれた者(ein Umleuchteter)」である。

「光に包まれた者」は「変容した者」であった。「日の出前」の世界は、「私の無垢」、「然りを言う者」、「神的な偶然のための舞踏場」という言葉によって、それが子供の世界であることを示している。「変容した者」は子供へと変容した者として「然りを言う者」、「聖なる然りを言うこととしての子供」である(第二節六)。しかしさらに「日の出前」の世界を見てみよう。

「まことに、『すべての物の上に、偶然という天空、無垢という天空、意図なしにという天空、悪ふざけという天空がかかっている』と私が教えるとき、それは祝福することであって、冒瀆することではない。／『意図なしに』――それは世界の最も古い高貴さである。この高貴さを私はすべての物に返し与えた。私はすべての物を目的への隷属から救済した。／すべての物の上にそしてそれを貫いて、いかなる『永遠の意志』も意志していない、と私が教えたとき、この自由と天空の快活さを紺碧の鐘のように私はすべての物の上に置いた」(「日の出前」)。

「偶然＝無垢＝意図なしに＝悪ふざけ」という天空は何を意味しているのか。「意図なしに」は「意図＝目的なしに」であり、「目的への隷属からの救済」を意味する。「永遠の意志」は神の意志と理解できるから、「意図なしに」は神の意志によって設定された目的(テロス＝終わり)を否定している。つまり「世界がテロス＝目的(永遠の意志としての神の意志が設定した終わり)へ向けて進む」という世界像を否定している。これは神の否定であるから、冒瀆と見えるかもしれないが、しかしそれは祝福することである。神の死によって初めて開かれた世界(自由と天空の快活さ)が肯定されている。(10) これは永遠回帰の世界である。同じものが永遠に回帰することとしての永遠回帰は、世界が向かうテロス＝終わり（終末）を端的に否定する。それは一方では「何のために」（目的・意味）の喪失であるが（ニヒリズムとしての深淵）、しかし他方において「神の意志が設定した目的への隷属」からの救済であり、光の深淵として「すべての物がむしろ偶然という足で舞踏することを好む」世界である。光の深淵は永遠回帰の肯定的な世界である。

「すべての物は永遠性の泉において、善悪の彼岸において、洗礼を授けられている。しかし善悪そのものはただ中間の影、湿った憂うつ、流れる雲にすぎない」（「日の出前」）。

流れる雲は光の深淵から「私の然りとアーメンを奪い取る」とされるが、この流れる雲は善悪であり、光の深淵の世界は善悪の彼岸である。善悪の彼岸に達しうる者は、道徳（善悪）を克服した子供＝超人である。しかし「日の出前」においてツァラトゥストラはいまだ光の深淵の世界を獲得していない。「飛ぶことだけを私の全意志は欲するのだ、お前の中へ飛び入ることを」（「日の出前」）とツァラトゥストラは語る。これが実現するのは第三部最終章「七つの封印（あるいは然りとアーメンの歌）」においてである。流れる雲（善悪）が奪い取る「巨大で無制限な然りとアーメンを言うこと」（「日の出前」）がそこで可能となるだろう。このことは「然りとアーメンの歌」という表題からも明らかである。そこにおいて光の深淵としての天空が言及されている。「私がかつて私の頭上に静かな天空を張り拡げ、自分自身の翼で自分自身の天空に飛び込んだとすれば、……」（「七つの封印」七）。「日の出前」で幻視された「すべての物がむしろ偶然という足で舞踏することを好む」世界は、「七つの封印」においてツァラトゥストラ自身によって肯定されるのである。「すべての重いものが軽くなり、すべての身体が舞踏する者となり、すべての精神が鳥となること、それが私のアルファでありオメガであるならば、そしてまことに、それが私のアルファでありオメガなのだ」（「七つの封印」六）。「七つの封印」は七節から成るが、繰り返し「私はお前を愛する、おお、永遠性よ」と語られる。永遠性を愛するとは「永遠性の泉において洗礼を授けられたすべての物」、つまり光の深淵を肯定することであろう。

「日の出前」から「七つの封印」へとツァラトゥストラが歩みを進めるためには、彼自身が永遠回帰の思想と対決しなければならない。「幻影と謎」二においてツァラトゥストラは問うた。「このように蛇がその喉に這い込んだ牧人とは誰か。このようにすべての最も重い最も黒いものがその喉に這い込むだろう人間とは誰だ」。その人間はツァラトゥストラ自身であるが、ここに『ツァラトゥストラ』の展開を導く芸術的技法を読み取ることができる。「序説」での道化師とその意味を想起しよう。ツァラトゥストラは「綱渡り師を跳び越える道化師」のうちに、彼自身がなるべき姿を見出した（第一節）。牧人も同じ役割を果たしている。ツァラトゥストラは牧人の幻影という謎のうちに彼がなるべき姿を予め幻視しているのである。そして「日の出前」における光の深淵の幻視も「七つの封印」においてツァラトゥストラが実際に獲得するだろう世界を予示している。ツァラトゥストラは「謎を解く者」（「新旧の板」三）である（第一節六）。ツァラトゥストラ自身が「このように蛇がその喉に這い込んだ牧人」となり、彼自身が蛇の頭をかみ切らねばならない。それによって初めて永遠回帰の世界は深淵から光の深淵へと変わりうるだろう。

ツァラトゥストラは牧人のうちに彼自身の姿を幻視している。ツァラトゥストラ自身が黒い重い蛇をかみ切るのは、第三部「回復する者」においてである。この章を主題的に検討することが第五節の課題となる。

第五節　永遠回帰の世界

「私、ツァラトゥストラ、生の代弁者、苦悩の代弁者、円環の代弁者が——この私がお前を呼ぶのだ。私の最も深淵的な思想を。／幸いだ。お前が来る、——お前の声が聞こえる。私の深淵が語る。私の最後の深みを私は光のもとにさらしたのだ」（「回復する者」一）。

第三部「幻影と謎」において牧人の幻影を見たツァラトゥストラは、「回復する者」においてついに永遠回帰の思想と対決することを始める。「幻影と謎」において彼の動物たちが永遠回帰の思想を直視するツァラトゥストラを導いていたように(第三節)、「回復する者」においても、否ここにおいてこそ、ツァラトゥストラの動物たちは彼を導いていなければならない。実際この章において、彼の動物たちはツァラトゥストラの運命を示す。「見よ、あなたは永遠回帰の教師なのだ」(「回復する者」二)。動物たちはツァラトゥストラを永遠回帰の教師へ導こうとしている。「私の動物たちが私を導いてくれるように」(「序説」一〇)がツァラトゥストラの願いであった。しかし第三部「回復する者」において彼の動物たちがツァラトゥストラを導いているというこうした理解は、ハイデガーの解釈と対立する。それ故ハイデガーの解釈を批判的に検討することから始めよう。ハイデガーの『ツァラトゥストラ』解釈を批判することは、悲劇という解釈地平を最終的に否定することになるだろう。

一 動物たちは何も知らない?

「英雄のまわりではすべてが悲劇となり、半神のまわりではすべてがサチュロス劇となる。そして神のまわりではすべては――どうなるのか、おそらく『世界』となるのだろうか――」。

ニーチェ『善悪の彼岸』一五〇のこの言葉は、ハイデガーの『ツァラトゥストラ』解釈の主導思想として選ばれている。それは一九三七年夏学期講義『西洋的思惟におけるニーチェの形而上学的根本立場　同じものの永遠回帰』(GA44)においてである。ハイデガーはこの言葉を講義の冒頭において引用し、さらに何度も言及し[1]、そしてこの引用によってこの講義を閉じている。ニーチェのこの言葉がハイデガーの『ツァラトゥストラ』解釈を導いている。しかもニーチェの形而上学的根本立場は永遠回帰の思想によって特徴づけられている。ハイデガーは『善悪の彼岸』一五〇に即して、永遠回帰の思想の意味を読み解こうとしたのである。

「英雄のまわりではすべてが悲劇となる」という言葉が、『ツァラトゥストラ』を解釈するハイデガーにとっての導きの糸となる。『ツァラトゥストラ』は悲劇であり、ツァラトゥストラは悲劇の主人公としての英雄である。「ツァラトゥストラは英雄的な思惟者であり、彼がそのように形成されることによって、この思惟者が思惟するものは、悲劇的なもの、すなわち極限の否への最高の然りとしてともに形成されねばならない――英雄としての思惟者」(GA44, 33)。同じものの永遠回帰の思想は「極限の否への最高の然り」のうちでのみ、「この克服する思想としてのみ存在する」(GA44, 203)。克服する思想としてのみ存在するが故に、永遠回帰の思想は、克服する思惟者、すなわち英雄としての思惟者、ツァラトゥストラを要求する。しかしこのようなハイデガーの解釈は正しいのだろうか。『ツァラトゥストラ』を悲劇とする理解をすでに批判したが(序章六、第一節七)、ここではハイデガーの解釈を具体的に検討することにしよう。そのためにまず、ツァラトゥストラの動物たちの解釈に定位したい。

「ツァラトゥストラの動物たちは勝手に選ばれた動物ではない、ツァラトゥストラの動物たちの本質はツァラトゥストラ自身の本質の形象である。つまり同じものの永遠回帰の教師であるというツァラトゥストラの課題の形象である」(GA44, 47)。そしてツァラトゥストラの動物たちとしての鷲と蛇が何を形象化しているかをハイデガーは次のようにまとめている。「一、鷲と蛇の円と輪は、永遠回帰の円と輪を形象化している。二、鷲と蛇の本質である誇りと賢さは、永遠回帰の教師の根本態度と知のあり方を形象化している。三、ツァラトゥストラの孤独の動物としての鷲と蛇は、ツァラトゥストラ自身に対する最高の要求を形象化している」(GA44, 50, cf. GA44, 238)。

ツァラトゥストラの動物たちに定位して解釈することは、『ツァラトゥストラ』を読むための不可欠の作業である。しかしハイデガーの解釈が十分なわけでも、正しいわけでもない。ここで簡単に批判しておこう。第一にハイデガーはツァラトゥストラの動物たちとして鷲と蛇しか扱っていない。しかし獅子と鳩もまたツァラトゥストラの動物なのである。第二に鷲と蛇が区別されずに並置されている。しかし区別しないとすれば、鷲と蛇という二匹の動物が登場する必要などないだろう。鷲はツァラトゥストラ自身(鷲の勇気)を、蛇はツァラトゥストラの思想(永遠回帰の思想)を形象化しているのである。第三に鷲と蛇がツァラトゥストラをいかに導いているかについて何らの解明も行っていない。このことと関係することだが、第四に「幻影と謎」における「黒い重い蛇」がツァラトゥストラの蛇の「反対形象」(GA44, 199) とされている。しかし黒い重い蛇はツァラトゥストラの蛇なのである。以上の論点についてはすでに第三節において詳細に論じたので、ここで繰り返す必要はないだろう。

しかし第三部「回復する者」におけるツァラトゥストラの動物たちの解釈については、永遠回帰の思想を理解する上で極めて重要なので、いくらか詳しく検討しよう。そこでのハイデガーの解釈のポイントは「動物の語り＝小人の語り」の同一視である。「回復する者」二において鷲と蛇は永遠回帰の世界を歌う。「すべての物はそれ自身舞踏する。……永遠性の道は曲がっている」。これに対してハイデガーは言う。「おそらく動物たちの語りは、小人の語りより一層華やかで巧みで遊戯的なだけである。しかし根本において、小人の語りと同じである。小人の語りに対してツァラトゥストラは、安易に捉えるなと抗議するのである」(GA44, 57)。この同一視から、ツァラトゥストラの動物たちが永遠回帰の思想を知らないということが帰結する。[2] ツァラトゥストラは小人に「お前は私の深淵的な思想を知らない」(「幻影と謎」二) と言っているのだから。しかし「回復する者」二において、「すべての物はそれ自身舞踏する……」と歌った動物たちに、ツァラトゥストラは答える。「お前たちは何とよく知っていることか、七日の間に実現されねばならなかったことを……」。これに対してハイデガーは、「お前たちは何とよく知っていることか」を次のように解釈する。

「しかしこの知はやはり知ではない。ツァラトゥストラがそのように呼ぶとすれば、彼はただ皮肉を込めて言おうとしている、動物たちはまったく何も知らないのだ、と」(GA44, 57, cf. GA44, 202)。

動物たちが歌う世界を否定的に解釈することは、ハイデガーだけでなく、一般的な傾向である。[3] もしこうした否定的な解釈が誤っているとすれば、そうした解釈は永遠回帰の世界を完全に誤解していることになるだろう。ともかくハイデガーの解釈を批判的に検討することにしよう。

「回復する者」を解釈するハイデガーの最大のポイントは、「動物たちはよく知っている」を否定することにある。

それは動物たちの語りを小人の語りと同じ次元に置くことを意味する。しかしこの同一視が不可能であることは、小人と動物たちに対するツァラトゥストラの態度の違いから疑う余地がない。

「お前重さの霊よ、と私は怒って語った。あまりに安易に捉えるな」（「幻影と謎」二）。

「おお、お前たち道化者よ、手回しオルガンよ、とツァラトゥストラは答えて、再び微笑した。お前たちは何とよく知っていることか、七日の間に実現されねばならなかったことを」（「回復する者」二）。

重さの霊としての小人に「怒って」語るのに対して、ツァラトゥストラは動物たちに「微笑する」のである。「怒る」と「微笑する」の違いは、ツァラトゥストラが両者の語りをはっきり区別していることを示している。この区別は当然である。動物たちはツァラトゥストラの導き手であるのに対し、小人は「重さの霊、私の悪魔・不倶戴天の敵」なのだから。導き手の語りと不倶戴天の敵の語りを同一視することなどありえない。

「お前たちは何とよく知っていることか」を文字どおり理解すべきことは、草稿からも明白である。「おお、お前たち道化者よ、ツァラトゥストラは答えた。七日の間に私に起きたことを、お前たちは私と同じようによく（so gut wie ich）知っている」[4]。ハイデガーは「お前たちは何とよく知っていることか」の本当の意味を「動物たちはまったく何も知らないのだ」としているが、このようにテキストを逆の意味に理解することは、それ自体無理であり、テキストの改ざんである。

動物たちを否定的に評価することはそれ自体極めて奇妙である。ツァラトゥストラは「序説」一〇において「私の動物たちが私を導いてくれるように」と願っているのだから、彼が動物たちの知を否定することなどありえない。動物たちへの高い評価は第四部に至るまで一貫している。第四部においてもツァラトゥストラは次のように語る。「よし、お前は私の動物たちにも会うべきである、私の鷲と蛇に。今日地上に彼らに匹敵する者はいない」[5]（「自由意志による乞食」）。こうした動物たちにも会うべきである、……

そもそもハイデガーの解釈は自己矛盾に陥っている。動物たちが永遠回帰の思想を知らないとすることは、「ツァラトゥストラの動物たちの本質は、同じものの永遠回帰の教師であるというツァラトゥストラの課題の形象である」（GA44, 47）というハイデガー自身の言葉に反している。「回復する者」二において動物たちはツァラトゥストラに対して「あなたが誰であり、誰にならなければならないかをよく知っている」と言って、「あなたは永遠回帰の教師なのだ」と規定している。動物たちのこの言葉に基づいて、ハイデガーはツァラトゥストラの本質を永遠回帰の教師としている（GA44, 62）。しかし動物たちがこのように語るのは、ハイデガーが動物たちの知を否定した同じ「回復する者」二においてであり、しかも「見よ、我々はあなたが教えることを知っている」と言って、ツァラトゥストラが教えるべき永遠回帰の教えを動物たちは語っている。一方で動物たちの言葉「ツァラトゥストラ＝永遠回帰の教師」を真の知として肯定し、他方で同じ場面での同じ動物たちの知、永遠回帰の世界についての知を否定している。ハイデガーの解釈は奇妙な自己矛盾に陥っている。

　なぜハイデガーはこのような自己矛盾した無理な解釈をするのだろうか。それは「回復する者」における動物たちの知を是が非でも否定したいからである。動物たちの知を肯定すると困るのである。つまり動物たちが歌う世界、「すべての物がそれ自身舞踏する」世界を肯定することになってしまうからである。この世界はハイデガーにとって「一層華やかで巧みで遊戯的（glänzender und gewandter und spielender）」（GA44, 57）であり、彼が想定する悲劇の世界と正反対である。ハイデガーにとって永遠回帰の世界を思惟することは「困窮からの叫び」（GA44, 58）でなければならない。『ツァラトゥストラ』が悲劇であると主張するためには、動物たちが歌う世界は否定されねばならない。そのためには動物たちが永遠回帰の世界について何も知らないとしなければならない。しかし「お前たちは何とよく知っていることか」を「動物たちはまったく何も知らない」（GA44, 57）、「お前たちは結局のところ知らない」（GA44, 202）と解釈することに、テキスト上の根拠は何もない。にもかかわらずハイデガーがそう解釈するのは、悲劇という解釈地平に『ツァラトゥストラ』を映し出そうとするからである。悲劇という解釈地平にしか根拠がない解釈は、もはやテキストの解釈でなく、テキストへの恣意的な暴力（テキストの改ざん）である。

ハイデガーが自己矛盾を犯してまで無理な解釈を強行するのは、悲劇という解釈地平を前提しているからである。すべての解釈は或る解釈地平へテキストを射影することである。解釈地平へ映し出された姿が大きく歪んでいるとすれば、解釈地平そのものがそのテキストを映すのにふさわしくないからである。悲劇という解釈地平がテキストの改ざんだけでなく、さらにテキストの無視に終わることを示そう。

二　悲劇としての『ツァラトゥストラ』？

ハイデガーが『ツァラトゥストラ』を悲劇と解釈するテキスト上の根拠は、『喜ばしき知』第四書の最終節三四二である（GA44, 27-30）。それは「悲劇が始まる（Incipit tragoedia）」という言葉で始まり、それ以下の文章がほぼそのまま、この翌年（一八八三年）の『ツァラトゥストラ』の冒頭となる。ハイデガーは『ツァラトゥストラ』において「悲劇が始まる」ことを疑っていない。しかしすでに論じたように（序章六）、ニーチェは『喜ばしき知』に第五書を書き加えた第二版を出版する。その第二版の序文は「悲劇が始まる」に対して「パロディが始まる」を対置している。この対置からだけでも、『ツァラトゥストラ』を単なる悲劇とすることはできないだろう。「悲劇が始まる」という言葉を重視するハイデガーは、「パロディが始まる」を完全に無視している。これは致命的な無視であろう。

この致命性はハイデガー自身の解釈の主導思想に即して指摘することができる。主導思想は『善悪の彼岸』一五〇であった（一）。ハイデガーは「英雄のまわりではすべてが悲劇となる」に定位して『ツァラトゥストラ』を解釈している。そしてそこから「神のまわりではすべては――どうなるのか、おそらく『世界』となるのだろうか――」を理解しようとする。「同じものの永遠回帰は最も重い思想である。その思惟者は知と意志の英雄でなければならない。すなわち彼は何らかの決まり文句をもって世界と世界の創造とを勝手に解釈してはならないし、できはしない。『英雄のまわりではすべてが悲劇となる』。悲劇を通してのみ、それのまわりでしかもただ『おそらく』

すべてが世界となる神への問いが生じる」(GA44, 71)。確かにここに「英雄・悲劇」–「神・世界」の連関が語られ、この連関を一つの連関たらしめるものが永遠回帰の思想とされている。しかし「半神のまわりではすべてがサチュロス劇となる」という言葉は完全に無視されている。『善悪の彼岸』一五〇をニーチェ解釈の主導思想として選んだハイデガー自身が、主導思想を全体として解釈できないのである。「半神・サチュロス劇」を解釈できず無視せざるをえなかったことは、「パロディが始まる」の無視と同じ根(悲劇という解釈地平)から生じている。悲劇としての『ツァラトゥストラ』という先行理解が誤りであることは、「半神・サチュロス劇」を解釈できないことに端的に現われている。

ハイデガーの『ツァラトゥストラ』解釈は第三部「幻影と謎」と「回復する者」を中心になされている。確かにこの二つの章は重要であるが、しかしハイデガーはこの二つの章が属する第三部を導くモットーを無視している。なぜ無視するかは明白だろう。『ツァラトゥストラ』が悲劇であるとすれば、「すべての悲-劇と悲劇的-真剣さを笑う」ことなど認められないからである。悲劇に固執するハイデガーに対して、「そこから見れば悲劇的な問題が私の下にあるような高みを私は欲するのです」というニーチェ自身の言葉を対置しなければならない(序章五)。

ハイデガーが『ツァラトゥストラ』解釈の中心に置く「幻影と謎」において、永遠回帰の克服は牧人の笑いとして形象化されている。ここで「笑った」という語が強調されているにもかかわらず、ハイデガーは牧人のこの笑いを軽視している。[6] 牧人の笑いは悲劇を超えているからである。ハイデガーが語る「ニヒリズムの克服」(GA44, 201)は、牧人の笑いの次元に至っていない。

第三部のモットーと牧人の笑いを軽視することは、笑う獅子を無視することに結びついている。ツァラトゥストラの動物たちに定位するにもかかわらず、ハイデガーは獅子と鳩を無視している。「鳩の群れを伴った笑う獅子」はツァラトゥストラが成熟・完成したことを示す徴である。悲劇を超えて笑う高みを認めようとしないとすれば、笑う獅子を扱いえないのは当然である。獅子の笑いはツァラトゥストラの成熟として、端的に悲劇を超えているだろう。そして鳩は「鳩の足で来る思想」として永遠回帰の思想を形象化している。しかしハイデガーにとって永遠回帰の思想は「困窮からの叫び」（GA44, 58）でなければならないから、そして悲劇的な思想は重々しい思想でなければならないから、「鳩の足で来る思想」になっては困るのである。鳩のような軽やかさ（軽やかな飛翔性としての柔和さ）は悲劇的ではない。

悲劇という解釈地平は、『ツァラトゥストラ』をめぐる重要な論点（パロディが始まる、半神・サチュロス劇、第三部のモットー、牧人の笑い、鳩の群れを伴った笑う獅子）を映し出すことができない。さらに「お前たちは何とよく知っていることか」を「まったく何も知らない（結局のところ知らない）」へと逆の意味に読み替えざるをえない（一）。悲劇という解釈地平そのものを捨て去るべきなのである。

テキストを改ざんしてまでも「お前たちは結局のところ知らない」と言わざるをえないのは、動物たちが歌う永遠回帰の世界が悲劇の世界と正反対だったからである。悲劇という解釈地平から解放された目で、その世界を見ることにしよう。

三　すべての物はそれ自身舞踏する

「すべての物はそれ自身舞踏する。それは来て、手をさしのべ、笑い、逃げる――そして帰って来る。／すべてのものは行き、すべてのものは帰って来る。存在の車輪は永遠に回転する。すべてのものは死に、すべてのものは再び花開く。永遠に存在の年はめぐる。／すべてのものは壊れ、すべてのものは新たに組み立てられる。永遠に存在の同じ家は建てられる。すべてのものは別れ、すべてのものは再び会う。永遠に存在の円環は自分に忠実である。／あらゆる瞬間に存在は始まる。あらゆる此処のまわりで彼処の球が回転する。中心は至る所にある。永遠性の道は曲がっている」（「回復する者」二）。

このようにツァラトゥストラの動物たちは永遠回帰の肯定的な世界を歌う。すでに論じたように（第二節六）、動物たちが歌う「すべての物がそれ自身舞踏する」世界は、「日の出前」の世界、「すべての物がむしろ偶然という足で舞踏することを好む」世界と同じである。つまり子供の世界である。三つの変容における子供は、「自ら回転する車輪」として「存在の車輪が永遠に回転する」世界のうちで遊び、「新たに始めること」として「あらゆる瞬間に存在が始まる」世界のうちで遊戯するだろう。

この世界において「永遠に存在の円環は自分に忠実である」が、「存在の円環（der Ring des Seins)」という言葉は、これが永遠回帰の世界であることを示している。永遠回帰の世界を歌う第三部最終章「七つの封印」は繰り返し「指輪のなかの結婚の指輪（Ring)、回帰の円環（Ring der Wiederkunft)」と歌い、第四部「酔歌」一一は「快のうちで円環の意志（des Ringes Wille）が円環する」と言う。動物たちは永遠回帰の肯定的な世界を歌っているのである。

この世界において「すべての物はそれ自身舞踏する」。この舞踏の世界は重さの霊を克服した世界である。第三部「幻影と謎」一における重さの霊としての小人の思想は「あらゆる投げられた石は落下しなければならない」であった。動物たちが歌うこの世界は、小人との戦いに対する勝利を示している。この世界において最も軽い者は「重さの霊を超えて舞踏し、舞踏し乗り越える」ことによって、自分が軽いことを示すのである（第二節七）。それは第一部「読むことと書くこと」において語られた「重さの霊を殺すこと」の実現である。「重さの霊によってすべてのものは落下する。／……／今や私は軽い、今や私は飛ぶ、今や私は私の下に私を見る、今や私を通して一人の神が舞踏する」。

動物たちが歌う舞踏の世界は、永遠回帰の肯定的な世界（子供の世界）であり、重さの霊を笑いによって殺した世界である。この世界において「すべての重いものが軽くなり、すべての身体が舞踏する者となり、すべての精神が鳥となる」（「七つの封印」六）のである。これがツァラトゥストラの「アルファでありオメガである」とすれば、動物たちはツァラトゥストラの究極の世界を歌っていることになる。それは悲劇的世界（重々しい世界）とは正反対の世界である。

舞踏の世界（子供の世界）は「そこではすべての生成が神々の舞踏と神々の悪ふざけだと私に思われた……」（「新旧の板」二）とも語られていた（第二節七）。この世界からツァラトゥストラの思想は生まれた。「私が『超人』という言葉を拾い上げたのは、そこであった。そして人間が克服されねばならないものであるということを。／人間が橋であって目的ではないということ、つまり新しい曙光への道として、自分の正午と夕方の故に自分を至福なものとして讃えること。／つまり大いなる正午についてのツァラトゥストラの言葉、そしてその他、深紅の第二の夕焼けのように、私が人間たちの上に掲げたもの」[7]（「新旧の板」三）。

この箇所は「序説」におけるツァラトゥストラの最初の教えを想起させる。「私はお前たちに超人を教える。人間は克服されるべきものである」（「序説」三）。「人間において偉大なもの、それは人間が橋であって目的ではないということである」（「序説」四）。「大いなる正午についてのツァラトゥストラの言葉」は、第一部最終章「贈る徳」三におけるツァラトゥストラの最後の言葉を指している。「大いなる正午とは、人間が動物と超人との間の彼の軌道の中央に立ち、夕方への彼の道を最高の希望として祝うときである。なぜならそれは新しい朝への道だからである。／……／『すべての神々は死んだ。今や我々は、超人が生きることを欲する』。――これがいつか大いなる正午において我々の最後の意志でありたい」。超人と大いなる正午はツァラトゥストラの教説の核心をなしている。それが舞踏の世界をその生まれ故郷としているとすれば、『ツァラトゥストラ』という作品を成立させたのは、舞踏の世界としての永遠回帰の肯定的な世界である。これは悲劇的世界と正反対の世界であるから、『ツァラトゥストラ』を悲劇と捉えることはその根本において誤っていることになるだろう。

しかし「回復する者」において、なぜ動物たちは永遠回帰の肯定的な世界、舞踏の世界を歌うのだろうか。それはツァラトゥストラ自身が永遠回帰の思想との対決を始めたからである。その対決が向かうべき世界（舞踏の世界としての永遠回帰の肯定的な世界）を示すことによって、ツァラトゥストラの動物たちは彼を導いている。「序説」

一〇においてツァラトゥストラは「私の動物たちが私を導いてくれるように」と願ったが、「回復する者」においても彼の動物たちは彼の願いどおりにツァラトゥストラを導いているのである。

しかし導き手であるためには、ツァラトゥストラをそこへ導く高み・テロスをすでに知っていなければならない。つまり導き手としての動物たちはツァラトゥストラより一層高い次元にすでにいることになる。そうでなければ導くことなどできないだろう。改めて動物たちの優位について考察しよう。

四　動物たちの優位

「最も似ているものの間においてこそ、仮象は最も美しく偽る。なぜなら最も小さな裂け目は橋をかけるのが最も困難だからである」。

「回復する者」二においてツァラトゥストラはこのように語っている。ツァラトゥストラと彼の動物たちは「すべてのものは永遠に回帰する」という永遠回帰の世界を知っている。「最も似ているもの」と言われているのは、ツァラトゥストラが意味する世界と動物たちが意味する世界である。そして「仮象」とは、「すべてのものは永遠に回帰する」という同じ言葉が同じ世界を意味しているという仮象である。しかしツァラトゥストラの世界と彼の動物たちの世界の間には違いがあり、その違いが「最も小さな裂け目」と呼ばれている。その違いとは何か。「最も小さな裂け目は橋をかけるのが最も困難である」とはいかなることなのか。この問いは永遠回帰の世界をどう見るかに関わり、ツァラトゥストラに対する動物たちの優位という問題へ導くだろう。

ハイデガーは「最も小さな裂け目」を次のように解釈する。「最も小さな裂け目、『すべては同じだ』という言葉の仮象の橋は、絶対に区別される二つのものを隠してしまう。つまりすべてがどうでもよいという意味での『すべてが同じである』、そして、どうでもよいものなどない、すべてが重要だという意味での『すべてが回帰する』」(GA44, 203)。ハイデガーは「最も小さな裂け目」を「すべては同じだ」に定位して解釈しているが、むしろ永遠回帰の定式としての「すべては永遠に回帰する」に定位すべきだろう。しかしこれはそれほど重要なことではない。問題であるのは、「すべてがどうでもよい」―「どうでもよいものなどない、すべてが重要だ」という対比である。このような対比は「回復する者」のテキストのうちに読み取ることはできない。しかし最も批判されるべき論点は、小人の立場と同一視された動物たちが「すべてはどうでもよい」の側に入れられ、「どうでもよいものなどない、すべてが重要だ」の側に立つツァラトゥストラが優位とされていることにある。動物たちはツァラトゥストラの不倶戴天の敵としての小人（重さの霊）と同様に単なる傍観者であり、ツァラトゥストラこそ決断の瞬間のうちに立っているとされる。しかし動物たちに対するツァラトゥストラの優位は、テキストに基づかない作り話にすぎない。むしろテキストは動物たちの優位をはっきり示している。

「おお、お前たち道化者よ、手回しオルガンよ、とツァラトゥストラは答えて、再び微笑した。お前たちは何とよく知っていることか、七日の間に実現されねばならなかったことを。／そしてあの怪物が私の喉に這い込み、私を窒息させたことを。しかし私は蛇の頭をかみ切り、それを私から吐き出したのだ。／そしてお前たち、――お前たちはそれを早くも竪琴の歌にしてしまったのか。しかし今私はここに横たわっている、こうしてかみ、吐き出したことにいまだに疲れ、自分自身を救済したことで憔悴している。／そしてお前たちはこうしたすべてを傍観していたのか。おお、私の動物たちよ、お前たちもまた残酷であるのか」（「回復する者」二）。

動物たちが舞踏の世界を歌った後に、ツァラトゥストラはこのように語っている。すでに論じたように（二）、「お前たちは何とよく知っていることか」という言葉は文字通り理解されるべきであって、そこに皮肉など少しも含まれていない。そうであるとすれば、「おお、お前たち道化者よ、手回しオルガンよ」という呼びかけのうちに皮肉や非難が込められていることもないだろう。そのことは、「回復する者」二で再び同じ呼びかけがなされているが、そこに皮肉・非難など読み取れないことからも明白である（五）。そもそも動物たちに対するツァラトゥストラの言葉は否定的な意味など持っていない。むしろツァラトゥストラは動物たちの優位を認めているのである。

疲れ切り憔悴している「回復期の患者（der Genesende）」であるツァラトゥストラが優位に立っていることなどありうるだろうか。ツァラトゥストラと動物たちとの違いを考えてみよう。

ツァラトゥストラと動物たちは共に「すべては永遠に回帰する」と言う。それを動物たちは竪琴の歌にし、永遠回帰の世界を舞踏の世界として歌った（三）。ではツァラトゥストラにとって永遠回帰の世界はいかなる世界なのか。

「『ああ、人間が永遠に回帰する、小さな人間が永遠に回帰する』。／……／最大の者があまりにも小さいのだ。このことが人間に対する私の嫌気なのだ。そして最も小さい者も永遠に回帰する。これがすべての生存に対する私の嫌気なのだ。／ああ、吐き気、吐き気、吐き気。――このようにツァラトゥストラは語り、ため息をつき、そして身震いした。なぜなら彼は彼の病気を思い出したからである」（「回復する者」二）。

ツァラトゥストラにとって永遠回帰の世界は「ああ、人間が永遠に回帰する、小さな人間が永遠に回帰する」という世界であり、その世界に対する彼の態度は「ああ、吐き気、吐き気、吐き気」である。「すべては永遠に回帰する」という同じ言葉は、ツァラトゥストラにとって「小さな人間が永遠に回帰する」世界、吐き気を催す世界であり、彼の動物たちにとって「すべての物がそれ自身舞踏する」世界である。ここに「最も小さな裂け目」が存在する。確かに橋をかけることが最も困難なほど異なった世界であるが、動物たちの優位は明らかだろう。ツァラトゥストラは永遠回帰の否定的な世界にいまだ捕らわれているのだから。

確かにツァラトゥストラは蛇の頭をかみ切り、それを彼の外へ吐き出した。そこまでは牧人と同じである。しかし牧人は立ち上がるが、ツァラトゥストラは疲れ切り横たわったままである。牧人とツァラトゥストラの姿との対照は明白である。「……遠くへ牧人は蛇の頭を吐き出した。そして立ち上がった。／もはや牧人でもなく、もはや人間でもなかった。それは変容した者、光に包まれた者であり、笑ったのである……」（「幻影と謎」二）。つまりツァラトゥストラはいまだ「変容した者、光に包まれた者」でなく、牧人の笑いに至っていない。「回復する者」におけるツァラトゥストラは「回復期の患者」にすぎない。つまり永遠回帰の否定的な世界をいまだ引きずっており、永遠回帰の肯定的な世界に達していない。この肯定的な世界を動物たちが歌うのである。動物たちの優位は明らかだろう。

確かに動物たちは七日間のツァラトゥストラの苦悩を傍観していた。しかし「傍観する」という言葉に、永遠回帰の思想を実存的に捉えていないという否定的な意味などまったく含まれていない。そもそも永遠回帰の思想は各人が最も孤独な孤独のうちで自ら引き受け克服するしかないのである。牧人の幻影はこのことをはっきり示していた（第四節三）。ツァラトゥストラは動物たちを非難しているのではない[8]。むしろツァラトゥストラは動物たちの歌う舞踏の世界こそが自ら到達すべき世界であるということを認めている。「回復する者」の章に対応する草稿はツァラトゥストラに次のように語らせている。

「おお、私の動物たちよ、ツァラトゥストラは答えて、もう一度微笑した。何という（究極の）至福についてお前たちは私に話すのか。しかしその至福は私の愚かな魂からなお遠い（遠い、遠い）のだ[9]」。

ここに明確に、ツァラトゥストラと彼の動物たちとの対比、つまり動物たちの優位が読み取れる。ツァラトゥストラの愚かな魂は、動物たちが語る究極の至福からなお遠いのである。動物たちがツァラトゥストラより高い次元にいることは明白である。動物たちが語る「（究極の）至福」は、「意に反する至福」のうちで幻視された光の深淵に関わるだろう。「日の出前」においてツァラトゥストラは語る。「この至福な確実さを私はすべての物において見出したのだ、つまりすべての物がむしろ偶然という足で舞踏することを好むという至福な確実さを」。「すべての物がむしろ偶然という足で舞踏することを好む」世界は、舞踏の世界として、動物たちが歌う「すべての物がそれ自身舞踏する」世界である。しかしツァラトゥストラはいまだこの至福な世界に至っていない。ここにこそ「橋をかけるのに最も困難な最も小さな裂け目」がある。

ツァラトゥストラはこの「最も小さな裂け目」を越えなければならない。「回復する者」においてツァラトゥストラは確かに永遠回帰の否定的な世界を直視し、自らそれと対決した。しかし彼は永遠回帰の肯定的な世界を獲得しているわけではない。最も小さな裂け目に橋をかけるという最も困難なことが残っている。ここにおいてもツァラトゥストラの動物たちは彼を導いている。ツァラトゥストラは第三部最終章「七つの封印」七において「歌え、もはや語るな」と言うに至るが、そこへと導いたのは動物たちである。このことを証明しよう。

五　歌え、もはや語るな

「しかしこのように鳥の知恵は語る。『見よ、上もなく、下もない。お前を投げよ、まわりに、前方へ、後方へ。お前軽い者よ、歌え、もはや語るな。／すべての言葉は重い者たちのために作られたのではないか。軽い者にとってすべての言葉は偽るのではないか。歌え、もはや語るな』」（「七つの封印」七）。

第三部最終章「七つの封印（あるいは然りとアーメンの歌）」の最終節においてツァラトゥストラはこのように語っている。「歌え、もはや語るな」という鳥の知恵によって、初めてツァラトゥストラ自身が永遠回帰の世界を肯定的に歌うことができる。「おお、どうして私が永遠性を激しく求めないことがあろうか、指輪のなかの結婚の指輪（Ring）、回帰の円環（Ring der Wiederkunft）を。／……／なぜなら私はお前を愛するからだ、おお、永遠性よ」（「七つの封印」七）。ツァラトゥストラが永遠回帰の世界を肯定できるようになったのは、彼が鳥の知恵を学んだからである。しかしそれは「回復する者」における動物たちの導きに従ったからである。

「回復する者」においてツァラトゥストラが七日の間の経験を動物たちに述べ、「ああ、吐き気、吐き気、吐き気」と語り、ため息をつき、身震いする。そのとき彼の動物たちは彼にそれ以上話させなかった。「それ以上語るな、お前回復する者よ、……／外へ出て、バラやミツバチや鳩の群れのもとへ行け。しかし特に、歌う鳥たちのもとへ行け。お前が鳥たちから歌うことを学び取るために」（「回復する者」二）。動物たちはツァラトゥストラに「それ以上語るな」と言い、「鳥たちから歌うことを学び取る」ことを勧める。つまり動物たちは「歌え、もはや語るな」

と勧めている。この導きに従って、ツァラトゥストラは「歌え、もはや語るな」という鳥の知恵を学び取ったのである。「回復する者」において動物たちが永遠回帰の世界を舞踏の世界として歌ったのは、「歌え、もはや語るな」の実践であり、ツァラトゥストラが到達すべき境地を予め彼に示しているのである。このように勧める動物たちにツァラトゥストラは次のように答えている。

「おお、お前たち道化者よ、手回しオルガンよ、もう黙ってくれ、とツァラトゥストラは答えて、彼の動物たちに微笑した。お前たちは何とよく知っていることか、どんな慰めを七日の間に私が私自身のために案出したかを。／私が再び歌わねばならないこと、この慰めを、この回復を私は私のために案出したのだ。お前たちはそれをも同様に竪琴の歌にしようとするのか」（「回復する者」二）。

ここでもツァラトゥストラは「おお、お前たち道化者よ、手回しオルガンよ」と呼びかけ、同じように微笑する。そして「お前たちは何とよく知っていることか」と再び言う。それはここでも文字どおりの意味で語られている（一、四）。動物たちが勧める「歌うことを学び取ること」は、ツァラトゥストラ自身が案出した慰め「再び歌わねばならないこと」と同じである。動物たちはツァラトゥストラのことをよく知っている、つまりツァラトゥストラを歌うことへと導いているのである。

とすれば「お前たち道化者よ、手回しオルガンよ」という呼びかけは非難や皮肉の言葉ではありえない。そのことは彼が微笑していることからも明らかである。「道化者よ」という呼びかけは、第四部の最初の章「蜜のささげもの」においてもなされているが、そこでも同じようにツァラトゥストラは微笑して答えている。「道化者（Schalksnarr）」という言葉が非難・皮肉でなく、肯定的な意味で使われうることは、遺稿からも確認できる。「お前道化者ツァラトゥストラよ（Du Schalksnarr Zarathustra）、神をまだ信じている最後の人間に対して、お前は何と神々しく語ったことだろう[10]」（一八八三年秋）。「道化者」という言葉は、「道化師（Possenreißer）」や「道化（Narr）」と同族の言葉であり、それらに共通の意味は「笑い」である。つまり悲劇を自分の下に見る者、高みから笑う者を意味する。「道化者」が非難の言葉でないとすれば、「手回しオルガン」も非難の言葉でないだろう。手回しオルガンは音楽を演奏する楽器、つまり「語るのでなく、歌う者」である。ツァラトゥストラの動物たちは、永遠回帰の肯定的な世界を語るのでなく、歌った。だから「お前たちはそれを早くも竪琴の歌にしてしまったのか」とツァラトゥストラは言うのである。それは永遠回帰の思想をあまりにも安易に捉えているという非難ではない。逆にツァラトゥストラの動物たちこそ高みに立っている。ツァラトゥストラ自身が歌う者にならなくてはならない。だから「歌え、もはや語るな」と彼の動物たちはツァラトゥストラに勧めるのである。

「それ以上語るな、ともう一度彼の動物たちは彼に答えた。それよりむしろ、お前回復する者よ、まずお前のために一つの竪琴を用意せよ、一つの新しい竪琴を。／なぜなら、ともかく見よ、おお、ツァラトゥストラよ。お前の新しい歌のために新しい竪琴が必要なのだ」（「回復する者」二）。

「……お前たちはそれをも同様に竪琴の歌にしようとするのか」と語るツァラトゥストラを動物たちはこのように再び制止する。「竪琴の歌にする」という言葉は非難の言葉ではない。むしろツァラトゥストラに勧める。それは竪琴（Leier）で奏でる歌、つまり新しい竪琴の歌（Leierlied）を歌うためである。疲れ切って横たわっているツァラトゥストラは、竪琴の歌を歌うようにならねばならない。動物たちはツァラトゥストラがなすべきこと（竪琴の歌にすること）を示すことによって、動物たちが歌う永遠回帰の肯定的な世界へ導くのである。その世界は語られるのでなく、歌われる。

永遠回帰の肯定的な世界を獲得することによって、ツァラトゥストラは初めて永遠回帰の思想を告知できるようになるだろう。それ故動物たちは「歌え、もはや語るな」とツァラトゥストラに勧めた後に、「見よ、あなたは永遠回帰の教師なのだ。それが今やあなたの運命なのだ」（「回復する者」二）と言うのである。

「回復する者」の次の章「大いなる憧憬」において、歌うことがツァラトゥストラの最後のものとして語られる。

「私がお前（私の魂）に歌えと命令したこと、見よ、これが私の最後のものなのだ」。ここでツァラトゥストラは動物たちの導きに従って、歌うことを自分の魂に命令している。しかしそれがツァラトゥストラの最後のものであるとは、いかなる意味なのか。ツァラトゥストラは永遠回帰の否定的な世界を直視したが、しかしその肯定的な世界を獲得したわけではない。永遠回帰の世界を否定から肯定へと転化させるために、歌うことが必要なのである。永遠回帰の肯定的な世界は歌われねばならない。ツァラトゥストラの動物たちはそれを歌うことによって彼に示した。ツァラトゥストラ自身が歩まねばならない最後の歩みは、歌うことによって永遠回帰の世界を最終的に肯定することである。それ故次の「第二の舞踏の歌」という歌を通して、第三部最終章「七つの封印」において「然りとアーメンの歌」を歌う。動物たちが「回復する者」において歌った永遠回帰の肯定的な世界は、その最終章においてツァラトゥストラ自身によって歌われるのである。「歌え、もはや語るな」は永遠回帰の世界を肯定する次元を示している。(11)

「歌え、もはや語るな」を意味する「一つの新しい竪琴を用意せよ」という動物たちの言葉は、第三部「七つの封印」へ導くだけでなく、第四部「酔歌」へも導く。「甘美な竪琴よ、甘美な竪琴よ。私はお前の調べを愛する、お前の陶酔したスズガエルの調べを」（「酔歌」六）。そしてツァラトゥストラ自身がこの甘美な竪琴と同一視される。「神の苦痛は一層深い、お前奇妙な世界よ。神の苦痛をつかもうとせよ、私をでなく。私は何者なのか。一つの陶酔した甘美な竪琴だ」（「酔歌」八）。第四部「酔歌」は「しかしすべての快は永遠性を欲する、／深い、深い永遠性を欲する」で終わる「もう一度」という歌、つまり永遠回帰の肯定的な世界を歌う。動物たちの「一つの新しい竪琴を用意せよ」という導きの言葉は、ツァラトゥストラ自身が甘美な竪琴として歌うことにおいて、実現している。(12)

「回復する者」におけるツァラトゥストラの動物たちの「歌え、もはや語るな」という勧めは、第三部最終章「七つの封印」と第四部「酔歌」において、ツァラトゥストラ自身のこととして実現する。この二つの章はともに、永遠回帰の肯定的な世界をツァラトゥストラが歌うのであり、『ツァラトゥストラ』における頂点をなしている。

『ツァラトゥストラ』が第三部最終章と第四部「酔歌」という二つの頂点を持っていることは、『ツァラトゥストラ』の構成問題（三部構成－四部構成）へ我々を導くだろう（第三章）。しかし確かなことは、その頂点においてツァラトゥストラが永遠回帰の世界を歌うことによって肯定していることである。「七つの封印」においては「然りとアーメンの歌」として、「酔歌」においては「もう一度」という歌として。永遠回帰の世界を肯定することは、その世界を語るのでなく、歌うことによってのみ可能となる。「歌え、もはや語るな」と勧める動物たちは、まさに永遠回帰の肯定的な世界へとツァラトゥストラを導いている。そしてこの世界こそが、「神のまわりではすべては――どうなるのか、おそらく『世界』となるのだろうか」と言われている世界である。

六　神のまわりではすべてが世界となる

「英雄のまわりではすべてが悲劇となり、半神のまわりではすべてがサチュロス劇となる。そして神のまわりではすべては――どうなるのか、おそらく『世界』となるのだろうか――」（『善悪の彼岸』一五〇）。

この言葉をハイデガーは『ツァラトゥストラ』解釈を導く主導思想とした（一）。しかし彼は「半神のまわりではすべてがサチュロス劇となる」という言葉を無視せざるをえなかった。悲劇という解釈地平においては解釈できないからである。このことは、悲劇という彼の解釈地平が誤っていることをはっきり示している（二）。悲劇という解釈地平から自由となった目で、改めて『善悪の彼岸』一五〇のこの言葉を考察しよう。

『善悪の彼岸』一五〇は、「英雄のまわりではすべてが悲劇となる。半神のまわりでは――すべてがサチュロス劇となる」（一八八二年夏－秋）という断章に由来する。この断章は「英雄・悲劇」より「半神・サチュロス劇」の方が高い段階にあることを言い表わしている。そして『ツァラトゥストラ』は悲劇を超えて笑う高みから書かれているから、単なる「英雄・悲劇」でなく、「半神・サチュロス劇」の段階にある（序章五）。この断章の意味が『ツァラトゥストラ』に即して捉えられるのであれば、その断章に由来する『善悪の彼岸』一五〇もまた『ツァラトゥストラ』に定位して理解できるだろう。

「半神・サチュロス劇」が「英雄・悲劇」より高い段階であるとすれば、「神のまわりではすべては——どうなるのか、おそらく『世界』となるのだろうか——」という言葉は、さらに高い段階、最高の段階を語り出していることになる。『善悪の彼岸』一五〇は「英雄・悲劇→半神・サチュロス劇→神・世界」という次第に高まる三つの段階を表現している。このような三つの段階を示す定式を『ツァラトゥストラ』のうちに見出すことができる。それは「駱駝→獅子→子供」という三つの変容である。『善悪の彼岸』一五〇の具体的な意味を三つの変容から解明することを試みよう。(13)

ツァラトゥストラはかつて駱駝＝英雄、最も重いものを求める英雄であった（第二節二）。それは「英雄のまわりではすべてが悲劇となる」という段階である。しかしツァラトゥストラは駱駝から獅子へと変容した姿で『ツァラトゥストラ』の舞台に登場する。『ツァラトゥストラ』は悲劇を超えたサチュロス劇、「半神のまわりではすべてがサチュロス劇となる」という次元にある。ツァラトゥストラは単なる英雄でなく、「英雄・悲劇」を超えて笑う者（快活な英雄）であり、「神と人間との中間に位置している半神」である。さらにツァラトゥストラは獅子から子供への道を歩み、最後に子供＝超人となる（第二節七）。獅子が子供になることによって「世界を喪失した者は彼の世界を獲得する」のだから、ここで子供の世界が獲得される（第二節六）。つまり「子供のまわりではすべてが世界となる」。しかしこのことは「神のまわりではすべてが世界となる」ことと同じだろうか。そもそも子供を神として解釈できるのか。

「世界」という言葉に定位しよう。「世界を喪失した者は彼の世界を獲得する」における「彼の世界」とは子供の世界である。子供の世界は「すべての物がむしろ偶然という足で舞踏することを好む」（「日の出前」）と言われる世界であり、「回復する者」において動物たちが歌う「すべての物がそれ自身舞踏する」世界である。つまり子供の世界は永遠回帰の肯定的な世界を意味する（第二節六）。また「日の出前」において「世界は深い、かつて昼が考えたより深い」と語られるが、この言葉は「世界は深い、／昼が考えたより深い」と歌う第四部「酔歌」へ導く。「酔歌」で歌われるこの世界こそ、永遠回帰の肯定的な世界である（第六節）。『ツァラトゥストラ』において「世界を喪失した者は彼の世界を獲得する」と言われる世界、「世界は深い、かつて昼が考えたより深い」とされる世界は、永遠回帰の肯定的な世界を意味し、それを超えた世界など存在しない。とすれば永遠回帰の肯定的な世界（子供の世界）こそ「神のまわりではすべてが世界となる」における世界であろう。

子供の世界は「日の出前」で描かれる世界、光の深淵の世界である（第二節六）。光の深淵の光が照らす者は「光に包まれた者」である。牧人は蛇の頭をかみ切り、「変容した者、光に包まれた者」となる。牧人はもはや人間でない者（超人）であり、子供へと変容した者である。この「超人＝子供」は光に包まれた者として、光の深淵の世界を獲得する（第四節四、五）。つまり「光に包まれた者（超人＝子供）のまわりではすべてが世界（光の深淵）となる」と表現できる。しかし「光に包まれた者」（超人＝子供）が神であると言えるのだろうか。

「神は死んだ（Gott starb）。今や我々は欲する――超人が生きることを」（「高等な人間」二）とツァラトゥストラは語る。神の死は「超人が生きる」ことを要求する。神の死は『喜ばしき知』一二五において狂人の説話として印象深く描かれている。

「神は死んだ（Gott ist tot）。神は死んだままだ。そして我々が神を殺したのだ。……この行為の偉大さは我々にとって偉大すぎるのではないか。それにふさわしいと思われるためにも、我々自身が神々にならねばならないのではないか。これより偉大な行為は決して存在しなかった……」(14)。

「神を殺した」という行為の偉大さにふさわしくなるために、「我々自身が神々にならねばならない」と狂人は語っている。「神は死んだ（我々が神を殺した）－我々自身が神々になる」は、「神は死んだ－超人が生きることを我々は欲する」に対応しているだろう。つまりツァラトゥストラの超人は、狂人が語る「神々」に対応している。この対応は言葉の上で言えるだけではない。『喜ばしき知』一二五の説話は狂人を主人公としているが、最初はその役割をツァラトゥストラが果たしていた。[15] つまり「我々自身が神々にならねばならないのではないか」という狂人の発言は、ツァラトゥストラ自身の言葉であった。そして実際『ツァラトゥストラ』において、ツァラトゥストラは「自分自身が神である方がいい」（「退職」）と語っているのである。第四部「退職」におけるツァラトゥストラと年老いた法王の言葉を(1)(2)として引用しよう。

(1)「敬虔さのうちにもよい趣味がある。そのよい趣味がついに語った。『そのような神は消えてしまえ。神がいない方がいい、独力で運命を作る方がいい、道化である方がいい、自分自身が神である方がいい』」。

(2)「何ということを私は聞くのだ。おお、ツァラトゥストラよ、こんなにも不信仰なのに、お前が信じているより、お前は敬虔なのだ。お前の内なる或る神が神を持たないことへお前を改宗させたのだ。／神をもはや信じないようにお前をするのは、お前の敬虔さそのものではないか。そしてお前のあまりに大きな正直さがお前をまたさらに善悪の彼岸へ運び去るだろう」。

「そのような神は消えてしまえ。……自分自身が神である方がいい」というツァラトゥストラの言葉は、『喜ばしき知』一二五における狂人の言葉に正確に対応するだろう。つまり「そのような神は消えてしまえ（我々が神を殺したのだ）。……自分自身が神である方がいい（我々自身が神々にならねばならない）[16]」。それがいかなる神なのかは、(2)の法王の発言から答えることができる。

(2)の法王の発言のうちに、駱駝から獅子へ、そして獅子から子供へのツァラトゥストラの二つの変容を読み取ることができる（第二節五）。そして法王が「何ということを私は聞くのだ」と言うのは、(1)のツァラトゥストラの言葉を受けているのだから、(2)の法王の発言は(1)の言い換えとして捉えることができる。つまり(1)「そのような神は消えてしまえ。神がいない方がいい」—(2)「神を持たないことへお前を改宗させた」が対応するが、それは駱駝から獅子への変容である。(1)「独力で運命を作る方がいい、道化である方がいい、自分自身が神である方がいい」—

(2)「善悪の彼岸へ運び去るだろう」が対応するが、それは獅子から子供への変容である。[17] つまり「自分自身が神である方がいい」とされる神は、三つの変容の子供であり、「善悪の彼岸」にいる神である。そもそも善悪の彼岸に至ることは子供になることである（第四節五）。とすれば子供は「自分自身が神である方がいい」の神、善悪の彼岸の神である。[18] ツァラトゥストラは神になるだろう。[19]

子供は善悪の彼岸で遊ぶが、光の深淵の世界は善悪の彼岸にある。「変容した者、光に包まれた者」は子供であった。そして光に包まれた者（＝子供）にとって、世界は光の深淵の世界、永遠回帰の肯定的な世界である。光の深淵の光は子供（光に包まれた者（ein Umleuchteter））をまわりから照らす（umleuchten）のである（第四節五）。「神（子供＝光に包まれた者）のまわりでは（um Gott herum）すべてが世界（光の深淵＝永遠回帰の肯定的世界）となる」。

『ツァラトゥストラ』はツァラトゥストラが獅子から子供へ変容する物語である。ツァラトゥストラは獅子（快活な英雄＝半神）であり、そのまわりではすべてがサチュロス劇となる。『ツァラトゥストラ』は悲劇を超えたサチュロス劇である。しかしツァラトゥストラは成熟し、最後に子供の段階に至る。彼は永遠回帰の肯定的な世界を獲得するのである。この世界は最終的に、第四部「酔歌」において到達される。「しかしすべての快は永遠性を欲する、／深い、深い永遠性を欲する」（「酔歌」一二）。しかし永遠性とは何か。この問いに答えることが第六節の課題である。

第六節　永遠性

「おお、人間よ。注意せよ。／深い真夜中は何を語るか、／『私は眠った、私は眠った――、／深い夢から私は目覚めた。――／世界は深い、／昼が考えたより深い。／世界の苦痛は深い――、／快は――心の苦悩よりさらに深い。／苦痛は語る、過ぎ去れと。／しかしすべての快は永遠性を欲する――、／――深い、深い永遠性を欲する』」（「酔歌」一二）。

第四部「酔歌」は最後にこの歌を歌うことによって終わっている。そしてその次の章「徴」において「鳩の群れを伴った笑う獅子」が登場する。それはツァラトゥストラが成熟・完成したことの徴である。つまりこの歌を歌うことにおいてツァラトゥストラは成熟・完成したのである。とすれば「酔歌」のうちに永遠回帰の究極的な世界を見ることができるだろう。永遠回帰の世界を最終的に肯定しうるのは、いかにしてか。その考察は、『ツァラトゥストラ』が時間の物語であることを改めて示し、そして永遠性の意味を解明することになるだろう。

一　二つの実存可能性

一八八一年夏における永遠回帰思想の襲来についての断章は「同じものの回帰」という表題を持っており、「新たな重し、つまり同じものの永遠回帰[1]」と書かれていた（序章二）。永遠回帰の思想は最初から「新たな重し」、「最も重い認識」として、その実存的意味において登場している。すぐ後の断章はこの「新たな重し」の意味を語っている。「お前が思想の中のこの思想を体現するならば、その思想はお前を変容させる（verwandeln）だろう。お前がしようと欲するすべてのことにおける問い『私はこれを無限回しようと欲するのか』は、最大の重しである[2]」（一八八一年春―秋）。しかし「同じものの永遠回帰」は「同じものが永遠に回帰する」という生成する世界全体のあり方、その宇宙論的意味を最初から持っていた。それ故永遠回帰のいわゆる宇宙論的証明がすぐに試みられた（第四節二）。永遠回帰の思想はその着想の最初から、実存的契機と宇宙論的契機において考えられていたのである。

ツァラトゥストラが永遠回帰の思想を初めて表立って語ったのは、第三部「幻影と謎」においてであった。「幻影と謎」は二つの幻影、つまり小人との対決と牧人の幻影である。永遠回帰が二つの幻影として最初に提示されていることは、重要な意味を持っている。つまり永遠回帰の思想は、小人との対決という幻影においてその宇宙論的契機が、そして牧人の幻影においてその実存的契機が表現されている（第四節二）。永遠回帰の思想の実存的契機を表わす「新たな重し」、「最大の重し」という言葉は、『喜ばしき知』三四一へ導く。

「最大の重し。――もし或る日、あるいは夜に、一人のデーモンがお前の最も孤独な孤独のなかにこっそり忍び込み、お前に次のように言ったとすれば、どうだろうか。『お前が今生きており生きたこの生をお前がさらにもう一度、そしてさらに無限回生きなければならない。そこに何も新しいものはないだろう。あらゆる苦痛とあらゆる快とあらゆる思想とため息、そしてお前の生のこの上なく小さなもの・大きなものすべてが、お前に再び戻って来るのだ、しかもすべては同じ順序と継起において戻って来るのだ。この蜘蛛も木々の間の月光も、そしてこの瞬間も私自身も。存在の永遠の砂時計は繰り返し回転させられる。砂時計とともに、塵の中の小さな塵であるお前も』。――お前はひれ伏し、歯ぎしりし、このように言ったデーモンを呪わないだろうか。あるいはお前がデーモンに向かって次のように答えるだろう途方もない瞬間を体験したことになるのだろうか。『お前は一人の神だ、私はこれ以上神的なことを聞いたことがない』。デーモンの思想がお前を支配したならば、その思想は現在のお前を変容させ、もしかするとお前を押しつぶすかもしれない。『お前はさらにもう一度そしてさらに無限回これを欲するか』という問いがあらゆるすべてのことにおいて、最大の重しとして、お前の行為の上に置かれるだろう。あるいは、この最後の永遠の確認と確定以上の何ものも求めないために、お前自身とその生をお前はどれほど愛さねばならないだろうか」。

「お前が今生きており生きたこの生をお前がさらにもう一度、そしてさらに無限回生きなければならない」とデーモンは言う。これは「同じものが永遠に回帰する」と定式化される永遠回帰の世界である。ここでは「存在の永遠の砂時計は繰り返し回転させられる」と表現されている。しかし『喜ばしき知』三四一の重要なポイントは、このデーモンの言葉を聞いた者が二つの可能性を持っているということである。(3)「あるいは（oder）」という言葉によってはっきり二つの態度が対比されている。「ひれ伏し、歯ぎしりし、このように言ったデーモンを呪う」―あるいは「デーモンに向かって『お前は一人の神だ、私はこれ以上神的なことを聞いたことがない』と答えるだろう途方もない瞬間を体験する」。『お前はさらにもう一度そしてさらに無限回これを欲するか』という問いが最大の重しとして行為の上に置かれる」―あるいは「自分自身とその生を愛する」。つまりここで「同じものが永遠に回帰する」という同じ思想に対して、対照的な二つの態度が考えられ、対比されている。これは何を意味しているのか。

すべてが同じ順序と継起において戻って来る例として「この蜘蛛も木々の間の月光（Mondlicht）も、そしてこの瞬間も私自身も」が挙げられている。これは『ツァラトゥストラ』第三部「幻影と謎」二における永遠回帰の世界を想起させる（第四節二）。「月光（Mondschein）のなかで這うゆっくりとしたこの蜘蛛とこの月光そのもの、そして一緒にささやき、永遠の物についてささやいている、門道にいる私とお前――我々すべてはすでに存在したにちがいない」（「幻影と謎」二）。小人に対してツァラトゥストラが語る永遠回帰の世界は、宇宙論的証明として提示されている。『喜ばしき知』においてデーモンが語る世界も、それ自体に実存的な契機があるわけではない。デーモンは同じものの永遠回帰をただこの世界の構造としていわば客観的に語っている。それを実存的な意味として受け取るのは、デーモンのこの言葉を聞いた者である。だから二つの実存可能性が対置されているのである。

「幻影と謎」において永遠回帰の実存的な意味が示されるのは、牧人の幻影においてであった（第四節三）。「私は若い牧人を見た、彼は身をよじり、息をつまらせ、痙攣し、顔を歪めていた。彼の口から一匹の黒い重い蛇が垂れ下がっていた」（「幻影と謎」二）。黒い重い蛇によってその喉をかまれた牧人は苦しんでいる。この黒い重い蛇は「最も重い最も黒いもの」として「最大の重し」である。牧人の苦しみは「ひれ伏し、歯ぎしりし、このように言ったデーモンを呪う」こと、最大の重しが行為の上に置かれたことに対応するだろう。この「最も重い最も黒いもの」は牧人を押しつぶしてしまう可能性がある。しかし牧人は蛇の頭をかみ切り、吐き出し、そして立ち上がる。「もはや牧人でもなく、もはや人間でもなかった。それは変容した者、光に包まれた者であり、笑ったのである。今までに地上で、彼が笑ったように、人間は笑ったことがなかった」(「幻影と謎」二)。「変容した者 (ein Verwandelter)」という言葉は、「その思想は現在のお前を変容させる (verwandeln) だろう」と結びつく。永遠回帰の思想によって変容した者は、「お前は一人の神だ、私はこれ以上神的なことを聞いたことがない」と言う者、「自分自身とその生を愛する」者である。それは「光に包まれた者」として永遠回帰の肯定的な世界(光の深淵、神々の舞踏の世界)を獲得し、笑うのである。その笑いは「自分自身とその生を愛する」者の笑いであろう。

しかし最大の重しに押しつぶされることなく、「私はこれ以上神的なことを聞いたことがない」と言いうることは、いかにして可能なのか。「お前はさらにもう一度そしてさらに無限回これを欲するか」という問い(最大の重し)に対して、然りと答えることはいかにして可能となるのか。この可能性を考察することは永遠性の意味を解明することになるだろう。まずハイデガーの解釈の検討から始めよう。

二　永遠性は瞬間のうちにある

ハイデガーの『ツァラトゥストラ』解釈については、すでに第五節において批判的に検討した。ここでは永遠回帰の思想を克服するという点に関して改めて問題としよう。「幻影と謎」においてツァラトゥストラは「私か、あるいはお前か」という言葉によって、重さの霊である小人との対決を開始し、門道における二つの道の出会いと瞬間を語っている(第四節二)。ハイデガーはこの箇所を次のように解釈している。

「未来と過去が頭を突き合わせているあの時間を、我々は『瞬間』によって規定する。この時間のうちで未来と過去が、決断という仕方で人間自身によって克服され遂行されるのは、人間がこの衝突の場に立つこと、否その場自身(現-存在)であることによってである。同じものの永遠回帰のうちで思惟するよう要求されている永遠性という時間の時間性は、とりわけそして我々が知っているかぎり、人間が到来的なものへと決意し、既在するものを保持し、現在的なものを形成し耐えることによって、人間のみがそのうちに立つ時間性である」(GA44, 103)。

ハイデガーのこの解釈の核心は「永遠性は瞬間のうちにある」(GA44, 60) に求められる。「未来と過去との衝突(瞬間)の場に立つ」とは傍観者でなく、「それ自身が瞬間である者」(GA44, 59) となることであり、永遠回帰の「輪とその永遠性は瞬間からのみ捉えられうる」(GA44, 71)。「瞬間という時間性」(現-存在) のうちに人間は決断という仕方で立つのであり、瞬間はつねに決断の瞬間である。それによって永遠回帰の思想の否定面、つまりニヒリズムの克服が可能となる。「同じものの永遠回帰が思惟されうるのは、永遠回帰が『ニヒリズム的に』そして瞬間的に思惟される場合のみである」(GA44, 204)。

「永遠性は瞬間のうちにある」というハイデガーのテーゼは、小人の幻影の場面から読み取られている。しかしすでに論じたように (第四節二)、そこで述べられているのは永遠回帰の思想の宇宙論的な契機である。つまり瞬間は物理的な瞬間であって、決して「瞬間のうちに立つ」といった実存的な決断の瞬間ではない。ハイデガーの「瞬間」解釈は、テキスト上の根拠をまったく持っていない。

永遠回帰の思想の実存的契機が読み取られるべきなのは、牧人の幻影のうちである。そして変容した牧人の笑いこそが、永遠回帰思想の否定面の克服、つまりニヒリズムの克服を示している。しかしハイデガーはこの笑いを軽視している (第五節二)。「決断の瞬間のうちに立つ」ことは変容した牧人の笑いから遠く離れており、小人としての重さの霊を笑いによって殺すことの次元にいまだ到達していない。ハイデガー的な決断の瞬間によって、確かに最大の重し (ニヒリズム) によって押しつぶされずに、英雄としてそれを担い耐え抜くことができるかもしれない。英雄 (＝駱駝) は最も重い重荷に耐える者だから (第二節一)。しかし「私はこれ以上神的なことを聞いたことがない」と答えうる瞬間 (『喜ばしき知』三四一) を体験することなどないだろう。このような瞬間を体験することこそがニヒリズム (最大の重し) の克服を可能にするのである。

確かに「永遠性は瞬間のうちにある」というテーゼを認めることができるが、しかしその瞬間は英雄的な決断の瞬間 (ハイデガー) でなく、「私はこれ以上神的なことを聞いたことがない」と答えうる瞬間である。(4) しかしこのような瞬間を『ツァラトゥストラ』のうちに見出すことができるだろうか。それは第四部「酔歌」一〇において語られている。

「お前たちがかつて『お前は私の気に入る、幸福よ、刹那よ、瞬間よ』と語ったとすれば、お前たちはすべてが戻って来ることを欲したのだ」。

この意味での瞬間、幸福の瞬間こそが「すべてが戻って来ることを欲する」ことを可能にする、つまり永遠回帰の世界を肯定できる。この幸福な瞬間は決断の瞬間といった悲劇的英雄の瞬間ではなく、ゲーテ『ファウスト』で語られる瞬間である。『ツァラトゥストラ』が『ファウスト』を一つの背景にしていることは明白である。「すべての移ろい行かぬもの——それは比喩にすぎない（Alles Unvergängliche – das ist nur ein Gleichnis!）」という言葉は、第二部「至福の島」と「詩人」との二つの章で言われているが、『ファウスト』の言葉「すべての移ろい行くものは／比喩にすぎない（Alles Vergängliche/ Ist nur ein Gleichnis）」（12104-05）を背景としている。[5] 同様に「お前は私の気に入る、幸福よ、刹那よ、瞬間よ」という言葉も、『ファウスト』に由来している。

「瞬間に対して私は言いたい。／どうか止まってくれ、お前はそれほど美しい、と。／私の地上での生の痕跡は／未来永劫滅ぶことはないだろう。／このような大きな幸福を予感して／私は今最高の瞬間を享受するのだ」（『ファウスト』11581-86）。

「お前は私の気に入る、幸福よ、刹那よ、瞬間よ」と呼びかけられる瞬間は、『ファウスト』において「どうか止まってくれ、お前はそれほど美しい」と呼びかけられる瞬間である。[6] この瞬間は英雄の悲劇的な決断の瞬間とまったく異なる。英雄は美の次元とほど遠いからである。「しかしまさに英雄にとって美しいものはすべての物のなかで最も困難なものである。美しいものはすべての激しい意志にとって獲得しえないのである」（第二部「崇高な者」）。

ファウストが享受する最高の瞬間は、美しいが故に「どうか止まってくれ」と呼びかけられている。この瞬間は「止まれ」と呼びかけられる瞬間として、「流れる今（nunc fluens）」でなく、「止まる今（nunc stans）」、現在としての永遠性であろう[7]。物理的な流れる時間の一時点としての瞬間でなく、そうした時間を超えた瞬間を意味する。この瞬間は美しいとされている。我々は美しいものに出会うとき、立ち止まる[8]。それは美の経験において時間が止まり、流れる時間が超えられることの象徴である。美の経験は「止まる今」の経験である[9]。「永遠性は瞬間のうちにある」というテーゼが正しいとしても、それは「幻影と謎」における瞬間でなく、「酔歌」一〇における瞬間である。その瞬間は幸福な瞬間、「すべての快は永遠性を欲する」と言われる快としての瞬間である。しかしあまり先走らないことにしよう。いかにして永遠回帰の世界が肯定されるかが問題である。その肯定の形象である牧人の笑いに立ち返ろう。

三　永遠回帰と力への意志

牧人が笑いに至るのは、蛇の頭をかみ切り、吐き出し、そして立ち上がることによってである。しかしこの形象は何を意味しているのか。「遠くへ彼は蛇の頭を吐き出した（Weit weg spie er den Kopf der Schlange）」（「幻影と謎」二）という言葉は、一八八三年秋の断章へと導く[10]。

「救済。外へ私は蛇の頭を吐き出した（Erlösung! Aus spie ich den Schlangenkopf!）。／救済。意志に私は遡って意志すること（Zurückwollen）を教えた。／最も静かな時、ツァラトゥストラよ、お前は熟した――雌獅子、鳩[11]」。

救済が蛇の頭を吐き出すこととされ、そして遡って意志することと関係づけられている。蛇の頭をかみ切り、吐き出し、立ち上がることは、永遠回帰の思想の否定面を肯定へと転化することを形象化している。とすれば永遠回帰の思想を肯定することは、遡って意志することとしての救済のうちに求められるだろう。「救済」という語は第二部「救済（Von der Erlösung）」を想起させる。

まず第二部「救済」が永遠回帰の思想を背景にしていることを確認しよう。ツァラトゥストラは救済について語り、「……誰が意志に、遡って意志することをもさらに教えたのか」と言うところまで来る。この箇所でツァラトゥストラは次のように描写されている。「しかし彼がここまで語ったとき、ツァラトゥストラは突然中断し、極度に驚愕した者とまったく同じように見えた……」（「救済」）。驚愕し自分の話を中断することは、「幻影と謎」二と同じである。「このように私は話した、ますます小さな声で。なぜなら私は私自身の思想と背後思想を恐れたのである」。「私自身の思想と背後思想」は、永遠回帰の思想である（第四節二）。遡って意志することを語るツァラトゥストラは、永遠回帰の思想に驚愕したのである。「遡って意志すること」が永遠回帰の思想を背景にしていることは、「最も孤独な」という永遠回帰の思想と密接に関わる形容詞が使われていることからも読み取りうるだろう。「意志は遡って意志することができない。意志が時間と時間の欲望を打ち破れないこと、——これは意志の最も孤独な悲哀である」（「救済」）。救済の話が中断される直前の言葉は次のものである。

「すべての和解より一層高いものを、力への意志である意志は意志しなければならない。しかしそれは意志にとっていかにして起きるのか。誰が意志に、遡って意志すること（Zurückwollen）をもさらに教えたのか」（「救済」）。遡って意志することは過去の救済を意味する。「過ぎ去ったものを救済し、すべての『あった』を『そのように私は欲した』へ作り変えること——それが私にとって初めて救済であって欲しい」（「救済」）。この救済のうちに永遠回帰の世界の肯定を見ることができるとすれば、遡って意志する意志は「力への意志である意志」とされているのだから、力への意志が永遠回帰の世界を意志するのである。それは「すべての和解より一層高いもの」（時間との和解）を意志することとして、力への最高の意志を意味するだろう。ここで有名なテーゼへ導かれる。

「生成に存在の性格を刻印すること——これが力への最高の意志である。／……／すべてのものが回帰することは、生成の世界が存在の世界に最極度に近づくことである。つまり考察の頂点[12]」（一八八六年末—一八八七年春）。

「すべてのものが回帰する」世界は、生成の世界であるが、しかしすべてのものが同じものとして永遠に繰り返し生成する世界として、「すべてが永遠に自己と同じである」世界である。「永遠に自己と同じである」ことは、自己同一性としての存在を意味する。つまり永遠回帰の世界において、「生成の世界が存在の世界に最極度に近づく」

のである。永遠回帰の世界において「生成と存在」という存在論的な対立概念は統一へともたらされる[13]。

このように「生成に存在の性格を刻印する」のは、力への最高の意志である。『ツァラトゥストラ』においてこの力への意志は遡って意志することのうちに見出すことができる[14]。しかしこの意志、つまり過去の救済（過ぎ去ったものを意志すること）はいかにして可能となるのだろうか。過去を救済する者は「偶然の救済者」（「救済」）と呼ばれているが、一八八三年秋の遺稿には次のように書かれている。

「偶然からの救済、つまり私が生起させたことを、私は後から取り返すことができる。それ故私が前に意志しなかったことを後から意志することができる。／それ自体において目標／その後でツァラトゥストラは超人の幸福から、すべてが回帰するという秘密を語る[15]」。

ここで遡って意志することが「前に意志しなかったことを後から意志する」と表現されていること、そしてその意志が「すべてが回帰する」という永遠回帰の思想と結びついていることは明らかだろう。しかしここで重要なのは、幸福が永遠回帰の思想を語り出すことを、つまり肯定することを可能にするという論点である。このような幸福が語られるのは第四部「酔歌」一〇においてである（四）。そこにおいて「すべての快は永遠性を欲する（意志する）（alle Lust will Ewigkeit）」と言われている。永遠性を欲する（意志する）快のうちに、力への意志の最高のあり方、力への最高の意志を読み取ることができる。永遠性を意志する快（幸福）としての「力への最高の意志」こそが「生成に存在の性格を刻印すること」を意志する。

牧人の笑いは「遡って意志すること」（力への意志である意志）へ、さらに「すべての快は永遠性を欲する（意志する）」へと至った。牧人の笑いは永遠性を欲する快から生まれる。永遠回帰の世界を肯定することの形象である牧人の笑いを解明するためにも、「すべての快は永遠性を欲する」と歌われる第四部「酔歌」を検討しなければならない。

四　すべての快は永遠性を欲する

「苦痛は語る、過ぎ去れと。／しかしすべての快は永遠性を欲する――、／――深い、深い永遠性を欲する」（「酔歌」一二）。

『ツァラトゥストラ』の頂点をなす「酔歌」は、最後に「もう一度」という歌を歌うが、その歌はこのように終わっている。快こそが永遠性、つまり永遠回帰の世界を欲し、肯定する。それはいかなる意味においてなのだろうか。

永遠回帰の思想の襲来直後に書かれたと考えられる断章は、すでに「快の絶対的な過剰」を語っていた（序章二）。永遠回帰の思想という最も重い認識は、我々をその重さによって押しつぶし、我々を絶滅させる可能性を持っている。それに対して、快の絶対的な過剰こそが永遠回帰思想の否定面を克服し、それを肯定へと転化させうる。この「快の絶対的過剰」が『ツァラトゥストラ』の頂点をなす「酔歌」において「すべての快は永遠性を欲する」として語り出されたのである。この詩句の意味を解明している「酔歌」九、一〇、一一を読むことにしよう。

「苦痛は語る、『過ぎ去れ、消え去れ、お前苦痛よ』と。しかし苦悩するすべてのものは生きることを欲する、熟し、快を感じ、切望するために、／一層遠いもの、一層高いもの、一層明るいものを切望するために。『私は相続者を欲する』と苦悩するすべてのものは語る、『私は子供を欲する、私は私を欲しない』と。／しかし快は相続者を欲しない、子供を欲しない、――快は自分自身を欲する、永遠性を欲する、回帰を欲する、すべてが永遠に自己と同じであること（Alles-sich-ewig-gleich）を欲する」（「酔歌」九）。

ここで苦痛と快が対比されている。苦痛は望ましいものではないから、「過ぎ去れ」と言われる。苦悩する者にとって現在は苦痛・苦悩であるから、その苦悩を補償する未来を求める。その未来は二つ、つまり苦悩者自身の未来とその相続者（子供）という未来である。苦悩者自身の未来において「自分が熟し、快を感じる」ことは、現在の苦悩を補償し、未来への道という意味を現在に与えるだろう。それ故苦悩者は自分の未来を求め、「生きることを欲する」。しかしさらに現在に意味を与える未来は、自分自身を越えて、相続者（子供）のうちに求められる。苦痛・苦悩はそれ自身のうちに意味を持たないから、その意味を現在の自分の外（自分の未来、相続者という未来）に求めるのである。

それに対して、快はそれ自身のうちに意味を持ち、充実している。快は自分の外（現在に意味を与える目的としての未来）を必要としない。快は相続者・子供（現在の自分の外）を欲しないのである。「私（苦痛）は私（苦痛）を欲しない」のに対して、「快は自分自身を欲する」。自分自身を欲するとは、自分が永遠に回帰すること（「永遠性を欲する、回帰を欲する」）、現在を構成するすべてのものが永遠に回帰すること（「すべてが永遠に自己と同じであること」）を欲することである。しかし「酔歌」九の段階では快が快自身を欲することが言われているだけで、現在以外のすべてのものが永遠に回帰することはいまだ語られていない。永遠回帰の世界が語られるためには、因果の関係を入れなければならない。それは「酔歌」一〇において論じられる。その論理を際立たせるために、「酔歌」一〇からの引用を(a)とし、それと同じ論理と考えられる(b)(c)を並べて引用しよう。

(a)「お前たちはかつて一つの快に対して然りと言ったことがあるか。おお、私の友たちよ、そう言ったとすればお前たちはすべての苦痛に対しても然りと言ったのだ。すべての物は鎖によって、糸によって、愛によって結び付けられている。／お前たちがかつて一回であることを二回欲したとすれば、お前たちがかつて『お前は私の気に入る、幸福よ、刹那よ、瞬間よ』と語ったとすれば、お前たちはすべてが戻って来ることを欲したのだ。／すべてがもう一度あること、すべてが永遠であること、すべてが鎖によって、糸によって、愛によって結び付けられていること、おお、そのようにお前たちは世界を愛したのだ」（「酔歌」一〇）。

(b)「根本命題、つまりあらゆる体験は、その起源へと遡れば、世界の過去全体を前提している。——一つの事実を良いと認めることは、すべてを是認することを意味する」[16]（一八八四年春）。

(c)「なぜなら我々自身のうちでも、物のうちでも、何ものもそれ自体で存在するのでないからである。つまりただの一回だけでも我々の魂が琴線のように幸福にうち震え、反響したならば、この一つの出来事を引き起こすために、すべての永遠性が必要だったのである。すべての永遠性は、我々が然りというこの唯一の瞬間のうちで、是認され、救済され、正当化され、肯定されていたのである」[17]（一八八六年末—一八八七年春）。

この(a)(b)(c)の共通論理を取り出すことができる。

(1)条件として。(a)「かつて一つの快に対して然りと言った」、(b)「一つの事実を良いと認める」、(c)「ただの一回だけでも我々の魂が琴線のように幸福にうち震え、反響した」。

(2)帰結として。(a)「すべての苦痛に対しても然りと言った」、(b)「すべてを是認する」、(c)「すべての永遠性は、我々が然りというこの唯一の瞬間のうちで、是認され、救済され、正当化され、肯定されていた」。

(3)条件と帰結を結びつける論理として。(a)「すべての物は鎖によって、糸によって、愛によって結び付けられている」、(b)「あらゆる体験は、その起源へと遡れば、世界の過去全体を前提している」、(c)「我々自身のうちでも、物のうちでも、何ものもそれ自体で存在するのでない」。

帰結とされた(2)は、(1)より以前のこと（過去）に対して「然りと言う（肯定する、是認する）」ことであり、遡って意志すること、過去の救済を意味するだろう。そして(1)と(2)を結びつける論理は、(b)「その起源へと遡れば、世界の過去全体を前提している」とか(c)「この一つの出来事を引き起こす」といった表現から読み取れるように、因果関係に基づいている。ニーチェの永遠回帰の思想は因果関係をその不可欠の契機としている。[18] 以上のことを念頭において、(a)を解釈しよう。

「酔歌」一〇において初めて「すべての物は鎖によって、糸によって、愛によって結び付けられている」という契機が語られる。いかなる物もそれ自体で存在するのでなく、すべての物は因果関係のうちにある。「快は自分自身を欲する」が、その快は因果関係のうちにあり、その快を引き起こしたすべての物をその原因として必要とする。

快が自分自身を欲するとすれば、その快を可能にしたすべての物、「世界の過去全体」を欲することになる。その中にはすべての苦痛も含まれている。一つの快に対して然りを言う（快が自分自身を欲する）ことは、その原因である過去のすべて（その中に含まれているすべての苦痛）に対して然りを言うことである。そしてさらに快は、自分自身が永遠に回帰することを欲するとすれば、すべての物が永遠に回帰すること、「すべてが戻って来ること」を欲することになる。「自分自身を欲する快」は、同じものの永遠回帰の世界を欲し、求め、愛する。つまり「すべての快は永遠性を欲する」のである。

幸福な瞬間、快としての瞬間を肯定することは、永遠回帰の世界を肯定することを意味する。ここにおいて「永遠性は瞬間のうちにある」というテーゼが真に成り立つ。(c)「すべての永遠性は、我々が然りというこの唯一の瞬間のうちで、是認され、救済され、正当化され、肯定されていた」。この肯定こそが牧人の喉をかむ黒い重い蛇（極限のニヒリズム）を最終的に克服することなのである。最終的な克服は、単に蛇の頭をかみ切り、外へ吐き出すことではなく、喉をかむ蛇が変容することでなければならない。それが「酔歌」一一で語られる。

「快が欲しないものが何かあるだろうか。快はすべての苦痛より、渇望し、心から切望し、飢え、恐ろしく、ひそかである。快は自分を欲する。快は自分をかむ。快のうちで円環の意志が円環する」（「酔歌」一一）。

ここで「快は自分を欲する」ことが「快は自分をかむ」と言い換えられている。快が自分を欲するとは、その快が永遠に回帰することを欲することである。現在の快は未来における自分自身を欲するが、そのことが「快が自分をかむ」と表現される。これは蛇が自分の尾をかむイメージである。つまり快はウロボロスの蛇として描かれている。ウロボロスの蛇は永遠回帰の輪の形象である。[19] 永遠回帰を形象化している「自分の尾をかむ蛇」は、「幻影と謎」における蛇、牧人の喉に這い込み喉をかむ蛇を想起させる。しかしここでは、永遠回帰の形象である蛇は、牧人（ツァラトゥストラ）の喉をかむのではなく、自分の尾をかむ。蛇は「牧人の喉をかむ蛇」から「自分の尾をかむ蛇」へと変容している。この変容は永遠回帰の思想がその否定から肯定へと転化したことを形象化している。だからこそ「快のうちで円環の意志（des Ringes Wille）が円環する」と言われる、つまり快が円環（永遠回帰の肯定的な世界）を意志するのである。この自分の尾をかむ蛇は『ツァラトゥストラ』の最初の構想「正午と永遠性」における「永遠性の蛇がその光のうちで輪を描いて横たわっている」の蛇と同じである（序章三）。『ツァラトゥストラ』は「快が自分をかむ」ことにおいて、永遠回帰の世界を肯定する究極的な次元に達したのである。だから「酔歌」一一で次のように語られる。

「快は苦痛を渇望するほど豊かだ、地獄を、憎しみを、屈辱を、身障者を、世界を渇望するほど豊かだ。なぜならこの世界は、おお、お前たちはこの世界を無論知っているのだ」（「酔歌」一一）。

快の豊かさが、すべてが回帰することを、この世界が回帰することを渇望する。「この世界は、おお、お前たちはこの世界を無論知っているのだ」という言葉は、この世界が卑小な者たちの世界、吐き気を催させる世界であることを示唆している。第三部「回復する者」におけるツァラトゥストラにとって永遠回帰の世界は「ああ、人間が永遠に回帰する、小さな人間が永遠に回帰する」という世界であり、「ああ、吐き気、吐き気、吐き気」と言わしめる世界であった（第五節四）。しかし今や快の豊かさがこの世界をそのまま肯定する。回復する者ツァラトゥストラの吐き気は克服される。永遠回帰の世界は最終的に肯定されたのである。最も重い認識としての永遠回帰の思想（『ツァラトゥストラ』の根本思想）が「到達しうるかぎりの肯定の最高の定式」（『この人を見よ』「ツァラトゥストラ」一）となりうるのは、「快の絶対的な過剰」を通してである。この快の絶対的な過剰が、「酔歌」一一において、世界を渇望するほど豊かな快として語られている。「快はすべての物の永遠性を欲する、深い、深い永遠性を欲する」（「酔歌」一一）。ここで『ツァラトゥストラ』はその頂点に達したのである。

五　永続性と永遠性

公刊された著作において永遠回帰の思想が初めて登場したのは『喜ばしき知』三四一においてであった。この思想は二つの実存可能性を持っていた（一）。「酔歌」において語られる快としての瞬間は「お前は一人の神だ、私はこれ以上神的なことを聞いたことがない」と答える瞬間であり、「自分自身とその生を愛する」ことを可能にする瞬間である。この快としての幸福な瞬間から永遠回帰の思想が語り出される。永遠回帰の思想が人を押しつぶすのでなく変容させるとすれば、それは超人（＝子供）へと変容させるのである。この変容は牧人の変容として形象化されている。この変容は蛇の頭をかみ切り、吐き出すことを通して可能となる。蛇の頭を吐き出すことは「遡って意志すること」（過去の救済）を意味していた（三）。

永遠回帰の世界を肯定する歌は「酔歌」一二で最後に歌われるが、「その名は『もう一度』であり、その意味は『永遠に（in alle Ewigkeit）』である」（「酔歌」一二）。「もう一度」とは永遠回帰の世界の肯定として「これが――生だったのか。よし、もう一度」（「酔歌」一）であり、「永遠に」とは永遠回帰の永遠性を意味するだろう。この永遠性の意味を改めて考察しよう。

一八八一年夏における永遠回帰の思想の襲来は、それ以後のニーチェの思想を決定的に変容させ、その根底から規定することになる。この襲来に関する断章と同じ遺稿ノートに、「もう一度」と「永遠」という言葉が現われる。『永遠性の指輪（Annulus aeternitatis）』。すべてをもう一度そして永遠回体験しようという欲望[20]」（一八八一年春―秋）。「永遠性の指輪」という言葉は永遠回帰の肯定的な世界を形象化しているが、それへの欲望は生の永遠化を求めるのである。「お前は生を、そしてお前自身を愛する。しかも以前にお前が出会いお前を形成した生を愛する。そしてお前は生の永遠化を求める。他のものでなく、この永遠の生を（non alia sed haec vita sempiterna!）[21]」（一八八一年秋）。「生の永遠化」、「この永遠の生」、つまり「この生――お前の永遠の生[22]」（一八八一年春―秋）は、永遠回帰の思想が含む宗教性を示している。

「我々は永遠性の刻印を我々の生に押そう。この思想は、この生を儚い生として軽蔑し不確かな別の生に目を向けることを教えるすべての宗教より、一層多くのものを含んでいる[23]」（一八八一年春―秋）。

永遠回帰の思想が持っている宗教性は、『ツァラトゥストラ』において「過去の救済」として語られている。この救済の思想はキリスト教の救済思想（復讐の精神）に対置させられる。永遠回帰の思想は「永遠性の刻印を我々の生に押す」という宗教性を含意しているだけでなく、「生成に存在の性格を刻印すること」という存在論的な意味を含んでいる（三）。「永遠性の刻印を我々の生に押す」ことは、同時に永遠性の刻印を生成の世界に押すこと、「生成に存在の性格を刻印すること」なのである。そしてこれが永遠回帰の世界である。

永遠回帰の思想が「肯定の最高の定式」であることは、「永遠性の刻印を我々の生に押す」こと、「生成に存在の性格を刻印すること」のうちにある。[24]『ツァラトゥストラ』において「肯定の最高の定式」は「すべての快は永遠性を欲する――、／――深い、深い永遠性を欲する」という仕方で表現されている。『ツァラトゥストラ』は肯定の書である。しかしここで肯定され意志されている永遠性とは何か。

永遠回帰とは、同じものが永遠に回帰することであり、その永遠性は時間のうちで無限に繰り返されるということを意味している。このことは永遠回帰の宇宙論的証明から明らかだろう。生の永遠化も、この生が無限の時間のうちで同じ生として無限に繰り返されることである。時間のうちで無際限に終わりなく存在し続けることは永続性（sempiternitas）と呼ばれる。とすれば同じものの永遠回帰の永遠性は、時間のうちでの無限の繰り返しとして回帰の永続性である。しかし永遠回帰の思想が孕む時間の問題は、永続性に還元されるわけでなく、その永続性を肯定する次元としての永遠性（aeternitas）を含んでいる。このことを示すために、永遠性を欲する快を改めて考察しよう。

「快が自分を欲する」ことが永遠回帰の世界の肯定を可能にする。快のうちで永遠性が肯定される。永遠性を求める快の時間性に着目しなければならない。苦痛と快との対比を想起しよう（四）。苦痛は自分の外にある意味＝目的を目指す。それ故苦悩する者は未来にある目的への道を歩もうとし、生きることを欲する。苦悩する者にとって生きることは、目的へ向かう運動であり、いまだ目的（テロス）に達していない。つまり「或るものから或るものへ」という運動（キーネーシス）、時間のうちでの運動である。それに対して、快が自分を欲するとは、自分の外に目的を必要とせず、自分自身が意味＝目的である。快はすでに目的に達している。快は「或るものから或るものへ」という運動、時間のうちでの運動ではないのである。アリストテレス『ニコマコス倫理学』は次のように言う。「快の形相はいかなる時間においても目的に達している（τέλειον）。それ故運動と快が相互に異なっていることは明らかであり、快は全体であり目的に達しているものである。運動することは時間のうちでなければ不可能であるが、快を感じることは可能であることから、このことは考えられるだろう」（1174b5-9）。快は目的に達していることとして完全であり、全体である。運動はいまだテロスに達していないが故に、「或るものから或るものへ」という時間のうちにある。しかしすでに目的（テロス）に達している快は、その意味での時間のうちにない。[25] 快のこの無時間性こそが、永遠回帰の世界を肯定することを可能にしている。快の無時間性は、時間のうちでの永続性とはまったく異なる。永遠回帰の永続性を肯定する次元は無時間性としての永遠性（現在としての永遠性）の次元である。

永遠回帰の世界がいかにして肯定されるかを考察することを通して、快の無時間性にまで至った。しかしさらに、永遠回帰の世界の根底に、時間を超えた次元が潜んでいることを「酔歌」に即して示すことにしよう。

六　深い真夜中が語る

第四部「酔歌」において最後に歌われる歌が『ツァラトゥストラ』の頂点をなす。『ツァラトゥストラ』の根本思想である永遠回帰の思想がここで、「しかしすべての快は永遠性を欲する——、／——深い、深い永遠性を欲する」（「酔歌」一二）として、最終的に肯定されるからである。しかしこのように語るのは、「深い真夜中は何を語るか」とされる真夜中である。この深い真夜中のうちに、永遠回帰の世界を肯定する最も深い次元、時間を超えた次元が見出されるだろう。

「深い真夜中は何を語るか」という詩句が解明されるのは、この詩句で終わっている「酔歌」四においてである。まず「酔歌」四が永遠回帰の世界を示唆していることの確認から始めよう。「ああ、ああ。犬がほえ、月が光っている（der Mond scheint）。……蜘蛛よ、なぜお前は私のまわりに糸を張りめぐらすのか」（「酔歌」四）。この記述は第三部「幻影と謎」を想起させる。永遠回帰の世界はそこで「月光（Mondschein）のなかで這うゆっくりとした蜘蛛とこの月光そのもの」の回帰として語られる。そして牧人の幻影への場面転換は、「そのとき突然、一匹の犬が近くでほえるのを私は聞いた」という形でなされている（第四節二）。「酔歌」四における犬、月、蜘蛛という形象は、「幻影と謎」を想起させることによって、一挙に永遠回帰の世界を現出させる。

「悲しいかな。時間はどこへ行ってしまったのか。私は深い泉のなかへ沈んだのか。世界は眠っている――」。

「酔歌」四はこのように始まっている。この冒頭は、「しかしすべての快は永遠性を欲する――、／――深い、深い永遠性を欲する」と語る真夜中の本質を明らかにしている。「時間はどこへ行ってしまったのか」という言葉は、真夜中が時間なき次元、時間を超えた次元であることを示しているのである。永遠回帰の思想の襲来を語る断章と同じ遺稿ノートに「時間なき夜」が語られている。

「『ここで時間が終わる』と私がそれについて言う夜の一部がある。……まさにこのことを古代の人が intempestiva nocte（時間なき夜に）や ἐν ἀωρονυκτί（真夜中に）（アイスキュロス）によって、つまり『時間の存在しない夜に』によって表現した、と私には思われる。そしてまた夜の最も深い最も静かなる部分を特徴づけるホメロスの暗い言葉……」[26]（一八八一年春―秋）。

深い真夜中は「ここで時間が終わる」とされる夜、「時間なき真夜中」、「夜の最も深い最も静かなる部分」であろう。「酔歌」において真夜中が近づくのは「まわりが静かになり……一層静かになる」（「酔歌」二）ことによってである。そして「静かに。静かに」とツァラトゥストラは語る（「酔歌」三）。「年老いた深い深い真夜中」（「酔歌」三）は、「夜の最も深い最も静かなる部分」である。「すべての快は永遠性を欲する」と語る真夜中が「時間なき真夜中」であるとすれば、永遠回帰の世界を肯定する最も深い次元は、時間なき真夜中、時間を超えた次元であろう。さらに深い真夜中は「私は深い泉のなかへ沈んだのか」と語っている。この表現は第四部「正午」へ導く。

「何が私に起きたのか。耳をすませ。時間は飛び去ってしまったのか。私は落ちるのか。私は落ちたのか。耳をすませ。永遠性の泉のなかへ」（「正午」）。

「時間は飛び去ってしまったのか。私は永遠性の泉のなかへ落ちたのか」―「時間はどこへ行ってしまったのか。私は深い泉のなかへ沈んだのか」は正確に対応している。「時間が飛び去ってしまった」次元、時間なき次元が「正午」においても語られ、それが「永遠性の泉のなかへ落ちる」と表現されている。とすれば「酔歌」における「深い泉のなかへ沈む」とは「永遠性の泉のなかへ沈む」ことであろう。「永遠性の泉」における永遠性は、「時間は飛び去ってしまったのか」と言われているのだから、時間なき永遠性であり、時間のうちで無際限に続くという意味での永続性（sempiternitas）とは区別されねばならない。「永遠性の泉」は永続性の泉ではなく、時間なき永遠性、現在としての永遠性（aeternitas）である。この現在としての永遠性を若きニーチェはパルメニデスを通してすでに知っていた。一八七三年にニーチェは次のように書いている。

「真にあるものは、永遠の現在（ewige Gegenwart）のうちになければならない。真にあるものについて、『あった』、『あるだろう』と言うことはできない」（『ギリシア人の悲劇時代における哲学』一〇）。

この理解は「かつてあったのでも、いつかあるだろうでもない、なぜならそれは現在において一緒に全体・一つ・連続としてあるから」[27]というパルメニデスの存在の規定に基づいている。この存在理解はプラトン『ティマイオス』（37d-38a）においても語られる。時間の中にあるものは「あった」、「ある」、「あるだろう」と語られるが、永遠の存在は「あった」、「あるだろう」と言われず、「ある」とのみ言われる。「ある」と現在形でのみ語られるこの永遠性は「現在としての永遠性」と呼ぶことができる。現在としての永遠性は「永遠性と時間」という形而上学の伝統となるが[28]、「永遠性の泉」を語るニーチェはこの伝統に属している。[29]

「時間はどこへ行ってしまったのか。私は深い泉のなかへ沈んだのか」という深い真夜中の言葉は、深い真夜中が「現在としての永遠性」をその本質としていることを示している。深い真夜中が「しかしすべての快は永遠性を欲する――、／――深い、深い永遠性を欲する」と語り、永遠回帰の世界を肯定するのだから、現在としての永遠性こそが永遠回帰の世界を肯定するのである。[30]

第四部「正午」は、太陽がまさにツァラトゥストラの頭上にあった正午における彼の眠りと幻視を語っている。そこで「私は永遠性の泉のなかへ落ちたのか」と言われていたが、さらに「正午の深淵」が語られている。

「いつ、永遠性の泉よ、お前快活で恐ろしい正午の深淵よ。いつお前は私の魂をお前のうちに飲み戻すのか」(「正午」)。

これは「私の上なる天空」に向かってツァラトゥストラが語る言葉である。とすれば「正午の深淵」は、「日の出前」において「私の上なる天空」と呼びかけられた「光の深淵」と同じことを意味するだろう。確かに正午の深淵と光の深淵は「私の上なる天空」への呼びかけであり、深淵は永遠回帰の世界を指している。しかし「正午」で幻視される世界は、「日の出前」の世界、舞踏の世界とは大きく異なっている。「正午」の世界は、「静かに。静かに。世界はまさに完成したのではないか」(「正午」)と言われる世界である。それは完成した世界、すでにそのテロスに達している静かな世界、時間が終止した世界である。だからこそ「正午の深淵」は「永遠性の泉」と呼びかけられているのである。正午において経験された永遠性(正午の深淵)こそが、永遠回帰の世界(光の深淵)の根底にある。[31]

深淵は永遠回帰思想の形象である。深淵は永遠回帰思想の否定面として「黒い重い蛇」として最初に現われる。そして「日の出前」の世界、舞踏の世界としてその肯定的な姿で描かれる。それが「光の深淵」の世界である。しかしさらに永遠回帰の世界は「正午の深淵」として描写される。それは舞踏の世界ではなく、時間なき「永遠性の泉」の世界、現在としての永遠性の次元である。舞踏の世界はさらに深い次元を持っている。正午の深淵は光の深淵より一層深い世界、時間なき永遠性の世界である。現在としての永遠性の次元こそが永遠回帰の究極の世界であり、この次元から真夜中が「すべての快は永遠性を欲する」と語っているのである。それは現在としての永遠性のうちで「世界が完成した」と語られる次元である。それ故「正午」の言葉を受けて、「酔歌」一〇は語る。「まさに私の世界は完成した。真夜中はまた正午なのだ」。

永遠回帰の世界を肯定することは、変容した牧人の笑いにおいて形象化されていた。しかし真夜中も笑うのである。「夢の中で真夜中は何と笑うことか、年老いた深い深い真夜中は」(「酔歌」三)。この真夜中の笑いは牧人の笑いがそこから可能となる笑い、時間なき永遠性から生まれる笑いである。この笑いから「すべての快は永遠性を欲する」と語られる。真夜中は「私の真夜中の心」(「酔歌」四)である。真夜中の笑いはツァラトゥストラの真夜中の心の笑い、ツァラトゥストラの最も深い笑いである。ツァラトゥストラ自身が「酔歌」において、現在としての永遠性という次元から笑い、そしてその深みから「すべての快は永遠性を欲する」と語るのである。この深みが『ツァラトゥストラ』の最も深い次元をなす。『ツァラトゥストラ』が時間の物語であるとすれば、真夜中こそが最も深い時間性、つまり時間なき永遠性、現在としての永遠性である。

同じものの永遠回帰の世界がいかにして肯定されるのかを、永遠性という言葉を導きの糸として考察してきた。ここで改めて今までの考察を振り返ってみよう。同じものの永遠回帰とは、同じものが永遠に回帰することであり、その永遠性は時間のうちで無限に繰り返されることを意味する。時間のうちでの無限の繰り返しを回帰の永続性(sempiternitas)と呼ぶことができる。この回帰の永続性を肯定するのは瞬間によってであった。しかしこの瞬間はハイデガー的な悲劇的英雄の決断の瞬間でなく、ゲーテ的な美しい幸福な瞬間である。この瞬間において「永遠性は瞬間のうちにある」というテーゼが成り立つ。この瞬間は幸福な瞬間として「お前は私の気に入る、幸福よ、刹那よ、瞬間よ」と呼びかけられる。それは快としての瞬間であり、この快の絶対的過剰が同じものの永遠回帰の世界を肯定する。しかし快の無時間性はさらに「すべての快は永遠性を欲する」と語る真夜中へ導き、その真夜中のうちに、一層深い永遠性、時間なき永遠性（aeternitas）が見出された。この現在としての永遠性こそが『ツァラトゥストラ』という時間の物語を支え導く最も深い時間性である。

『ツァラトゥストラ』は時間の物語であり、深い真夜中という時がこの物語を規定している。このことをさらに確証するために、「深い真夜中＝最も静かな時」を示すこと（七）、「真夜中は正午である」というテーゼを解明すること（八）を試みよう。

七　露がおりる

「露がおりる、時が来る（Der Tau fällt, die Stunde kommt —）」（「酔歌」四）。

このようにして深い真夜中が導入されている。「時が来る」といわれるその時は深い真夜中を指しているのである。しかし「露がおりる」という言葉は、第二部最終章において最も静かな時によっても語られている。「夜が最も静まり返った（am verschwiegensten）とき、露が草におりる（der Tau fällt auf das Gras）[32]」（「最も静かな時」）。

なぜニーチェは、最も静かな時が語った「露がおりる」という具体的な形象を深い真夜中の登場する場面にも配したのか。こうした形象に着目することは、形象が織りなす物語である『ツァラトゥストラ』を読み解くために不可欠な作業である（序章一）。「露がおりる」という同じ言葉は、「深い真夜中＝最も静かな時」を示している。この同一性を確認し、その意味を考えよう。

深い真夜中は「時が来る」と言われる時（Stunde）であり、「最も静かな時（die stillste Stunde）」も時である。ここから「深い真夜中＝最も静かな時」が読み取れるだろう。すでに論じたように（六）、「酔歌」において真夜中が近づくのは「まわりが静かになり……一層静かになる」（「酔歌」一）ことによってであり、「静かに。静かに。静かに」とツァラトゥストラは語る（「酔歌」三）。「年老いた深い深い真夜中」（「酔歌」三）は「夜の最も深い最も静かなる部分（der tiefste stillste Theil der Nacht）」であった（六）。とすれば深い真夜中という時は「最も深い最も静かなもの」として最も静かな時であろう。

最も静かな時は「お前は力を持っているが、お前は支配することを欲しない。これがお前の最も許しがたいことだ」とツァラトゥストラに語る。この支配の問題を第四部「酔歌」における深い真夜中という時は問いの形で提示する。「誰がそれに対する勇気を十分に持っているのか。／誰が大地の支配者であるべきなのか」（「酔歌」四）。最も静かな時と深い真夜中が、そしてこの二つの時のみが、大地の支配という同じ問題をツァラトゥストラに突きつけている。最も静かな時と深い真夜中は同一の時である。「お前は支配することを欲しない」と語る最も静かな時は、第四部「酔歌」において深い真夜中として、改めてツァラトゥストラに「誰が大地の支配者であるべきなのか」と問うのである。この問いに対してツァラトゥストラは、もはや「私には命令するための獅子の声が欠けている」（「最も静かな時」）と言わず、「超人（ツァラトゥストラ）が大地の支配者である」と答えることができるだろう。(33)そう答えうるのは、最も静かな時が提示した二つの課題を果たしたからである。

第二部最終章「最も静かな時」は『ツァラトゥストラ』の展開において極めて重要な位置を占めている。最も静かな時の二つの要求はツァラトゥストラの果たすべき課題を示しており、第三部（永遠回帰の思想の直視と克服）と第四部（同情の克服）におけるツァラトゥストラの歩みを規定している。ツァラトゥストラはこの二つの課題を引き受けることによって永遠回帰の教師となる道を歩む（第三節五、六）。そしてこの二つの課題を果たすことによって、第四部「酔歌」においてツァラトゥストラは「もう一度」という歌、永遠回帰の世界を肯定する歌を歌うことができるようになる。その歌は深い真夜中が語ることとして歌われている。ツァラトゥストラがなすべき二つの課題の提起とその完遂の場面において、つまりその最初と最後において、最も静かな時と深い真夜中という時が登場している。このことは、「最も静かな時＝深い真夜中」であるとすれば、何を意味しているのか。

「最も静かな時＝深い真夜中」は、最も静かな時としてツァラトゥストラに二つの課題を課し、その課題を果たしたツァラトゥストラに、深い真夜中として再び現われる。しかし「最も静かな時＝深い真夜中」は、超越的な他者でなく、ツァラトゥストラの最も深い心の次元を意味している。「私の最も静かな時」（「最も静かな時」）は「私の真夜中の心」（「酔歌」四）であり、時間の物語としての『ツァラトゥストラ』の最も深い次元、現在としての永遠性を指し示している。ツァラトゥストラの最も深い心、心の最も深い最も静かな次元、つまり『ツァラトゥストラ』の最も深い次元は、現在としての永遠性である。ニーチェは第二部最終章「最も静かな時」と第四部「酔歌」に「露がおりる」という同じ形象を配することによって、「最も静かな時＝深い真夜中」の同一性とともに、この最も深い次元を暗示している。

しかし最も深い次元を指し示す真夜中は、同時に正午であった。「真夜中＝正午」という等式こそが時間の物語としての『ツァラトゥストラ』を規定しているだろう。

八　真夜中は正午である

「まさに私の世界は完成した。真夜中はまた正午なのだ」（「酔歌」一〇）。

「真夜中は正午である」というこのテーゼこそ時間の物語としての『ツァラトゥストラ』を規定する根本テーゼである。このテーゼの意味を最後に考察しよう。それは第一に「酔歌」における真夜中と第四部「正午」の世界が同じであることを意味する。そして第二に真夜中は大いなる正午を示唆している。まず「正午」の世界との関係を論じることから始めよう。

「真夜中はまた正午なのだ」というテーゼは、「まさに私の世界は完成した」こととして語られている。真夜中は正午と正反対の時刻であるが、ともに一二時として対応している。一二時は一日の時刻として頂点、一つの完成を意味するだろう。(34)「酔歌」において「私の世界はまさに完成したのではないか」（「酔歌」七）と語られているが、それは第四部「正午」においても同じように言われている。「静かに。静かに。世界はまさに完成したのではないか」

（「正午」）。この「静かに。静かに」という言葉は、「酔歌」四でも語られるが、その静けさとしての真夜中＝正午は、時間なき「永遠性の泉」、現在としての永遠性の世界である。この点はすでに論じた（六）。

年老いた深い深い真夜中において「世界は眠っている」が、「正午」においても同じである。「見よ――静かに。年老いた正午が眠っている。彼は口を動かしている、つまり彼はまさに幸福の一滴を飲んでいるのではないか――／黄金の幸福の、黄金の葡萄酒の、古い褐色の一滴を。彼の上を何かがかすめて行った、彼の幸福が笑うのだ。そのように――一人の神が笑う。静かに」[35]（「正午」）。ここで語られる幸福と笑いは真夜中の幸福と笑いである。「永遠性の香りと匂い、バラのような至福の褐色の黄金――葡萄酒の匂いとしての古い幸福の匂い」（「酔歌」六）、そして「夢の中で真夜中は何と笑うことか、年老いた深い深い真夜中は」（「酔歌」三）。

時間なき真夜中＝正午の静けさ（現在としての永遠性）のうちで世界は完成する。その幸福と笑いから、永遠回帰の世界は最終的に肯定される。真夜中＝正午の眠りにおいて経験された永遠性から目覚め、その永遠性(aeternitas)から真夜中は語るのである。「私は眠った、私は眠った――、／深い夢から私は目覚めた。――／世界は深い、／昼が考えたより深い。／世界の苦痛は深い――、／快は――心の苦悩よりさらに深い。／苦痛は語る、過ぎ去れと。／しかしすべての快は永遠性を欲する――、／――深い、深い永遠性を欲する」（「酔歌」一二）。

「真夜中は正午である」というテーゼは、真夜中＝正午における時間なき永遠性が『ツァラトゥストラ』の最も深い次元において通奏低音として響いているということを意味する。しかしさらに大いなる正午を示唆することによって、この時間の物語にそのテロスを指し示している。[36]「真夜中はまた正午なのだ」と語る「酔歌」一〇において、すでに言及したように（四）、次のように言われていた。「お前たちはかつて一つの快に対して然りと言ったことがあるか。おお、私の友たちよ……」。「私の友たちよ」と呼びかけ、永遠回帰の教説を教えることは、大いなる正午の場面を想起させる。「そしてさらにいつかお前たちは私の友となり、一つの希望の子供たちとなるべきである。そのとき私は、お前たちと共に大いなる正午を祝うために、三回目にお前たちのもとにいたいのだ」（「贈る徳」

三)。

共に大いなる正午を祝う祝祭において、ツァラトゥストラは「お前たちはすべてをもう一度(noch einmal)欲するか」と問い、その問いに対してすべての者は「然り」と言う(第三節二)。このように答えることは、「もう一度(Noch einmal)」という歌、先に引用した歌をツァラトゥストラとともに歌うことである。それは大いなる正午において歌われる歌である。

実際「酔歌」一において大いなる正午のこの場面が示唆されている。それは「あの長い驚くべき日における最も驚くべきこと」として語られる。最も醜い人間が次のように言う。「ツァラトゥストラと共に過ごした一日、一つの祝祭が、大地を愛することを私に教えたのだ。/『これが――生だったのか』と私は死に対して語ろう、『よし、もう一度』」(「酔歌」一)。このように最も醜い人間が語ったのは、真夜中近くであり、それは大いなる正午における出来事を予め示すという役割を果たしている。真夜中は大いなる正午である。

真夜中という時は次のように問う。「誰がそれに対する勇気を十分に持っているのか。/誰が大地の支配者であるべきなのか」(「酔歌」四)。「誰が大地の支配者であるべきなのか」という問いが立てられ、それに答えられるのは、永遠回帰の教説が告知される大いなる正午においてである。永遠回帰の思想を肯定しうる者、超人となる者こそが大地の支配者となる。真夜中は大いなる正午である。

「まさに私の世界は完成した。真夜中はまた正午なのだ。/苦痛はまた快である、呪いはまた祝福である、夜はまた太陽である、――立ち去れ、そうでなければお前たちは学ぶのだ、賢者がまた愚者であることを」(「酔歌」一〇)。「賢者がまた愚者である」という言葉は、『ツァラトゥストラ』におけるツァラトゥストラの最初の言葉へと導く。「お前大いなる天体よ。……/……/私は贈与し分与したい、人間のなかの賢者たちがもう一度彼らの愚かさを喜び、貧しい者たちがもう一度彼らの豊かさを喜ぶまで……」(「序説」一)。「賢者が愚かさを、貧しい者が豊かさを喜ぶ」ことは、「賢者がまた愚者である」こと、諸対立の統一、反対形象の一致である。『ツァラトゥストラ』

のテロス（終わり＝終末）である大いなる正午において、そのアルケー（始まり＝始元）が実現される。[37]「真夜中―正午」、「苦痛―快」、「呪い―祝福」、「夜―太陽」、「賢者―愚者」という反対形象の一致は、「統一された諸対立に満たされた大いなる正午[38]」（一八八三年秋）において実現される。真夜中は大いなる正午である。

第二章は永遠回帰の世界を主題とした。その考察は深い真夜中のうちに、永遠回帰の世界を肯定する最も深い次元を見出した。そして最後に「真夜中は正午である」というテーゼを通して、大いなる正午に至った。『ツァラトゥストラ』という物語の展開に方向を与えているのは、永遠回帰の教説を告知する大いなる正午である。大いなる正午に定位して『ツァラトゥストラ』を一つの物語として読まねばならない。大いなる正午が『ツァラトゥストラ』を「形象が織りなす一つの物語」とするのである。大いなる正午は「大いなる日」として『ヨハネの黙示録』へ導くだろう。そして『ツァラトゥストラ』の構成問題（三部構成―四部構成）を解決する糸口を提供するだろう。

註

第四節

（1）第三部は第一部の言葉を、そして第四部は第二部の言葉をそのモットーとしている。ツァラトゥストラは第一部と第二部において、すでに彼の二つの課題を知っていた。しかしその課題を自らの運命として引き受けるのは、第三部と第四部においてである。そのきっかけをツァラトゥストラに与えるのは第二部最終節における最も静かな時である。ここに『ツァラトゥストラ』における第一部・第二部と第三部・第四部という二段階を読み取ることができる（第三節五、六）。

（2）「そしてこれが私にとって認識を意味する、つまりすべての深みを上へ――私の高みへと高めようと欲することである」（第二部「汚れなき認識」）。

（3）KGW VII-1, p.623 Herbst 1883 20[3].

（4）傍観者と決断の瞬間を対置するハイデガーの解釈に対する批判については、第六節二参照。
（5）KGW V-2, p.396 Frühjahr-Herbst 1881 11[148].
（6）LB, p.1002. Cf. Biblia, p.1137.
（7）Cf. KGW VI-4, p.892.
（8）『伝道の書』のペシミズムは、ソポクレス『コロノスのオイディプス』にも表明されている。「この世に生を享けないのが、／すべてにまして、いちばんよいこと、／生まれたからには、来たところ、／そこへ速やかに赴くのが、次にいちばんよいことだ」（高津春繁訳『ギリシア悲劇全集　第二巻』人文書院、一九七九年、三五七頁）。こうしたペシミズムへの古典的な反論は、エピクロスの「メノイケウスへの手紙」のうちに見出される。「しかしながら、もっとよろしくないのは、次のように語っている人である。すなわち、『生れてこないのがよいのだ。／だが、生れたからには、できるだけ速やかにハデスの門をくぐること』／と語っている人である。／なぜなら、もしその人が確信をもってそう主張しているのなら、どうして彼は、この世の生からさっさと立ち去って行かないのか。もし彼がよくよく考えた上でそう言ったのであれば、そうすることは彼にはすぐにでもできることなのだから。だが、もし彼が冗談でそう言ったのだとすると、そんな言葉を受け入れない人たちの間では、彼の言葉は空しいものになるだろう」（ラエルティオス『ギリシア哲学者列伝』（下）加来彰俊訳、岩波書店、一九九四年、三〇二頁）。
（9）ニーチェは一八七〇年に書いた論文「ディオニュソス的世界観」（KGW III-2, p.52）と「悲劇的思想の誕生」（KGW III-2, p.80）において、同じ伝説に言及している。後者は『悲劇の誕生』とほぼ同じ記述であるが、そこに「そのようにアリストテレスは語った」（KGW III-2, p.50）という言葉が挿入されている。アリストテレスはどこで語っているのか。ブルクハルトは『ギリシア文化史』の第五章「ギリシア的生の総決算」において『悲劇の誕生』と同じ伝説を紹介している。「アリストテレスのある湮滅した著作からプルタルコスがアポロニオスに宛てた慰めの手紙（第二七節）に転用したもので、ミダス王と彼によって捕らえられたシレノスとのあいだで交わされた対話があるが、この謎めいた神話の中で、プリュギアの王ミダスは半神シレノスに、人間にとって最善であり、かついちばん望ましいことは何かと問う。長い沈黙のあとで、またさんざん強いられた末に、ようやく次のごとき返答が得られた。『辛酸と不幸から生まれたはかない者よ、知らないほうがお前たちにずっとよいと思われることを、どうして私に無理やり言わせようとするのか？　なぜかというに、誰でもおのれの不幸を知らないでいるのが、人生を悲しみから免れさせるいちばん手っ取りばやい方法だからだ。およそ人間にとってあらゆるもののうちで最善のものは、生まれないでいることだ。すぐその次にあって、（幸福に至る）いちばん手近な方法は、生まれたあとに、可能なかぎり早く死ぬことだ。』」（ブルクハルト

『ギリシア文化史』第二巻、新井靖一訳、筑摩書房、一九九二年、五三五－五三六頁)。『悲劇の誕生』におけるミダス王とシレノスの対話は、プルタルコス『アポロニオスへの慰めの手紙』二七に由来している。

そこでは次のように書かれている。「クラントルの言うところでは、現在だけではなくずっと昔から多くの知者によって人間の定めは嘆きの対象とされてきたのであり、人生とは罰であり、第一に人間にとってこの世に生まれることが最大の不幸であると考えられてきたのです。シレノスがミダスに捕まえられたときに、そのことを明言したとアリストテレスは述べています。その哲学者が述べたことをそのまま引用する方がよりよいでしょう。『エウデモス』あるいは『魂について』において、彼は次のように語っています」(プルタルコス『モラリア2』瀬口昌久訳、京都大学学術出版会、二〇〇一年、一〇二－一〇三頁)。その引用の中に、『悲劇の誕生』と同じ伝説が見出される。ミダス王に対してシレノスは次のように語っている。「労苦の多い神霊と無情な運命との儚き末裔よ、なぜにおまえたちにとって知らぬ方がよいことを私に語ることを強いるのだ。ほかでもなく、自分に与えられる禍を知らずに生きる方が、苦しみの最も少ない生であるからだ。だが、すべてのうちで最善なることはけっして人間のものとなることはなく、その最もすぐれた自然本性にあずかることもできない(なぜなら、あらゆる男とあらゆる女にとって生まれぬことこそ最善であるからだ)。しかるに、その次に来ることで、人間の行ないうることのなかでは第一であるが、次善に留まることといえば、生まれたならばできるかぎり早く死ぬことだ」(同上、一〇四頁)。『アリストテレス全集17』岩波書店、一九七七年、五二五－五二六頁参照。

(10)『喜ばしき知』第五書の最初の節(三四三)は「我々の快活さが意味するもの」について語っている。「哲学者であり『自由な精神』である我々は、『古い神は死んだ』という知らせを聞いて、新たな曙光によって照らされたように感じる。その際我々の心は感謝、驚き、予感、期待に溢れる。――ついに我々に水平線が再び開かれたように見える。……海が、我々の海が再び開かれている。おそらくこのように『開かれた海』はいまだ存在しなかっただろう」。

第五節

(1) GA44, 33, 64, 69, 71, 232. Cf. GA50, 114. ハイデガーのニーチェ解釈とその途上性については、拙著『意味・真理・場所』創文社、一九九二年、三七八－四〇一頁、四一七－四二七頁参照。

(2) 第三部「回復する者」におけるツァラトゥストラの動物たち(鷲と蛇)の位置と役割は、一般に否定的に解釈され、あるいは過小評価されている。Cf. E. Fink, *Nietzsches Philosophie*, Kohlhammer, 1992, pp.98-99. しかしこうした理解がテキストに反していることは、本節の考察から明らかとなるだろう。

(3) ヤスパースも動物たちが歌う世界を次のように否定的に解釈している。「しかしこの単純な描写のうちにこの教説の哲学的意義があると思うとすれば、それは誤っている。この教説の上滑りはその意味を破壊する。それ故ツァラトゥストラはこの教説を歌った動物たちを『手回しオルガン』と呼び、次のように非難する。『お前たちはそれを早くも竪琴の歌にしてしまったのか』」(K. Jaspers, *Nietzsche*, pp.310-311)。ドゥルーズも同様である。「しかし彼ら(蛇と鷲)は動物的な仕方で、直接的な確信として、あるいは自然的な明証として、永遠回帰を表現している(彼らには永遠回帰の本質が見落とされている、つまり思想と存在の観点から見て、その選択的な性格が見落とされている)。それ故に彼らは永遠回帰を、『おしゃべり』、『決まり文句』にしてしまう」(G. Deleuze, *Nietzsche*, p.43)。Cf. G. Deleuze, *Nietzsche et la philosophie*, pp.81-82. ミュラー-ラウターも同様である。「ツァラトゥストラの動物たちは、存在し存在したし存在するだろうすべてをつなぎ合わせる『存在の円環』について快活に話す。ツァラトゥストラは彼らの『おしゃべり』を聞くのが好きだけれど、しかし彼らがその思想にふさわしくなっていないことを知っている。動物たちはその深い真剣さを理解していない。彼らは回帰の教説を体現することが伴わざるをえない苦痛を知らない」(W. Müller-Lauter, *Nietzsche : Seine Philosophie der Gegensätze und Gegensätze seiner Philosophie*, pp.162-163)。

しかし「回復する者」において動物たちが歌う世界は、「すべての物がそれ自身舞踏する」世界であり、「日の出前」における「すべての物がむしろ偶然という足で舞踏することを好む」世界と同じである(第二節六)。さらにその世界は「七つの封印」で歌われる「すべての重いものが軽くなり、すべての身体が舞踏する者となり、すべての精神が鳥となる」世界である(第四節五)。「日の出前」と「七つの封印」で歌われる世界をツァラトゥストラが否定している、と誰も主張しないだろう。それ故阿部次郎が素直に次のように書いていることは基本的に正しい。「彼は既にその呼吸を塞げる怪物の頭をかみきつて、唾してこれを棄ててしまつたが、彼はなほ疲れて『自らの救濟のゆゑに病んで』ゐるのである。聰慧なる鷲と蛇とは彼に代わつて彼の思想を美しき言葉に表現する。そうして『平癒の途にある者』に世界の美しき花園に出て歌うことを學ばむことを勸説する……」(阿部次郎『ニイチェのツァラツストラ　解釋竝びに批評』角川書店、一九六一年、五八頁)。ガダマーがツァラトゥストラの動物たちについて指摘していることも正しい。「同じものの永遠回帰の教説を彼ら自身の存在によってツァラトゥストラに対して先立って語り歌うのは、動物たちである。そして動物たちはツァラトゥストラがさらに語るのを止めて歌うことへ促す。動物たちはツァラトゥストラを先取りし、いわば予言する。そしてそこにツァラトゥストラは彼自身の回復を見出す」(H.-G. Gadamer, "Nietzsche – der Antipode. Das Dram a Zarathustra", p.456)。

(4) KGW VI-4, p.511.

(5) 「そして私の動物たち、私の鷲と蛇に、助言を求めよ。彼らはお前が探すのを助けてくれるだろう」(「魔法使い」二)。「そして最初にさしあたり私の動物たちと話せ。最も誇り高い動物と最も賢い動物――彼らは我々二人にとっておそらく本当の助言者だろう」(「最も醜い人間」)。

(6) 確かにハイデガーは笑いに言及している。「これはいかなる笑いなのか、この笑いはどんな喜びから生まれるのか。『喜ばしき知』の喜びから」(GA44, 200)。しかしこう指摘するだけであり、笑いの問題を素通りしてしまう。『喜ばしき知』における喜びと笑いを分析することがないし(序章六)、『ツァラトゥストラ』における笑いの重要性を無視している。

(7) この引用箇所の意味については、第七節の註6を参照。

(8) 「残酷である」も非難の言葉ではない。ツァラトゥストラ自身が残酷である。「おお、私の兄弟たちよ、私はそもそも残酷なのか。しかし私は言う、落ちるものは、またさらにそれを突き落とすべきである、と」(「新旧の板」二〇)。

(9) KGW VI-4, p.513.

(10) KGW VII-1, p.606 Herbst 1883 18[35].

(11) 「歌え、もはや語るな(Singe! sprich nicht mehr!)」は、『悲劇の誕生』に対する自己批判でもある。「それは歌うべきだったろう、この『新しい魂』は――語る(reden)べきではなかっただろう」(「自己批判の試み」三)。

(12) 「永遠回帰の思想が竪琴にすぎないとする者は、真の知から逃げ出す者に属する」(GA44, 201)。このように語るハイデガーは、「竪琴」の意味を、つまり「歌え、もはや語るな」というツァラトゥストラの言葉をまったく理解していない。こうした無理解は、悲劇という解釈地平に起因する。

(13) 三つの変容に対応する定式をニーチェはいくつか残しているが、「知恵への道。道徳の克服への示唆」という断章(第二節の註1、11、13参照)の他に、次の断章がある。「『汝なすべし』より高く『我欲す』(die Heroen)がある。『我欲す』より高く『我あり』(ギリシア人の神々)がある」(KGW VII-2, p.101 Frühjahr 1884 25[351])。「汝なすべし」が駱駝を、「我欲す」が獅子を特徴づけているのだから、第三段階の「我あり」は子供を性格づけていることになる。とすれば「『我あり』(ギリシア人の神々)」であるから、子供はギリシア人の神々に対応するだろう。

「ギリシア人の神々」という言葉は、『善悪の彼岸』一五〇の第三段階である「神・世界」へ導くだろう。そしてこの第三段階をギリシア人の神々から理解できるとすれば、第二段階である「半神・サチュロス劇」も「『我欲す』(die Heroen)」と対応させることができる。つまり「我あり」がギリシア人の神々であるとすれば、「『我欲す』（die Heroen）」における die Heroen（Heros）は単なる英雄でなく、ギリシア神話における「神と人間との中間に位置する半神」を意味する。実際ニーチェにとって Heros は「神と人間との中間」に位置している。「神と人間との間の裂け目がそれほど大きくなかったところでは、人間もまた完全に超人的であることなしに、Heros として神と人間との間に入ることができた……」（KGW V-2, p.555 Herbst 1881 15[66]）。そして「英雄・悲劇」は「汝なすべし」の段階であり、英雄は最も重いものを求める駱駝と見なすことができる。

（14）「神が死んだ－我々自身が神々になる」は、遺稿では次のように言い表わされている。「神の否定とともに生じる絶対的変化——／我々は我々の上にもはや絶対にいかなる主も持たない。古い価値評価の世界は神学的である——それはひっくり返されている——／要するに、我々の上に上級審がないのである。神が存在しうるかぎり、我々自身が今や神である……／我々は神に帰属させた属性を我々に帰属させねばならない」（KGW VIII-2, p.385 November 1887－März 1888 11[333]）。

（15）E. Biser, Die Proklamation von Gottes Tod, in: *Hochland* 56, 1956, pp.140-143. Cf. KSA14, pp.256-257.

「私はテキストより先にコメンタールを書きました」（KGB III-1, p.364）（一八八三年四月二一日のケーゼリッツ宛の手紙）。これは「テキスト（『ツァラトゥストラ』）より先にコメンタール（『喜ばしき知』）を書いた」ことを意味する。Cf. E. Biser, ibid., p.138; A. M. Haas, “《Der große Pan ist tot.》 Nietzsches Verkündigung des Todes Gottes als aktuelle Provokation”, in: *Nietzsches 《Also sprach Zarathustra》*, p.211. つまり『喜ばしき知』は『ツァラトゥストラ』の解読のためのコメンタールとして読むことができる。このことは「神の死」（『喜ばしき知』一〇八、一二五）に当てはまるだけでなく、『ツァラトゥストラ』の冒頭（『喜ばしき知』三四二）（序章五）、永遠回帰の思想（『喜ばしき知』三四一）（第六節一）、さらに「喜ばしき知」の形象である「『知』の形態における『道化』」（序章六）にも妥当する。

一年後の一八八四年四月七日にオーヴァーベク宛にニーチェは書いている。「『曙光』と『喜ばしき知』を通読して、そのなかにツァラトゥストラへの序論、準備、コメンタールとして役立ちえない箇所などほとんどない、と私は思いました。テキストより先にコメンタールを作ったというのが事実なのです」（KGB III-1, p.396）。

（16）「神々は存在するが、神は存在しないことこそが、神的なことである」（第三部「背教者」二、「新旧の板」一一）。ここから「神は死んだ（神は存在しない）。今や我々は欲する——超人が生きる（神々は存在する）ことを」と言えるだろう。

ニーチェはキリスト教の神（一神教の神）の代わりに、神々の可能性を語る。「いかに多くの神々がなお可能なことだろう。宗教的本能が、つまり神を形成する本能が、ときおり私自身のうちによみがえろうとするが、そのたびに神的なものがいかに別様に、いかにさまざまに姿を現わすことだろう。……多くの種類の神々が存在することを私は疑わないだろう」（KGW VIII-3, pp.323-324 Mai-Juni 1888 17[4]）。

（17）「独力で運命を作る」ことは、「自ら回転する車輪としての子供」を示している。三つの変容の子供は超人＝道化師であった（第一節二、第二節七）。それ故道化（＝道化師）である方がいい、と続けられるのである。

遺稿において次のように言われている。「宿命的に神あるいは道化（Hanswurst）――それは私において自由意志からのことではない、それが私なのだ」（KGW VIII-3, pp.453-454 Dezember 1888-Anfang Januar 1889 25[6]）。この断章は『この人を見よ』の「なぜ私は一個の運命なのか」の冒頭のヴァリアントであるが（KSA14, p.510）、この箇所は『この人を見よ』では次のようになっている。「私は聖者であることを欲しない、むしろ道化（Hanswurst）の方がいい……。おそらく私は道化である」（『この人を見よ』「なぜ私は一個の運命なのか」一）。

（18）「お前たちはそれを神の自己解体と呼ぶ。しかしそれは神の脱皮にすぎない。――神は道徳の皮を脱いだのだ。そしてお前たちはすぐに神を再び見るだろう、善悪の彼岸において」（KGW VII-1, p.105 Sommer-Herbst 1882 3[1]432）。「神への論駁、本来は道徳的な神のみが反駁されている」（KGW VII-3, p.354 August-Sptember 1885 39[13]）。「結局のところ道徳的な神が克服されているだけではないか。『善悪の彼岸における』神を想定することに意味があるのではないか」（KGW VIII-1, p.217 Sommer 1886-Herbst 1887 5[71]）。「『善悪』という憐れな浮浪者道徳の彼岸、上方としての神」（KGW VIII-2, p.247 Herbst 1886 10[203]）。

（19）ツァラトゥストラが「来るべき神」となることについて、第九節の註32参照。

第六節

（1）KGW V-2, p.392 Frühjahr-Herbst 1881 11[141].

（2）KGW V-2, p.394 Frühjahr-Herbst 1881 11[143].

（3）Cf. GA44, pp.23-24.

（4）『喜ばしき知』は英雄的瞬間を語っている。「苦痛そのものが彼らに彼らの最大の瞬間を与える。これが英雄的人間、人類における偉大な苦痛をもたらす者である」（『喜ばしき知』三一八）。「私はこれ以上神的なことを聞いたことがない」と答えうる瞬間は、苦痛という英雄的瞬間でなく、幸福（快）の瞬間である。

(5)『喜ばしき知』付録「プリンツ・フォーゲルフライの歌」所収の詩「ゲーテに寄す」は次のように始まっている。「移ろい行かぬものは／あなたの比喩にすぎない」。Cf. KSA14, 296, 304.

(6) ベルトラムは永遠回帰の思想について次のように書いている。「我々はすべての永遠性を、ディオニュソス的な瞬間の形式においてのみ体験する。我々はすべての永遠性を、正当化する刹那に対する然りにおいてのみ、『どうか止まってくれ』というファウスト的に運命的な瞬間に対する然りにおいてのみ肯定する」(E. Bertram, *Nietzsche. Versuch einer Mythologie*, p.236)。

(7) レーヴィット『ヘーゲルからニーチェへ』は「永遠性としての現在」という表題のもとで、ゲーテに言及している。「ゲーテが現在を賞賛し、瞬間を——しかし暴力的に『決断する』瞬間でなく、そのうちで永遠性が自ずから現象する瞬間を——賞賛する言葉は無数にある」(K. Löwith, *Von Hegel zu Nietzsche, Sämtliche Schriften* 4, J. B. Metzlersche Verlagsbuchhandlung, 1988, p.266)。「暴力的に『決断する』瞬間」という言葉はハイデガー的な決断の瞬間を想起させる。

(8)「普段は何気なく見過ごして歩いている立木に、蔦の葉がからまり、それに日の光が照り映え、背景に青空が見える。その光景に目を止めて立ち止るという場合がある。これは、ことさらに取り立てていうほどの美的体験ではないかもしれないが、日常、気のつかなかったある輝きへの注目であり、その瞬間は、意識は行動体系から離れて、その輝きに向かう。行動体系の意識方位を水平的な運動とすれば、それを断ち切る輝きへの意識の方位は、いわば垂直的な切断であるといってもよい」(今道友信『美について』講談社、一九七三年、一九二頁)。

(9) ウィトゲンシュタイン『論理哲学論考』6.4311 における彼の倫理の核心をなすテーゼ「現在のうちに生きる者は永遠に生きる」のうちに、「止まる今」(現在としての永遠性)を読み取ることができる。拙著『形而上学者ウィトゲンシュタイン』第一〇節B参照。

(10) Cf. KGW VI-1, p.334.

(11) KGW VII-1, p.608 Herbst 1883 18[45].

(12) KGW VIII-1, p.320 Ende 1886–Frühjahr 1887 7[54].

(13) Cf. GA43, 20–23; GA44, 226–230.

(14)『ツァラトゥストラ』において力への最高の意志は、遡って意志することである。この意志が『ツァラトゥストラ』において重要であることは、第三部「新旧の板」において再び語られていることからも明らかである。「人間における過ぎ去ったものを救済し、すべての『あった』を、『しかしそのように私は欲した、そのように私は欲するだろう——』と意志が語るまでに作り変えること、／——これを私は彼らに向かって救済と呼んだ、これのみを救済と呼ぶことを彼らに教えた」（「新旧の板」三）。

確かに「力への意志」という言葉は『ツァラトゥストラ』以前に登場している。Cf. KGW IV-2, p.521 Ende 1876-Sommer 1877 23[63]; V-1, p.489 Sommer 1880 4[239]. この概念の由来がさまざまに解釈されるが、「力への意志」概念が力への最高の意志としてその本来の意味を獲得したのは、永遠回帰の思想と結びつくことによってである。さらに永遠回帰と力への意志との関係にとって重要なのは、編集された『力への意志』の最後に置かれたアフォリズムである。永遠回帰の世界が描かれ、次のように終わっている。「この世界は力への意志であり——それ以外の何ものでもない。そしてお前たち自身もこの力への意志であり——それ以外の何ものでもない」（KGW VII-2, p.339 Juni-Juli 1885 38[12]）。

（15） KGW VII-1, p.627 Herbst 1883 20[10].

（16） KGW VII-2, p.103 Frühjahr 1884 25[358]. 同じ思想は「知恵への道。道徳の克服への示唆」における第三の歩みのうちに見出される。「何かに喜ぶために、人はすべてを良いと認めねばならない」（KGW VII-2, p.158 Sommer-Herbst 1884 26[47]）。

（17） KGW VIII-1, pp.315-316 Ende 1886-Frühjahr 1887 7[38].

（18） ツァラトゥストラの動物たちによれば、永遠回帰の教師としてのツァラトゥストラは死に際して、次のように語ることになっている。ここからも因果関係が永遠回帰を成り立たせていることが分かるだろう。「私がその中へ絡み合わされている原因の結び目は回帰し、——私を再び創造するだろう。私自身が永遠回帰の原因の一つなのだ」（「回復する者」二）。さらに因果関係が永遠回帰の宇宙論的証明の基本契機であることについては、第四節二参照。「すべての物は鎖によって、糸によって、愛によって結び付けられている（Alle Dinge sind verkettet, verfädelt, verliebt）」は、「すべての物は堅く結び合わされて（Alle Dinge sind fest verknotet）、この瞬間はすべての来るべき物を引き起こす」（「幻影と謎」二）と同じこと、つまり因果関係を言い表わしている。因果関係なしに永遠回帰の思想を考えることができない。

（19） 遺稿断章にその姿が描かれている。「すべての『あった』は再び『ある』となる。過ぎ去ったものはすべての来るべきものの尾をかむ」（KGW VII-1, p.141 November 1882-Februar 1883 4[85]）。

（20） KGW V-2, p.418 Frühjahr-Herbst 1881 11[197].

（21） KGW V-2, p.550 Herbst 1881 15[54]. 「生を、そしてお前自身を愛する」という言葉は、『喜ばしき知』三四一へと導くだろう。「お前自身とその生をお前はどれほど愛さねばならないだろうか」。

（22） KGW V-2, p.411 Frühjahr-Herbst 1881 11[183].

(23) KGW V-2, p.401 Frühjahr-Herbst 1881 11[159].「宗教の中の宗教としての永遠回帰」(KGW VII-3, p.208 April-Juni 1883 34[199])。

(24) 永遠回帰の思想が「肯定の最高の定式」であることは次のように言い表わされる。「生成が大いなる円環であるとしたら、あらゆるものは等しく価値があり、永遠であり、必然である。／然りと否、選好することと拒絶すること、愛することと憎むことというすべての相関関係のうちで、生の特定のタイプの一つのパースペクティヴ、一つの関心だけが表現されている。それ自体としてすべてのものは然りと語っている」(KGW VIII-2, p.6 Frühjahr 1888 14[31])。

(25)「アリストテレスは持続する現在における時間の運動のこの停止を述べた最初の者であると思われる。しかも興味深いことに『ニコマコス倫理学』の第一〇巻における快、ヘードネーの議論においてである。『快は時間のうちにない。なぜなら今のうちで起きることは全体だからである』と彼は言う。――運動は存在しないのである。そして彼によれば思考の活動は『純粋さと確実さにおいて驚くべきもの』であり、すべての活動のうちで『最も快』であるので、明らかに彼は運動なき今、後の『止まる今』(nunc stans) について語っていたのである」(H. Arendt, *The Life of the Mind, Willing*, Harcourt Brace Jovanovich, 1978, p.12)。

(26) KGW V-2, pp.437-438 Frühjahr-Herbst 1881 11[260]. Cf. KGW VIII-1, pp.180-181 Anfang 1886-Frühjahr 1886 4[5].

(27) H. Diels, *Die Fragmente der Vorsokratiker*, vol. 1, Weidmann, 1996, p.235.

(28)「永遠性と時間」という形而上学の伝統については、拙著『形而上学者ウィトゲンシュタイン』七五―七九頁参照。

(29) 第四部「正午」で語られた永遠性は、『人間的な、あまりに人間的な』の第二部「漂泊者とその影」三〇八でも語られている。「正午に (Am Mittag)。……自然のすべての物は偉大なる牧羊神と共に眠ってしまい、その顔には永遠性の表現を見る――そのように彼に思われる。彼は何も欲しないし、何も気づかわない。彼の心臓は止まったままであり、ただ彼の目だけが生きている。……そのとき彼は自分を幸福と感じるが、しかしそれは重い、重い幸福である」。『ツァラトゥストラ』の最初の構想を語っている断章「正午と永遠性」のうちに、永遠回帰の永遠性だけでなく、正午において経験される永遠性を読み取ることができるだろう。つまり永遠回帰の思想の根底に、現在としての永遠性がある。

　ニーチェのこの経験が例外的でないことは、ボルノウがさまざまな詩に現われる正午の経験を分析していることから明らかである。「四、包容する生に没入し、その生によって担われて、人間は個人的な現存在の鎖から解放されていると感じる。彼は永遠性という言い表わしがたい根拠のうちに沈潜する。五、このようにして経験は、歴史的な時間の流れを超えて永遠性の一層高いレベルへの高揚であることが分かる。そのシンボルとして、典型的に繰り返し、閉じた円環が現われる」(O. F. Bollnow, "Der

Mittag, ein Beitrag zur Metaphysik der Tageszeiten", in: *Unruhe und Geborgenheit*, W. Kohlhammer, 1958, pp.175-176)。さらにニーチェにおける正午の経験については、cf. O. F. Bollnow, *Das Wesen der Stimmungen*, Vittorio Klostermann, 1956, pp.226-231. そして霜山徳爾「『大いなる正午（Grosser Mittag）体験　ニーチェについて」『霜山徳爾著作集2』学樹書院、二〇〇〇年参照。

（30）このことは第三部「日の出前」に即しても主張できる。「永遠性の泉」という言葉は「日の出前」においても登場していた（第四節五）。「すべての物は永遠性の泉において、善悪の彼岸において、洗礼を授けられている。しかし善悪そのものはただ中間の影、湿った憂うつ、流れる雲にすぎない」。「日の出前」の世界は「すべての物がむしろ偶然という足で舞踏することを好む」世界であった。すべての物が「永遠性の泉」において洗礼を授けられているとは、すべての物の舞踏する世界そのものが、時間なき永遠性の泉（現在としての永遠性）を通して聖化されることを意味しているだろう。「生成の無垢をめざす説話。永遠の相のもとで（sub specie aeterni）至福であると讃えること。／最も小さいものの聖化」（KGW VII-1, p.540 Herbst 1883 16[49]）。すべての物が舞踏する世界は永遠回帰の肯定的な世界であるから、現在としての永遠性が永遠回帰の世界を肯定する。

（31）「永遠性の体験のここで与えられた描写が、『永遠回帰』の教説において展開されるものと非常に広範囲に一致しているので、正午の幸福における永遠性のこの体験は『永遠回帰』の教説の本来的な起源と見なされねばならない」（O. F. Bollnow, *Das Wesen der Stimmungen*, p.233）。

（32）「夜が最も静まり返ったとき、露が草におりるように、お前の善行はなされねばならない」（KGW VII-1, p.357 Mai-Juni 1883 9[1]; p.438 Sommer 1883 13[1]）。

（33）「最も純粋な者たちが大地の支配者であるべきだ、最も見分けられない者たち、最も強い者たち、あらゆる昼より一層明るく深い真夜中の魂たちが」（「酔歌」七）。「最善のものが支配すべきであり、最善のものが支配することを欲する」（「新旧の板」二一）。「最高の人間が地上においてまた最高の支配者でなければならない」（「王たちとの対話」一）。

（34）「禅ではよく正午とか真夜中とか言われる。太陽が天の中心に来て垂直に照らす。流れていく時が垂直に裁られる。正午というのはそんな感じです。真夜中というのはその裏ですが、それも同じような意味で言われます」（西谷啓治『正法眼蔵講話2』創文社、一九九一年、一九〇頁）。「正当の正は正午の正です。太陽が真上にきて垂直に射す時で、禅では『正午に三更を打す』ということを言います。正午に真夜中の鐘を打つ。真昼間が真夜中である。当というのはちょうどその時。そこでは過去も未来も考えなくてもいい時、永遠の今ということです。垂直ということは、右も左もない、過去も未来もないという感じです。悉有仏性が時と結びつくときに、正当恁麼時となる。当観もそういう意味です」（同上、二〇三頁）。

（35）「一人の神が笑う」という言葉は、第一部「読むことと書くこと」へ導く。「今や私は軽い、今や私は飛ぶ、今や私は私の下に私を見る、今や私を通して一人の神が舞踏する」。「一人の神が笑う」と「一人の神が舞踏する」はいかなる関係にあるのか。「一人の神が舞踏する」は、「すべての物がそれ自身舞踏する」世界、光の深淵としての永遠回帰の肯定的な世界に対応するだろう。「一人の神が笑う」とされるが、それは「眠っている年老いた正午」の幸福が笑うようにである。年老いた正午の笑いは「夢の中で真夜中は何と笑うことか、年老いた深い深い真夜中は」（「酔歌」三）に対応する。この笑いは現在としての永遠性からの笑いである。この笑いによって永遠回帰の世界は舞踏の世界として肯定される。「一人の神が笑う」ことを通して、つまり「私の真夜中の心」が笑うことを通して、「今や私を通して一人の神が舞踏する」ことが可能となる。「真夜中＝正午」の笑いが『ツァラトゥストラ』の最も深い次元であり、この笑いを語る第四部こそが、『ツァラトゥストラ』の頂点である。

（36）ニーチェにおいて「正午」という形象は、永遠回帰の思想を告知する大いなる正午であるとともに、現在としての永遠性を意味している。この二義性は永遠回帰の思想において結びついている。正午（現在としての永遠性）によって、永遠回帰の思想が最終的に肯定され、永遠回帰の思想を告知する大いなる正午を迎えることができる。このことは「正午と永遠性」という『ツァラトゥストラ』最初の構想のうちに読み取ることができる（序章三）。

（37）「ツァラトゥストラ第四部　最後に。実現／ツァラトゥストラ第一部序説。貧しい者たち（卑しい者たち、余計な者たち）は豊かな者として、賢者たちはときに自分が無知で愚かと感じることを喜ぶ（愚者になること――愚者の祝祭）」（KGW VII-1, p.577 Herbst 1883 17[31]）。こうした表現はヘラクレイトスにおける反対物の一致を想起させるだろう。

（38）KGW VII-1, p.554 Herbst 1883 16[84].「大いなる正午を解き放たれた諸対立で満たすこと」（KGW VII-1, p.576 Herbst 1883 17[29]）。Cf. KGW VII-1, p.579 Herbst 1883 17[40].

第三章　黙示録

「一つの新しい詩句を作ることより、終止符を打つこと（ein Ende machen）はより勇気を必要とする。このことをすべての医者と詩人は知っている」。

第三部「新旧の板」一七の最後においてツァラトゥストラはこのように語っている。ニーチェは「ツァラトゥストラの詩人」（『この人を見よ』「ツァラトゥストラ」四）であるから、「終止符を打つことはより勇気を必要とする」ことをよく知っていた。いかにしてニーチェが『ツァラトゥストラ』という作品に終止符を打ったかという問いは、『ツァラトゥストラ』を成り立たせている芸術的技法への問いであり、『ヨハネの黙示録』によって答えることができる。ツァラトゥストラの歩みのテロス（終止符＝終わり）は大いなる正午であり、このテロスは『ツァラトゥストラ』の最初の構想「正午と永遠性」において確立している（序章三）。大いなる正午へ向かう歩みは、「ツァラトゥストラの没落が始まる」こととして始まり、没落の終わりを目指している。没落は大いなる正午において終わる。『ツァラトゥストラ』のテロスである大いなる正午は『ヨハネの黙示録』の「大いなる日」であり、『ツァラトゥストラ』の展開は『ヨハネの黙示録』によって方向づけられている（第七節）。終止符を打つことによって、作品は全体として完成する。『ツァラトゥストラ』を拾い読みするのでなく、一つの全体（形象が織りなす一つの物語）

として読もうとするかぎり、「三部構成－四部構成」問題を避けるわけにはいかない。ニーチェが三部構成としての『ツァラトゥストラ』と四部構成としての『ツァラトゥストラ』という二つの可能性を認めたことは否定できないからである。なぜニーチェはこの二つの可能性を考えることができたのか。『ヨハネの黙示録』から『ツァラトゥストラ』に光を当てることによって、「三部構成－四部構成」という問題に初めて接近できるだろう。『ツァラトゥストラ』を三部構成として読む場合、いかなる姿でこの物語は立ち現われるのか（第八節）。そして四部構成として見れば、『ツァラトゥストラ』はどのような物語であるのだろうか（第九節）。この二つの読みを通して、『ツァラトゥストラ』は「道化師ツァラトゥストラの黙示録」としてその姿を現わすだろう。『ツァラトゥストラ』に黙示録から光を当てる第三章は三つの節を必要とする。

第七節　大いなる正午
第八節　三部構成としての『ツァラトゥストラ』
第九節　四部構成としての『ツァラトゥストラ』

第七節　大いなる正午

「そしてさらにいつかお前たちは私の友となり、一つの希望の子供たちとなるべきである。そのとき私は、お前たちと共に大いなる正午を祝うために、三回目にお前たちのもとにいたいのだ。／そして大いなる正午とは、人間が動物と超人との間の彼の軌道の中央に立ち、夕方への彼の道を最高の希望として祝うときである。なぜならそれは新しい朝への道だからである。／そのとき没落する者自身は、向こう側へ渡って行く者であるが故に、自分を祝福するだろう。そして彼の認識の太陽は彼にとって正午に位置しているだろう。／『すべての神々は死んだ。今や我々は、超人が生きることを欲する』。──これがいつか大いなる正午において我々の最後の意志でありたい」（「贈る徳」三）。

第一部「贈る徳」の最後においてツァラトゥストラは大いなる正午について語っている。『ツァラトゥストラ』という物語は大いなる正午をそのテロス（終わり）としている。終わり（終止符）によってのみ物語は全体となるのだから、『ツァラトゥストラ』を一つの全体として読むために大いなる正午に定位しなければならない。この物語はツァラトゥストラの没落から始まるのだから、我々もその始まり（アルケー）を考察することから始めよう。

一　ツァラトゥストラの没落は始まった

「このようにツァラトゥストラの没落は始まった」（「序説」一、一〇）。

『ツァラトゥストラ』「序説」一の終わりで語られるこの言葉は、「序説」全体を閉じる言葉でもある。ツァラトゥストラの没落が始まることによって『ツァラトゥストラ』という時間の物語は始まる。「ツァラトゥストラが始まる」＝「ツァラトゥストラの没落が始まる」であるが、『ツァラトゥストラ』におけるツァラトゥストラの最初の言葉は、太陽への語りかけである。

「お前大いなる天体よ。もしお前が照らす者たちを持たなかったなら、お前の幸福は何であろうか。／……／私は贈与し分与したい、人間のなかの賢者たちがもう一度彼らの愚かさを喜び、貧しい者たちがもう一度彼らの豊かさを喜ぶまで。／そのために私は深みへ降りて行かねばならない。つまりお前が夕方、海のかなたに沈み、さらに暗き下界（Unterwelt）に光をもたらすとき、するように。お前極めて豊かな天体よ。／私が降りて行こうと欲する人間たちが呼ぶように、私はお前のように没落しなければならない」（「序説」一）。

ツァラトゥストラの没落は、ツァラトゥストラが「人間たちのもとへ降りて行く」ことを意味する。「私の下降、没落の時。なぜならもう一度私は人間たちのもとへ行くことを欲するからだ」（「新旧の板」一）。ツァラトゥストラが高みにいること、そして没落が下降を意味していることは、ツァラトゥストラ自身が第四部「蜜のささげもの」においてはっきり述べている。「それ故今や人間たちが私のところへ上がって（zu mir hinauf）来てほしい。なぜなら私の下降の時であることの徴を私はなお待っているからだ。私自身はまだ人間たちのもとへ没落しない……(1)」。人間たちのもとへ降りて行くことが没落と呼ばれるのは、ツァラトゥストラが降りて行こうと欲する人間たちがそのように呼ぶからである。このことを『喜ばしき知』の最初に置かれた詩の四七「下降」が見事に歌っている。『彼は沈む、彼は今や落ちる』――お前たちはときおり嘲笑的に言う。／本当は、彼はお前たちのもとへ降りて来るのだ。／彼の豊かな幸福が彼に重荷となったのだ。／彼の豊かな光がお前たちの闇を求めるのだ』。「沈む、落ちる」（没落する）と見えることは、実際は「降りて来る」（人間たちのもとへ降りて行く）ことである。それは豊かな幸福が贈与することを欲し、豊かな光によって闇を照らすことである。つまりツァラトゥストラが深み（人間たちのもと）へ降りて行くのは、「贈与し分与したい」からである。この「人間たちのもとに降りて行く」ことが「太陽が沈む（untergehen）＝没落する」ことに即して語られている。

太陽は夕方海のかなたに沈むが、それは海のかなたの暗き下界に光をもたらすこと、暗き下界（闇）に朝をもたらすことである。極めて豊かな天体としての太陽はその豊かさ故に、その光を与える闇を求める。豊かな光を与え照らすことのうちに太陽の幸福がある。「太陽が照らす者たちを持たなかったなら、太陽の幸福は何であろうか」。ツァラトゥストラの没落が太陽の没落（太陽が沈むこと）とされるのは、ツァラトゥストラの没落が暗き世界に光をもたらすこととして考えられているからである。没落は「沈む、落ちる」といった否定的なことでなく、暗き世界に新しい朝をもたらすという肯定的なことを意味している。ツァラトゥストラの没落は沈む太陽のように、新しい朝の太陽となることである。

『ツァラトゥストラ』は彼が三回目の最後の下山をする場面で終わっている。「このようにツァラトゥストラは語り、彼の洞窟を立ち去った、燃えるように力強く、暗い山から来る朝の太陽のように」。「このようにツァラトゥストラの没落は始まった」として『ツァラトゥストラ』の物語は始まった。それはツァラトゥストラが朝の太陽となるためであった。「暗い山から来る朝の太陽のように」という言葉は、没落のテロス（朝の太陽となること）を意味している。『ツァラトゥストラ』は、その最後の言葉によって「序説」の没落の意味（没落＝朝の太陽）を想起させ、それによってその円環を閉じるのである。(2)

ツァラトゥストラの没落の終わりは、第三部「回復する者」において、彼の動物たちによって語られているので、その箇所を見ることにしよう。

二　ツァラトゥストラの没落は終わる

第三部「回復する者」において鷲と蛇は、永遠回帰の教師としてのツァラトゥストラの運命を語る。そして動物たちはツァラトゥストラの最後の言葉を予言する。その言葉は「今や私は死に、消え去る」で始まる。そして永遠回帰の教説を語り、最後に次のように言う。

「私は私の言葉を語った。私は私の言葉によって砕ける。そのように私の永遠の運命が欲する――、告知者として私は破滅するのだ（zugrunde gehen）。／没落する者が自分自身を祝福する時が今や来た。このように――ツァラトゥストラの没落は終わる」（「回復する者」二）。

動物たちの予言によれば、永遠回帰の教説を告知した後、ツァラトゥストラは死ぬことになっている。永遠回帰の告知とツァラトゥストラの死は、『ツァラトゥストラ』の構想において繰り返し語られている。先に引用した断章によれば（第三節二）、大いなる正午を祝う祝祭においてツァラトゥストラは死ぬことになっていた。「そのとき彼は幸福のあまり死ぬ」(3)（一八八三年秋）のである。

しかも「告知者として破滅する」という彼の死は、「ツァラトゥストラの没落は終わる」こととされている。彼の死と没落が等置されている。このことは遺稿においても同じである。「彼は自由意志によって（freiwillig）目を閉じ——そして死んだ。——このようにツァラトゥストラの没落することが起こった」[4]（一八八五年四月－六月）。没落と死との関係をいかに理解すればいいのか。「自由意志によって目を閉じ、そして死んだ」という言葉は、『ツァラトゥストラ』第一部「自由な死」へ導く。第一部はその最後に「自由な死」、そして大いなる正午を語る「贈る徳」という二章を配することによって、大いなる正午におけるツァラトゥストラの死を暗示している。「自由な死」においてツァラトゥストラは「ちょうどいいときに死ね」と教える。

「成し遂げた者は、勝利をおさめ、希望し誓約する者たちに囲まれ、彼の死を死ぬ。／このように死ぬことを人は学ぶべきだろう。そのように死ぬ者が生きる者たちの誓約を聖化しないような祝祭は、あってはならないだろう」。

この記述は大いなる正午という祝祭の場面を予示している。大いなる正午におけるツァラトゥストラの死は、『ツァラトゥストラ』の基本的な構想に属する。「希望し誓約する者たち」とは「一つの希望の子供たち」（「贈る徳」三）であり、ツァラトゥストラの目標の相続者である。ツァラトゥストラの没落と死は第三部「新旧の板」三においても語られている。

「私はもう一度人間たちのもとへ行きたい。つまり人間たちのもとで私は没落したい。死にながら私は彼らに私の最も豊かな贈り物を与えたい。／太陽から私はこのことを学び取った、太陽が、極めて豊かなものが沈み行くときに。そのとき太陽は汲み尽くしえない豊かさから黄金を海に注ぐのだ。／……／太陽のようにツァラトゥストラもまた没落したい」。

ここでツァラトゥストラは太陽の没落のように没落したいと思っている。これは「序説」一における「このようにツァラトゥストラの没落は始まった」と同じように見える（一）。確かに太陽の没落（太陽が沈むこと）に即して語られ、最も豊かな太陽が光をもたらすという点においては同じである。しかし「序説」における沈む太陽は朝の太陽として海の向こうの下界に光をもたらすが、ここでは沈み行く夕方の太陽としてこちらの海にその豊かな光を降り注ぐのである。なぜこのような違いがあるのか。それはここで太陽の没落がツァラトゥストラの死と重ねられているからである。太陽は夕日として沈みながら（＝死にながら）、夕焼けの光としてこの世界に豊かな贈り物（黄金の光）を与えるのである。そのようにツァラトゥストラは、永遠回帰の教説という光を与え、死ぬのである。これによってツァラトゥストラの没落が終わるが、その没落は太陽の没落（死）による光、夕焼けの光としてである。(5)

『ツァラトゥストラ』は「ツァラトゥストラの没落が始まる」ことによって、その物語が始まり、「ツァラトゥストラの没落が終わる」ことを目指す。没落は太陽が沈む（没落する）ことに定位して語られ、豊かな太陽が光を与えることとして形象化されている。しかし没落の始まりは朝の太陽となる没落であり、没落の終わりは夕方の太陽として沈みつつ、光を注ぐのである。『ツァラトゥストラ』は朝、夕といった時間形象によって展開されているという意味において、時間の物語である。この時間の物語の頂点をなすのは、大いなる正午という時間形象である。本節冒頭の引用を一つ一つ解釈することにしよう。

三　大いなる正午を祝う

「そしてさらにいつかお前たちは私の友となり、一つの希望の子供たちとなるべきである。そのとき私は、お前たちと共に大いなる正午を祝うために、三回目にお前たちのもとにいたいのだ」（「贈る徳」三）。

ツァラトゥストラが三回の下山をするとされているが、この三回目の下山の場面で『ツァラトゥストラ』は終わっている（二）。この下山こそ「大いなる正午を祝うため」の最後の下山である。「一つの希望の子供たち」とは、ツァラトゥストラの教説（超人と永遠回帰の教説）にふさわしい者を意味する。だからこそ共に大いなる正午を祝えるのである。ツァラトゥストラは彼の教説を教えて、死ぬことになるだろう（二）。

「そして大いなる正午とは、人間が動物と超人との間の彼の軌道の中央に立ち、夕方への彼の道を最高の希望として祝うときである。なぜならそれは新しい朝への道だからである。／そのとき没落する者自身は、向こう側へ渡って行く者であるが故に、自分を祝福するだろう」（「贈る徳」三）。

「人間が動物と超人との間の彼の軌道の中央に立つ」という言葉は、「人間は動物と超人との間にかけられた一本の綱、深淵にかけられた一本の綱である」というテーゼを背景としている。とすればこのテーゼが語られている「序説」四が解読の手がかりを与えてくれるだろう。事実そこにおいて「没落する者」、「向こう側へ渡って行く者」が語られている。「人間において偉大なものは、彼が橋であって目的ではないということである。人間において愛されうるものは、彼が過渡であり没落であるということである。／私は愛する、没落する者として以外には生きることのできない人々を、なぜならその人たちは向こう側へ渡って行く者だから[6]」（「序説」四）。「人間は橋であって目的ではない」とは、「過渡であり没落である」ことを意味する[7]。人間は超人に至るための橋・過渡である。だから「認識するために生き、いつか超人が生きることのために認識しようと欲する者」は、「彼の没落を欲する」者なのである（「序説」四）。それ故「没落する者＝向こう側へ渡って行く者」は、それ自身が超人になるのでなく、未来に超人が生まれるために、過渡として自分を犠牲にする[8]。没落を欲することは「破滅することを欲する（er will zugrunde gehen）」（「序説」四）ことである。没落（Untergang）は破滅すること（Zugrundegehen）を意味する[9]。「贈る徳」三においても同じ意味で使われているだろう。

夕方という時刻は、太陽が沈む（untergehen）＝没落する時、自らが破滅する（zugrunde gehen）時である。この没落の意味は、「ツァラトゥストラの没落が始まった」（一）ではなく[10]、「ツァラトゥストラの没落は終わる」（二）と同じである。そこでは「没落する者が自分自身を祝福する時が今や来た。このように――ツァラトゥストラの没落は終わる」（「回復する者」二）と言われていた。向こう側へ渡って行く者は、夕方への道を歩む者として、自らの没落を欲する。しかしその没落＝破滅は未来の超人の誕生（「新しい朝」）のためである。「夕方への彼の道を最高の希望として祝う」が、超人の誕生こそが「最高の希望」である。この超人という希望故に、「自分を祝福する」のである。しかし続けて「彼の認識の太陽」が語られている。その意味を解明するために、「贈る徳」三の言葉を

(1)として、そしてそれに関係すると思われる断章を(2)として引用しよう（序章三）。

(1)「そして彼の認識の太陽は彼にとって正午に位置しているだろう」（「贈る徳」三）。

(2)「認識の太陽がふたたび正午に位置している。そして永遠性の蛇がその光のうちで輪を描いて横たわっている。お前たちの時が来た、お前たち正午の兄弟よ」（一八八一年春–秋）。

(2)は『ツァラトゥストラ』の最初の構想である「正午と永遠性」断章のすぐ次に書かれたものである（序章三）。「認識の太陽が正午に位置している（Die Sonne der Erkenntnis steht im Mittag）」が共通である。正午とは太陽が「正午に位置している＝真南に位置している（im Mittag stehen）」時刻であり、太陽が最も高い位置にある時である。つまり一日のうちで太陽が最も多くの光（最高の光）を地上に降り注ぎ贈る時である。太陽は「溢れるほど豊かな天体」（「序説」一）として贈る徳、光を贈る力を持っている。認識の太陽が贈るのは、思想という光であり、それが正午の位置にあるときに最高の思想（最高の光）、つまり永遠回帰の思想を贈るだろう。(2)において「永遠性の蛇」が語られているが、それは永遠回帰の思想の形象である。つまり「認識の太陽が正午に位置している」という表現は、永遠回帰の思想が示される時を形象化している[11]。

大いなる正午において(1)が実現する。大いなる正午は正午として「太陽が正午に位置している（真南に位置している）」。大いなる正午は永遠回帰の思想が示される時を意味する。(1)のうちに、大いなる正午においてツァラトゥストラが永遠回帰の思想を告知することを読み取らねばならない。確かに第一部において永遠回帰の思想はそれとして明示化されていない。しかし永遠回帰の思想は『ツァラトゥストラ』の「序説」のうちに（第一節三）、そして第一部の最初の章「三つの変容」のうちに（第二節三）、見出される。そして「一匹の蛇が太陽に巻き付いていた」（「贈る徳」一）という表現のうちに、永遠回帰の思想を読み取ることができる[12]（第三節一）。『ツァラトゥストラ』の根本思想は永遠回帰の思想であり、『ツァラトゥストラ』はツァラトゥストラが永遠回帰の思想を告知する大いなる正午をテロスとしている。そして超人は「最も軽い者」（第二節四）、永遠回帰の思想という「最も重い思想がそれにとって軽く至福である存在者」(第二節七) であるから、大いなる正午において超人が語られるのである。超人の思想の背景に、『ツァラトゥストラ』の根本思想が潜んでいる。

第一部「贈る徳」におけるツァラトゥストラの最後の言葉は、神々の死と超人についてであるが、似た言葉が第四部「高等な人間」においても語られているので、二つを(a)(b)として引用しよう。

(a)『「すべての神々は死んだ (Tot sind alle Götter)。今や我々は、超人が生きることを欲する』。——これがいつか大いなる正午において我々の最後の意志でありたい」(「贈る徳」三)。

(b)「神は死んだ (Gott starb)。今や我々は欲する——超人が生きることを」(「高等な人間」二)。

「高等な人間」二においても「今や初めて大いなる正午が来る」と言われているから、(a)(b)は同じことを意味しているだろう。しかし(a)の神々は複数形であり、(b)の神は単数形である。神々と神をどう理解すればいいのか。『ツァラトゥストラ』において神々と神は多神教と一神教 (キリスト教) という対比として語られる。「神々は存在するが、神は存在しないことこそが、神的なことである」(第三部「背教者」二、「新旧の板」一一)。確かに単数形の神はキリスト教の神であるが、しかし「神の死」の文脈では複数形の神々はキリスト教の神を含めたすべての神である。[13] このように解釈することによって、『喜ばしき知』一二五の言葉「神々も腐敗する。神は死んだ。神は死んだままだ」も理解できるだろう。[14]『ツァラトゥストラ』においても神と神々がともに語られている。「神と神々から離れ去れとこの意志は私を誘惑した。一体創造すべき何があるだろうか、もし神々が——存在するとすれば」(第二部「至福の島」)。神・神々は古き世を支配しており、神・神々が存在するかぎり、新しい価値を創造できない。神・神々の死と超人の誕生は、古き世から新しき世への転換を意味する。この歴史の転換は大いなる正午において永遠回帰の教説を告知することによって可能となる。「回帰の教説は、歴史の転換点である」[15](一八八三年秋)。神・神々の死から超人へという歴史の転換の背景に、永遠回帰の思想が潜んでいる。

「大いなる正午=大いなる日 (『ヨハネの黙示録』)」が証明されれば、『ツァラトゥストラ』は古き世の没落と新しき世の誕生を語る「ツァラトゥストラの黙示録」と言うことができるだろう。

四　大いなる正午と大いなる日

『ツァラトゥストラ』は没落の始まりとその終わりによって画定されている。しかしツァラトゥストラの没落がそれを目指し、それによって終わるのは、大いなる正午である。大いなる正午こそ『ツァラトゥストラ』の展開にその方向を与えている。しかし大いなる正午とは何か。「大いなる正午（der große Mittag）」という言葉は『ヨハネの黙示録』における「大いなる日（der große Tag）」（黙示録六・一七）を想起させる。大いなる正午が黙示録の大いなる日であることを証明しなければならない。

「しかしこれらすべての者たちに、今やその日が、変化が、裁きの刀が、大いなる正午が来る。そのとき多くのことが明らかになるだろう。／そして自我を健全で神聖であると語り、我欲を至福であると語る者は、また彼が知っていることを一人の預言者（ein Weissager）として語るのだ。『見よ、それは来る、それは迫っている、大いなる正午は』」。

第三部「三つの悪」の最後においてツァラトゥストラはこのように語っている。「それは来る、それは迫っている、大いなる正午は」という言葉は、第三部「小さくする徳」の最後でも語られる。第三部は大いなる正午の切迫のもとで展開されているのである。

大いなる正午において「そのとき多くのことが明らかになるだろう（da soll vieles offenbar werden）」と言われているが、この表現（offenbar werden）はこの箇所が聖書を背景にしていることを示している。[16]「おのおの仕事は明るみに出されます。かの日にそれは明らかにされるのです（so wird das Werk eines jeden offenbar werden. Der Tag des Gerichts wird's klar machen）」[17]（第一コリント書三・一三）。「なぜなら、わたしたちは皆、キリストの裁きの座の前に立ち（Denn wir wissen alle offenbar werden vor dem Richterstuhl Christi）、善であれ悪であれ、めいめい体を住みかとしていたときに行なったことに応じて、報いを受けねばならないからです[18]」（第二コリント書五・一〇）。とすれば大いなる正午とは、「かの日＝裁きの日（der Tag des Gerichts）」、「キリストの裁きの座の前に」立つ時である。しかしその裁きの日は、『ヨハネの黙示録』において「神の裁きの時（die Stunde seines Gerichts）[19]」（黙示録一四・七）と言われている。

「それは来る、それは迫っている、大いなる正午は」という言葉に定位しよう。これは終末論的な表現として、イエスの宣教の最初の言葉を想起させる。「そのときから、イエスは『悔い改めよ。天の国は近づいた』と言って、宣べ伝え始められた」（マタイ四・一七）。「ヨハネが捕らえられた後、イエスはガリラヤへ行き、神の福音を宣べ伝えて、『時は満ち、神の国は近づいた。悔い改めて福音を信じなさい』と言われた」（マルコ一・一四－一五）。確かに「天の国は近づいた（das Himmelreich ist nahe herbeigekommen）[20]」、「神の国は近づいた（das Reich Gottes ist herbeigekommen）[21]」という言い方は、終末論的であり、その点で「それは来る、それは迫っている、大いなる正午は（er kommt, er ist nahe, der große Mittag）」と同じである。しかしここで迫って来る大いなる正午は「裁きの刀」としてであり、「天の国、神の国」とは正反対である。さらに「近づいた」という言葉は「迫っている」と異なっている。「それは迫っている（er ist nahe）」という表現は『ヨハネの黙示録』の冒頭へ導く。

「イエス・キリストの黙示。この黙示は、すぐにも起こるはずのことを、神がその僕たちに示すためにキリストにお与えになり、そして、キリストがその天使を送って僕ヨハネにお伝えになったものである。ヨハネは、神の言葉とイエス・キリストの証し、すなわち、自分の見たすべてのことを証しした。この預言の言葉（die Worte der Weissagung）を朗読する人と、これを聞いて、中に記されたことを守る人たちとは幸いである。時が迫っているからである（die Zeit ist nahe）」（黙示録一・一－三）。

黙示録は「イエス・キリストの黙示（die Offenbarung Jesu Christi）」であり、終末論的な認識のもとで書かれている。このことは「時が迫っている（die Zeit ist nahe）[22]」という言葉のうちに端的に表現されている。しかしこの表現は『ツァラトゥストラ』の「それは迫っている（er ist nahe）、大いなる正午は」と同じである。とすれば大いなる正午は、『ヨハネの黙示録』の「時が迫っている」の時、「神の裁きの時」（黙示録一四・七）であろう。

ここで着目すべきなのは、「それは来る、それは迫っている、大いなる正午は」と語る者が「一人の預言者（ein Weissager）」とされていることである。『ツァラトゥストラ』において予言者という語は何度も登場するが、それはWahrsagerとしてであって、Weissagerではない。「三つの悪」においてのみ、Weissagerと言われているのはなぜなのか。『ヨハネの黙示録』の預言を意識しているから、と答えることができる。「この預言の言葉（die Worte der Weissagung）を朗読する人と、これを聞いて、中に記されたことを守る人たちとは幸いである。時が迫っているからである（die Zeit ist nahe）」（黙示録一・三）。「この書物の預言の言葉（die Worte der Weissagung）を、秘密にしておいてはいけない。時が迫っている（die Zeit ist nahe）からである」[23]（黙示録二二・一〇）。「預言の言葉」を語った預言者（Weissager）としての『ヨハネの黙示録』のヨハネと同様に、ツァラトゥストラは預言者として「それは来る、それは迫っている、大いなる正午は」と語る。「大いなる正午が迫っている（er ist nahe）」という言葉は、『ヨハネの黙示録』の「時は迫っている（die Zeit ist nahe）」と対応している。『ヨハネの黙示録』において「時」とは「大いなる日」であるから、大いなる正午は『ヨハネの黙示録』の大いなる日に対応するだろう。ツァラトゥストラは大いなる正午を「その日」と言い換えている。

「しかしこれらすべての者たちに、今やその日が、変化が、裁きの刀が、大いなる正午が来る」（「三つの悪」）。

大いなる正午は「その日、変化、裁きの刀」と表現されている。大いなる正午が「その日」であるとすれば、「その日（der Tag）」とはまさに「大いなる日（der große Tag）」を意味する。そして「変化」とは古き世から新しき世への変化であろう。「裁きの刀（Richtschwert）」という言葉は、「大いなる正午＝その日」が「神の裁きの時（die Stunde seines Gerichts）」（黙示録一四・七）であることを示している。「裁きの刀（処刑用の首切り刀）」というこの残酷なイメージは『ヨハネの黙示録』の世界なしには理解できないだろう。裁きの刀としての大いなる正午は、

「怒りの大いなる日」である。「神と小羊の怒りの大いなる日（der große Tag ihres Zorns）が来たからである。だれがそれに耐えられる（bestehen）であろうか」[24]（黙示録六・一七）。このように語られる『ヨハネの黙示録』の「怒りの大いなる日」は大いなる正午の記述と重なり合う。すでに引用したが（第一節六）、遺稿は次のように書いている。「最後の教説。人間を克服するハンマーがここにある。／人間はできそこないか。いいだろう、人間がこのハンマーに耐える（aushalten）かどうか我々は試そう。／これが大いなる正午である」[25]（一八八四年春）。大いなる正午において告知される永遠回帰の思想はハンマーであり、「その教説を耐える者たちを除いて、人間がそれにおいて破滅する教説」[26]（一八八三年秋）なのである。

「自我が健全で神聖であること、我欲が至福であることを否定する者」、つまり「すべての世界に倦み疲れた憶病者・十字架蜘蛛」（「三つの悪」）にとって、大いなる正午は「怒りの大いなる日」＝裁きの刀であり、彼らは大いなる正午において没落・破滅する。大いなる日は「大いなる日の裁き（das Gericht des großen Tages）」[27]であり、「裁きの刀（Richtschwert）」としての大いなる正午である。そして「すべての神々は死んだ。今や我々は、超人が生きることを欲する」ことを最後の意志とする者たちの世が始まる。大いなる正午は古き世から新しき世への変化である。『ツァラトゥストラ』全体の展開を導く「大いなる正午」は、『ヨハネの黙示録』の「大いなる日」である。

確かに『ツァラトゥストラ』は旧約聖書と新約聖書を意識して書かれており、[28]『ヨハネの黙示録』はその一つにすぎない、と考えられる。しかしここで問題としている大いなる正午は『ツァラトゥストラ』の単なるエピソードではなく、その全体の展開に基本的な方向を与えている。[29]とすれば『ツァラトゥストラ』は黙示録として構想されているだろう。

『この人を見よ』（「なぜ私はかくも怜悧なのか」四）において、ニーチェは自らを「ツァラトゥストラの幻視者（der Visionär des Zarathustra）」と呼んでいる。それは幻視者ヨハネが黙示録を書いたことに対応するだろう。「ツァラトゥストラの幻視者」は、「ツァラトゥストラの黙示録」として『ツァラトゥストラ』を書いたのである。[30]『この人を見よ』はツァラトゥストラを生み出した詩人のインスピレーションを「啓示」と呼んでいる。「突然、言語を絶した確実さと精緻さをもって、最も深く人を揺り動かし衝撃を与える或るものが見られ、聞かれうるようになるという意味での啓示」（『この人を見よ』「ツァラトゥストラ」四）。ツァラトゥストラの幻視者ニーチェが体験したこの啓示（Offenbarung）こそ、黙示録（Offenbarung）としての『ツァラトゥストラ』を可能にした。『ヨハネの黙示録』が「イエス・キリストの黙示録（die Offenbarung Jesu Christi）」（黙示録一・一）であるように、『ツァラトゥストラ』は「ツァラトゥストラの黙示録（die Offenbarung Zarathustras）」である。

『ツァラトゥストラ』第一部の完成の後、ニーチェは手紙（一八八三年二月一三日）で書いている。「それは一つの『詩作』、あるいは第五の『福音書（Evangelium）』、あるいはいまだ名を持たない何ものかです[31]」。『ツァラトゥストラ』は、「『知』の形態における『道化』」（＝道化師）としてのツァラトゥストラが「喜ばしき知」（福音）を宣べ伝える福音書である[32]。この福音書は「永遠の福音（ein ewiges Evangelium）[33]」（黙示録一四・六）であり、道化師ツァラトゥストラが古き世の没落と新しき世の誕生を告げる黙示録、「道化師ツァラトゥストラの黙示録（die Offenbarung des Possenreißers Zarathustra）」であろう。

大いなる正午はツァラトゥストラの歩みのテロスである。とすれば『ヨハネの黙示録』が『ツァラトゥストラ』の終わりを規定している。しかしそれはいわゆる「黙示録的なもの（das Apokalyptische）」というイメージ、世界の没落（Weltuntergang）といった曖昧なイメージを『ツァラトゥストラ』のなかに見出すといったことではない。『ヨハネの黙示録』というテキストが『ツァラトゥストラ』の終わりを規定しているのである。

『ヨハネの黙示録』が『ツァラトゥストラ』の終わりを規定し、その全体を方向づけ、導いているとすれば、それは『ツァラトゥストラ』を一つの全体として読む場合に突き当たる問題、つまり「三部構成−四部構成」問題に光を投げかけるだろう。

五　三部構成と四部構成

一八八四年一月にニーチェは『ツァラトゥストラ』第三部を書き上げた。一月二五日、オーヴァーベク宛の手紙は書いている。「前の金曜日に『ツァラトゥストラはこう語った』はすっかり完成しました[34]」。そして第三部を手紙で「最終部[35]」、「フィナーレ[36]」と呼んでいる。このときニーチェにとって『ツァラトゥストラ』は三部構成として完成したのである。

しかし一八八五年二月にニーチェはさらに第四部を書き上げる。二月一二日、ゲルスドルフ宛の手紙は書いている。「『ツァラトゥストラの第四（最終）部が出来上がりました、まったく公表するつもりのない一種の崇高なフィナーレです[37]」。第三部と同じように、第四部も「最終部[38]」、「フィナーレ[39]」と呼ばれている。このときニーチェにとってツァラトゥストラは四部構成として完成したのである。ニーチェは同年四月半ばに私家版という形で印刷し、友人に贈った。これは「第四部最終部」とされている。

翌年の一八八六年八月に出版された『善悪の彼岸』の裏扉に、「フリードリッヒ・ニーチェの著作」として『ツァラトゥストラ』も挙げられている。それは「三部。一八八三－八四年」とされ、括弧として註記が付されている。「一八八五年の初めに書かれた、この作品の第四部最終部は、今日までいまだ出版社に手渡されていない[40]」。そしてニーチェは一八八七年に三部作として『ツァラトゥストラ』を出版した。

一八八八年に書かれた『この人を見よ』において第三部が最終部と見なされている。「いかなる場合も、第一部のときも第三部最終部のときも、私は一〇日以上を必要としなかった」（「なぜ私はかくも賢明なのか」四）。『ツァラトゥストラの誘惑』として言及されている[41]（「ツァラトゥストラ」四）。そして第四部は『ツァラトゥストラ』が四部構成として出版されたのは、一八九二年であり、それはニーチェ自身の意志ではなかった。

遺稿を見れば明らかなように、『ツァラトゥストラ』はさまざまに構想されている。しかし明確なのは、ニーチェが第三部と第四部をともに、『ツァラトゥストラ』の「最終部」、「フィナーレ」と呼んでいる、ということである。ニーチェ自身が『ツァラトゥストラ』を三部構成と四部構成という二つの可能性において考えたのである。『ツァラトゥストラ』を読む場合、「三部構成－四部構成」問題は極めて重要である。

従来の解釈において、一般的に第四部は無視あるいは軽視されてきた。例えばハイデガーは『ツァラトゥストラ』第三部の「幻影と謎」と「回復する者」を頂点として捉え、第四部を無視している。フィンクも第三部を『ツァラトゥストラ』の頂点、核心と見なしている。「『ツァラトゥストラ』は第三部においてその頂点に達する。それによってニーチェの中心的思想の段階的発展は終わる。ここでこの作品が終わるのが自然であったろう[42]」。フィンクにとって第四部は「痛ましく惨めな逸脱」であり、「転落」である[43]。

しかし四部構成を前提として、第四部を否定的に評価するのであれば、むしろ『ツァラトゥストラ』を三部構成として読むべきだろう。第三部を書き上げたとき、ニーチェ自身がそう考えていたのだから。しかしニーチェ自身が第四部を最終部と考えたこと、四部構成としての『ツァラトゥストラ』も否定できない。しかもニーチェは第四部を軽視していたわけではない。『悲劇の誕生』の新たな序「自己批判の試み」（一八八六年）は、『ツァラトゥストラ』からの引用と明記し、第四部「高等な人間」二〇の言葉で終わっている。「……笑いを私は神聖であると宣言する。お前たち高等な人間たちよ、学べ――笑うことを」。さらに『この人を見よ』（「なぜ私はかくも賢明なのか」四）において第四部は『ツァラトゥストラの誘惑』として言及され、同情の克服がツァラトゥストラの最後の誘惑、彼の力の本当の証明とされている。笑いも同情の克服も『ツァラトゥストラ』全体を貫く最も重要なテーマに属する。第四部を軽視・無視することは許されないだろう[44]。

問うべきは、第四部を評価するか否か、ではなく、『ツァラトゥストラ』を三部構成として読むか、四部構成として読むか、である。そのために、なぜニーチェが三部構成と四部構成というこの二つの可能性を考えることができたのか、を明らかにする必要がある。これは単なる成立史の問題にすぎないのではない。『ツァラトゥストラ』

という作品を全体としてどう解釈するかは、最も重要な論点を形成する。『ツァラトゥストラ』を断片的に拾い読みするのでなく、一つの全体として読むとすれば、「三部構成－四部構成」というこの問題を避けて通ることはできない(45)。

『ツァラトゥストラ』の終わりは、三部構成でも四部構成でも、『ヨハネの黙示録』によって規定されている。ニーチェは『ツァラトゥストラ』を黙示録として終わらせようとしたのである。『ツァラトゥストラ』を三部構成として読んだ場合、この物語をどのように読むことができるのか。それを第八節の課題としよう。そして『ツァラトゥストラ』が四部構成であるとすれば、いかなる物語として見えてくるのか。それに答えるのが第九節である。黙示録という視点から読むことによって、『ツァラトゥストラ』は「道化師ツァラトゥストラの黙示録」として立ち現われるだろう。

第八節　三部構成としての『ツァラトゥストラ』

「それは来る、それは迫っている、大いなる正午は」。

「小さくする徳」と「三つの悪」という第三部の二つの章は、ツァラトゥストラのこの言葉で終わっている。第三部の舞台を規定しているのは大いなる正午の切迫である。大いなる正午が『ヨハネの黙示録』の「大いなる日」であるとすれば、第三部の展開を方向づけているのは『ヨハネの黙示録』である。一八八四年一月に第三部を書き上げたニーチェは、第三部を「最終部」、「フィナーレ」と呼んだ。このときニーチェにとって『ツァラトゥストラ』は第三部で終わる物語であった。ニーチェのこの意志を尊重するべきであるとすれば、『ツァラトゥストラ』は三部構成の作品として読まれなければならない。それは第四部を無視・軽視するのでなく、第四部を存在しないものと想定することである。三部構成としての『ツァラトゥストラ』はいかなる物語なのか。『ヨハネの黙示録』から読むことはこの問題にいかなる光を投げかけるのか。第三部のうちに『ヨハネの黙示録』の世界がいかなる仕方で登場しているかを考察することから始めよう。

一　第三部と『ヨハネの黙示録』

「この大いなる都に不幸あれ（Wehe dieser großen Stadt!）。——この大いなる都がそのなかで焼かれる（sie verbrannt wird）火の柱を必ず見たいと思う。／なぜならそのような火の柱は大いなる正午に先行しなければならないからだ。しかしこうしたことにはしかるべき時機があり、それ自身の運命がある[1]」。

第三部「通り過ぎること」においてツァラトゥストラはこのように語っている。「火の柱（Feuersäule）」という語は旧約聖書『出エジプト記』（一三・二一）に由来しているから[2]、この箇所の記述は聖書を背景にしているだろう。「不幸（Wehe）」、「大いなる都（große Stadt）」、「焼かれる（sie verbrannt wird）」という言葉は、『ヨハネの黙示録』第一八章「バビロンの滅亡」へ導く。「また、彼女は火で焼かれる（und mit Feuer wird sie verbrannt werden）」（黙示録一八・八）。「不幸だ、不幸だ、大いなる都、強大な都バビロン、お前は、ひとときの間に裁かれた（Weh, weh, du große Stadt Babylon, du starke Stadt, in einer Stunde ist dein Gericht gekommen.）[3]」（黙示録一八・一〇）。その表現の共通性から見て、ツァラトゥストラの言葉が『ヨハネの黙示録』における「大いなる都バビロンの滅亡」を背景にしていることは否定できないだろう。「そのような火の柱は大いなる正午に先行しなければならない」と言われているのだから、大いなる正午は『ヨハネの黙示録』の世界のうちで考えられている。大いなる正午は古き世の滅亡と新しき世の到来という歴史の転換点である。この転換はいかにして生じるのか。その構造は第三部「小さくする徳」において読み取ることができる。

「しかし彼らの時が来る。そしてまた私の時も来る。一刻一刻と彼らは一層小さくなり、貧しくなり、不毛になる、――哀れな雑草よ、哀れな土よ。／そしてまもなく彼らは干からびた草・草原のような状態になるだろう。そしてまことに、彼ら自身に疲れ、――そして水よりも火を渇望するだろう。／おお、稲妻の祝福された時よ。おお、正午前の秘密よ。――いつか私は彼らを走る火、炎の舌を持つ告知者としよう。／彼らはいつか炎の舌をもって告知するだろう。つまりそれは来る、それは迫っている、大いなる正午は[4]」（「小さくする徳」三）。

「彼らの時（Stunde）が来る」とされる時は、「序説」五において語られていた時である。「不幸だ。人間がいかなる星ももはや産まない時（Zeit）が来る。不幸だ。自分自身をもはや軽蔑できない最も軽蔑すべき人間の時が来る」。「最も軽蔑すべき人間」は「最後の人間」（「序説」五）であるから、「彼らの時」は最後の人間の時、つまり最後の人間が支配する時を意味する。[5]「一層小さくなり、貧しくなり、不毛になる」と言われている彼ら民衆は、「最後の人間」なのである。それ故「小さくする徳」は、「すべてを小さくする最後の人間」（「序説」五）の徳である。最後の人間は「我々は幸福を案出した」（「序説」五）と言うが、「小さくする徳」は語る。「彼らは一層小さくなりますます小さくなった。しかしこれは幸福と徳についての彼らの教説がしたことなのだ」（「小さくする徳」二）。「幸福と徳についての彼らの教説」とは、最後の人間が案出した幸福、そしてすべてを小さくする最後の人間の徳である。「序説」では次のように語られていた。「まだ人間の土地（Boden）は十分豊かである。しかしこの土地はいつか貧しく軟弱になるだろう。そして高い木はもはやそこから成長することができなくなるだろう」（「序説」五）。このツァラトゥストラの予言どおり、彼ら民衆は「一層小さくなりますます小さくなった」のであり、「哀れな雑草よ、哀れな土よ（armes Kraut! armes Erdreich）」と言われるまでになっている。しかし「彼らの時が来る」に続けて「そしてまた私の時も来る」と言われている。「私の時」とは大いなる正午を迎える時である。「よし、獅子が来た、私の子供たちが近づいている。ツァラトゥストラは熟した、私の時（meine Stunde）が来た。／これは私の朝だ、私の日が始まる。今や上がって来い、上がって来い、お前大いなる正午よ」（「徴」）。

「彼らの時が来る。そしてまた私の時も来る」とは、彼らの時が来るときこそ、私の時が来る、ということを意味する。[6] つまり最後の人間が支配する時、世界が没落の頂点に達した時こそが、大いなる正午を迎える時なのである。炎の舌を持つ告知者（最後の人間の支配＝没落の頂点）は、「それは来る、それは迫っている、大いなる正午は」と告知する。歴史を没落の歴史と捉え、その没落の頂点（最も暗い時代＝終末）こそ新しき時代への転換と考える歴史観を黙示録的没落史観と名づけるとすれば、この没落史観が『ツァラトゥストラ』の大いなる正午を規定している。「正午前の秘密」とは黙示録的没落史観の秘密なのである。しかしこの歴史観は『ヨハネの黙示録』を規定している歴史意識である。キリスト教徒に対する迫害が強まっていること（彼らの時）は、大いなる日（私の時）が迫っていることの徴である。[7]

大いなる正午が黙示録的没落史観によって規定されていることは、第三部「新旧の板」三〇のうちに読み取ることができる。「おお、お前私の意志よ。お前すべての困窮の転換よ。お前必然性よ。すべての小さな勝利から私を守ってくれ」とツァラトゥストラは語るが、それは「私がいつか大いなる正午において準備ができており、熟している」ためにである。私の意志は仮借なき太陽の意志として「勝利において殲滅することに準備ができている」のでなければならない。大いなる正午において敵を殲滅するという残酷なイメージは『ヨハネの黙示録』を背景にしてのみ理解できるだろう。「すべての困窮の転換（Wende aller Not）」としての必然性（Notwendigkeit）とは、没落の完成・頂点においてすべての困窮を転換することによって、古き世から新しき世へ転換することである。それが永遠回帰の教師としてのツァラトゥストラの必然性＝運命である。「転換点（Wendepunkt）としての大いなる正午」[8]（一八八三年秋）は歴史の転換点、古き世から新しき世への転換である。この新しき世は第三部「日の出前」における光の深淵の世界に見ることができる。

「一人の怒れる鼓手（ein zorniger Paukenschläger）。なぜなら流れる雲が私からお前の然りとアーメンを奪い取るからだ、お前私の上なる天空よ、お前純粋なものよ、光輝くものよ、お前光の深淵よ。――なぜなら流れる雲はお前から私の然りとアーメンを奪い取るからだ」（「日の出前」）。

「然りとアーメン」という言葉が『ヨハネの黙示録』（一・七）に由来していることは明らかだろう。[9] 流れる雲（善悪）に対して「一人の怒れる鼓手」となることは、然りとアーメンを奪い取る流れる雲という敵を殲滅させる軍隊の鼓手となることであり、その怒り（zornig）は「怒りの大いなる日（der große Tag ihres Zorns）」（黙示録六・一七）の怒りであろう。私の上なる天空（光の深淵）は「私の荒れ狂う魂に啓示を語りかける」（「日の出前」）が、この「啓示（Offenbarung）」は黙示録（Offenbarung）を想起させる。日の出前の天空のうちにツァラトゥストラは永遠回帰の肯定的な世界を幻視している。それは古き世（善と悪、流れる雲）を怒れる鼓手として否定し、新しき世を幻視することである。私の上なる天空にツァラトゥストラが幻視した光の深淵という新しき世界は、黙示録のヨハネが幻視した新しき世界、天から下ってくる「聖なる都、新しきエルサレム」である。「わたしはまた、新しい天と新しい地を見た。最初の天と最初の地は去って行き、もはや海もなくなった。更にわたしは、聖なる都、新しきエルサレムが、夫のために着飾った花嫁のように用意を整えて、神のもとを離れ、天から下って来るのを見た」（黙示録二一・一－二）。この聖なる都エルサレムは「神の栄光」を持ち、「その光は最高の宝石のようであった（ihr Licht war gleich dem alleredelsten Stein）[10]」（黙示録二一・一一）。この光が「日の出前」において光の深淵（Licht-Abgrund）として幻視されたのである。

第三部「日の出前」において、光の深淵の世界が「世界は深い――、かつて昼が考えたより深い」と語られている。この言葉は、第三部の最後から二番目の章「第二の舞踏の歌」三において再び登場する。「第二の舞踏の歌」を検討することにしよう。

二　第二の舞踏の歌

「最近私はお前の目をのぞき込んだ、おお、生よ。私はお前の夜の目の中に黄金がきらめくのを見た、――私の心臓はこの歓喜で止まるほどだった。／一つの黄金の小舟が夜の水の面にきらめくのを私は見たのだ、沈み、水をかぶり、再び手招きする黄金の揺れ動く小舟を」(「第二の舞踏の歌」一)。

「第二の舞踏の歌」はこのように始まっている。「第二の舞踏の歌」という表題は第一の舞踏の歌を前提している。それは第二部「舞踏の歌」である。実際「第二の舞踏の歌」の冒頭は、「舞踏の歌」で歌われる歌の冒頭に対応している。

「最近私はお前の目をのぞき込んだ、おお、生よ。そして底知れぬ深みの中へ私が沈むように思われた」(「舞踏の歌」)。

二つの舞踏の歌の冒頭は一つの対をなしている。「最近私はお前の目をのぞき込んだ、おお、生よ」が共通であるが、そこで見たものは対比的である。「黄金がきらめくのを見た」—「底知れぬ深みの中へ私が沈むように思われた」。この対比の意味を考察しよう。

第二部「舞踏の歌」において歌われる歌は『世界の主』であると言われている重さの霊、私の最高の最強の悪魔に対する舞踏・嘲笑の歌」(「舞踏の歌」)である。つまり舞踏の歌は重さの霊との戦いを意味している。二つの舞踏の歌に違いがあるとすれば、それは第二部「舞踏の歌」と第三部「第二の舞踏の歌」の間に、ツァラトゥストラの歩みがあったからである。第二部最終章「最も静かな時」における要求を自らの課題として引き受けたツァラトゥストラは、第三部「幻影と謎」と「回復する者」を通して永遠回帰の思想を直視し、「大いなる憧憬」において「私がお前(私の魂)に歌えと命令したこと、見よ、これが私の最後のものなのだ」と言うまでに至った。そして「第二の舞踏の歌」において、重さの霊に勝利した舞踏の歌を歌うのである(第五節五)。善と悪という重荷を背負わせる重さの霊に勝利することは、善悪の彼岸に立つことである。「第二の舞踏の歌」において生はツァラトゥストラに語る。「我々は二人とも善をなさず、悪をなさない本当の者である。善悪の彼岸に我々は我々の島と我々の緑の草原を見出した——我々二人だけが」(「第二の舞踏の歌」二)。

確かに第二部「舞踏の歌」において、ツァラトゥストラは舞踏の歌を歌う。しかしその歌の最初で「底知れぬ深みの中へ私が沈むように思われた」と言われ、その歌は「そして底知れぬ深みの中へ再び私が沈むように思われた」という言葉で終わっている。生の底知れぬ深みに沈むとは、ツァラトゥストラがいまだ生を見極めていないことを意味する。彼は生の本質、つまり永遠回帰の思想を直視していないのである。それに対して「第二の舞踏の歌」において、ツァラトゥストラは生の耳に或ることを言うが、生は「お前はそれを知っているのか、おお、ツァラトゥストラよ。それを誰も知らないのに」（「第二の舞踏の歌」）と答えている。ツァラトゥストラだけが知っているものとは永遠回帰の思想である。しかし第二部「舞踏の歌」のツァラトゥストラはいまだ永遠回帰の思想を直視していない。「見知らぬものが私のまわりにあり、憂うつそうに眺めている。何だって。お前はまだ生きているのか、ツァラトゥストラ。／なぜ。何のために。何によって。どこへ向かって。どこで。いかに。／まだ生きていることは愚かではないか」（「舞踏の歌」）。「見知らぬもの」は永遠回帰の思想であり、その思想を直視しないが故に、生きることの「なぜ。何のために……」が問われるのである。

第二部「舞踏の歌」において生を見極めていなかったツァラトゥストラは、第三部「第二の舞踏の歌」において、生の目の中に「一つの黄金の小舟（Kahn）が夜の水の面にきらめく」のを見る。この小舟は、「第二の舞踏の歌」の前の章「大いなる憧憬」において語られた小舟（Nachen）である。

「黄金の奇跡へ向かって、自由意志の小舟と小舟の主へ向かって。つまり小舟の主はダイヤモンドの葡萄摘みの小刀を持って待っている葡萄摘みの者なのだ、――／――お前の大いなる救済者だ、おお、私の魂よ、名を持たない者だ、……」（「大いなる憧憬」）。

小舟の主である葡萄摘みの者は、救済者としてのディオニュソスである。[11] このことはディオニュソスが葡萄酒の神であることから明白である。小舟の主であるディオニュソスは救済者とされているが、しかし『ヨハネの黙示録』において救済者はイエスである。ここでニーチェはディオニュソスとイエスを同一視しているだろう。しかしこのことの意味は後に改めて論じるとして（第九節三）、黙示録という視点から「第二の舞踏の歌」を考察しよう。

「第二の舞踏の歌」において最も重要なのは、真夜中の一二時の鐘である。「一つの古い重い、重い、鳴り響く鐘がある。その鐘は夜お前の洞窟まで鳴り響く。――／この鐘が真夜中に時を打つのを聞くとき、お前は一から一二までの間にそのことを考える――／お前はそのことを考える、おお、ツァラトゥストラよ、私は知っている、お前がまもなく私を見捨てようとお前は考えることを」（「第二の舞踏の歌」二）。こうして「第二の舞踏の歌」三において次のように歌われる。

「一つ！／おお、人間よ。注意せよ。／二つ！／深い真夜中は何を語るか、／三つ！／『私は眠った、私は眠った――、／四つ！／深い夢から私は目覚めた。――／五つ！／世界は深い、／六つ！／昼が考えたより深い。／七つ！／世界の苦痛は深い――、／八つ！／快は心の苦悩よりさらに深い、／九つ！／苦痛は語る、過ぎ去れと。／一〇！／しかしすべての快は永遠性を欲する――、／一一！／深い、深い永遠性を欲する』。／一二！」（「第二の舞踏の歌」三）。

まずよく見かける誤解から始めよう。それはこの歌が一一の詩句から成っているという点に関わる。一二回の鐘の音に対して一二の詩句でなく、一一の詩句が歌われている。しかし一二番目の鐘の音に対応する詩句が欠けていることに深い意味を求めるのは、単純な誤りである。一つ一つの鐘の音に対して一つの詩句が対応するのでなく、鐘の一つの音と次の音の間に考えられたことがそれぞれ一つの詩句として歌われるのである。「この鐘が真夜中に時を打つのを聞くとき、お前は一から一二までの間にそのことを考える」のだから、一二番目の鐘の音が響いた後に詩句がないのは当然である。

ここで歌われているのは、永遠回帰の世界の肯定である。ツァラトゥストラはすでに永遠回帰の思想を知っていると生の耳にささやいていた。この永遠回帰の肯定的な世界を真夜中の鐘が一二時を打つ間に考えたのである。しかし生は「お前がまもなく私を見捨てようとお前は考える」と言っている。「私を見捨てる」とは、ツァラトゥストラが生を見捨てる、つまり彼が死ぬことである。真夜中の鐘が一二時を打つ間に、ツァラトゥストラは彼がまもなく死ぬということを考えるとされている。しかし「第三の舞踏の歌」三において真夜中の鐘の一から一二までの間にツァラトゥストラが考えたことは、永遠回帰の世界の肯定である。ではツァラトゥストラは彼の死について考えなかったことになるのか。生が予言したことが誤っていたとは想定できないだろう。生の予言に対してツァラトゥストラ自身が「然り」(「第二の舞踏の歌」二)と答えているのだから。むしろツァラトゥストラは永遠回帰の世界の肯定とともに、彼の死をも考えた。一二時の鐘を聞くとき、永遠回帰の世界の肯定と彼の死が同時に考えられたのである。それによって、永遠回帰の思想の告知とツァラトゥストラの死が起きる大いなる正午が暗示されている。真夜中の一二時は正午の一二時でもあるだろう。大いなる正午においてツァラトゥストラは永遠回帰の教説を告知し、そして死ぬだろう。第三部「回復する者」においてツァラトゥストラの動物たちが予言したことが成就するのである(第七節二)。

一二という数字は真夜中を示すとともに、また正午、大いなる正午をも指し示している。しかしこの数は『ヨハネの黙示録』へ導く。『ヨハネの黙示録』において一二という数字は「刻印を押されたイスラエルの子」の数を規定している。古き世の没落において、神の僕として救われる者たちは、ユダヤ民族の一二部族から選ばれる。しかも各部族からそれぞれ一万二千人が選ばれている(黙示録七・五―八)。さらに天から下って来る「聖なる都エルサレム」は一二という数字によって描写されている。「都には、高い大きな城壁と一二の門があり、それらの門には一二人の天使がいて、名が刻みつけてあった。イスラエルの子らの一二部族の名であった。東に三つの門、北に三つの門、南に三つの門、西に三つの門があった。都の城壁には一二の土台があって、それには小羊の一二使徒の一二の名が刻みつけてあった」(黙示録二一・一二―一四)。この都は正四角形の形であり、長さと幅は一万二千スタディオン、城壁の高さは一四四(12×12)ペキスである。一二という数字は、救われるイスラエルの子(新しき世を迎える人々)と「聖なる都エルサレム」(新しき世)を規定している。つまり一二は新しき世を示す数字である。このことに対応して、真夜中の鐘が一二時を打つ間に永遠回帰の世界を肯定する歌を歌ったのである。

「第二の舞踏の歌」は真夜中の一二時の鐘、そして永遠回帰の思想の肯定とツァラトゥストラの死を示唆することによって、次の章である第三部最終章「七つの封印」においてツァラトゥストラが大いなる正午を迎えることを暗示している。

三　七つの封印

三部構成としての『ツァラトゥストラ』の終わりをなす最終章の表題「七つの封印（あるいは然りとアーメンの歌）」は『ヨハネの黙示録』に由来している。[12]「七つの封印（Die sieben Siegeln）」は明らかに『ヨハネの黙示録』に登場する七つの封印である。「またわたしは、玉座に座っておられる方の右の手に巻物があるのを見た。表にも裏にも字が書いてあり、七つの封印（sieben Siegeln）で封じられていた」[13]（黙示録五・一）。「然りとアーメンの歌（das Ja- und Amen-Lied）」における「然りとアーメン」も『ヨハネの黙示録』に由来するだろう。「見よ、その方が雲に乗って来られる。／すべての人の目が彼を仰ぎ見る、／ことに、彼を突き刺した者どもは。／地上の諸民族は皆、彼のために嘆き悲しむ。／然り、アーメン（Ja, Amen）」[14]（黙示録一・七）。

第三部最終章はその表題が『ヨハネの黙示録』に由来するだけでなく、その表題「七つの封印」に従って、七節構成になっている。ここでもよくある誤解を取り除きたい。封印という言葉から「封印する（siegeln）」（封じ目に印を押し、開閉を禁じる）を連想し、「封印を閉じる」と思い込みやすい。しかし「七つの封印」が『ヨハネの黙示録』に由来するとすれば、それは単純な誤解である。「七つの封印で封じられていた」巻物を見るために封印を開くのであって、閉じるのではない。「また、わたしが見ていると、小羊が七つの封印の一つを開いた」（黙示録六・一）。「小羊が第二の封印を開いたとき、……」（黙示録六・三）。「小羊が第三の封印を開いたとき、……」（黙示録六・五）。「小羊が第四の封印を開いたとき、……」（黙示録六・七）。「小羊が第五の封印を開いたとき、……」（黙示録六・九）。「また、見ていると、小羊が第六の封印を開いた」（黙示録六・一二）。「小羊が第七の封印を開いたとき、……」

（黙示録八・一）。「七つの封印」の各節がWennという言葉で始まっていることは、[15]『ヨハネの黙示録』において繰り返される「小羊が封印を開いたとき（als es das Siegel auftat, da es das Siegel aufthet）」[16]という表現に由来する。それは、七つの封印を一つ一つ開いていくことに対応している。七つの封印が開かれるのは、『ヨハネの黙示録』の大いなる日においてである。『ヨハネの黙示録』では、その第六章から第八章にかけて、七つの封印が一つ一つ開かれる。第三部最終章で七つの封印が開かれるということは、第三部最終節においてツァラトゥストラが「大いなる日（『ヨハネの黙示録』）＝大いなる正午」を迎えたことを意味する。

一つ一つ開かれる各節は、同じ構造を持っている。各節はWenn（……ならば）という言葉で始まり、その終わりも同じ言葉で終わっている。「おお、どうして私が永遠性を激しく求めないことがあろうか、指輪のなかの結婚の指輪（Ring）、回帰の円環（Ring der Wiederkunft）を。／……／なぜなら私はお前を愛するからだ、おお、永遠性よ」。ツァラトゥストラは「永遠性」＝「回帰の円環」、つまり永遠回帰の世界を求め、その世界を愛する。永遠回帰の世界をここで肯定しているのである。第三部最終章はその表題「七つの封印」によって、大いなる正午においてツァラトゥストラが永遠回帰の世界を最終的に肯定し、その教説を告知することを暗示している。大いなる正午は古き世から新しき世への転換点である。この転換点に立っていることは、「七つの封印」の冒頭から読み取れる。

「私が一人の予言者であり、二つの海の間の高い山の背をさまよい歩くあの予言者的な精神に満ちているならば、／過ぎ去ったものと来るべきものの間を重い雲としてさまよい歩く、――蒸し暑い低地の敵として、そして倦み疲れ死ぬことも生きることもできないすべてのものの敵として、／暗い心のうちで、稲妻と救済する光線を放つ準備ができている。然りを言い、然りと笑う稲妻を孕み、予言者的な稲妻を放つ用意ができている」（「七つの封印」一）。

「過ぎ去ったものと来るべきものの間を重い雲としてさまよい歩く」とは、古き世（過ぎ去ったもの）と新しき世（来るべきもの）との間に立つ予言者ツァラトゥストラを意味している。それは『ヨハネの黙示録』における「古き世から新しき世へ」に対応している。実際「七つの封印」の冒頭は、『ヨハネの黙示録』を想起させる。[17]「わたしはまた、もう一人の力強い天使が、雲を身にまとい、天から降って来るのを見た。頭には虹をいただき、その顔は太陽のようで、足は火の柱のようであり、手には開いた小さな巻物を持っていた。そして、右足で海を、左足で地を踏まえて、獅子がほえるような大声で叫んだ。天使が叫んだとき、七つの雷がそれぞれの声で語った」（黙示録一〇・一－三）。『ヨハネの黙示録』の「獅子がほえるような大声」は、旧約聖書の『アモス書』を背景にしているとされる。「獅子がほえる／誰が恐れずにいられよう。／主なる神が語られる／誰が預言せずにいられようか(wer sollte nicht Prophet werden?)[18]」（アモス書三・八）。「預言せずにいられない」が故に、ツァラトゥストラは「私が一人の予言者であり……」と語るのである。

「蒸し暑い低地、倦み疲れ死ぬことも生きることもできないすべてのもの」は古き世を意味し、ツァラトゥストラはこの古き世の敵である。「七つの封印」において古き世の否定は「私の怒りがかつて墓を破壊し、境界石を動かし、古い板を砕いて険しい深みへ転げ落とした」（「七つの封印」二）と言い表わされている。「私の怒り（mein Zorn）」は『ヨハネの黙示録』の「怒りの大いなる日」を想起させるだろう。新しき世は「稲妻と救済する光線、然りを言い、然りと笑う稲妻」によって表現されている。稲妻は超人の形象である。「見よ、私はお前たちに超人を教える、超人はこの稲妻なのだ」（「序説」三）。「然りを言い、然りと笑う稲妻」は、牧人の笑いに達した超人を示している。それは「救済する光線」として救済者である。「すべての神々は死んだ。今や我々は、超人が生きることを欲する」（「贈る徳」三）ことが、大いなる正午における我々の最後の意志となったのである。

古き世から新しき世への転換は古き世を滅ぼすことであり、七つの封印を開くことは古き世の滅亡を引き起こす。それは『ヨハネの黙示録』において天変地異として描写されている。「また、見ていると、小羊が第六の封印を開いた。そのとき、大地震が起きて、太陽は毛の粗い布地のように暗くなり、月は全体が血のようになって、天の星は地上に落ちた。まるで、いちじくの青い実が、大風に揺さぶられて振り落とされるようだった[19]」（黙示録六・一二－一三）。「小羊が第七の封印を開いたとき、天は半時間ほど沈黙に包まれた。……それから、天使が香炉を取り、それに祭壇の火を満たして地上へ投げつけると、雷、さまざまな音、稲妻、地震が起こった」(黙示録八・一、八・五)。封印が開かれることは、地震、天の星、火、雷、音、稲妻等によって描写されている。これらの言葉は「七つの封印」三において登場する。

「創造的な息吹きから一吹きが、星の輪舞を舞踏するようにさらに偶然を強制するあの天の困窮から一吹きが、私のもとにかつて来たならば、/行為の長い雷がとどろきながらも従順に後に続く創造的な稲妻の笑いによって、私がかつて笑ったならば、/地震が起こり、大地が割れ、火の流れが噴出するほどに、私がかつて大地という神々のテーブルで神々とさいころ遊びをしたならば」。

星の輪舞、天の困窮、雷、稲妻、地震、火の流れといった言葉が描く世界は、『ヨハネの黙示録』の世界、七つの封印を開くことによって現出する世界を想起させるだろう。それは古き世を破壊する場面であり[20]、「神と小羊の怒りの大いなる日が来たからである。だれがそれに耐えられるであろうか」(黙示録六・一七)と言われる世界である。

しかし「神と小羊の怒りの大いなる日」は新しき世の始まり、「聖なる都、新しきエルサレム」が天から下って来る日である。そのとき、玉座に座っておられる方は言われる。「事は成就した、わたしはアルファであり、オメガである(Ich bin das A und das O)。初めであり、終わりである。渇いている者には、命の水の泉から価なしに飲ませよう……」[21](黙示録二一・六)。「事は成就した」という肯定、新しき世の到来を告げることは、「七つの封印」六において、『ヨハネの黙示録』の言葉「アルファでありオメガである」を使って言い表わされている。[22]

「すべての重いものが軽くなり、すべての身体が舞踏する者となり、すべての精神が鳥となること、それが私のアルファでありオメガであるならば、そしてまことに、それが私のアルファでありオメガなのだ」。

「すべての重いものが軽くなり、すべての身体が舞踏する者となり、すべての精神が鳥となる」世界は、永遠回帰の肯定的な世界であり、重さの霊を笑いによって殺した世界、『ツァラトゥストラ』における新しき世である

（第四節五）。そしてこの世界を肯定する歌が「然りとアーメンの歌」である。

大いなる日において七つの封印を開くことは、古き世の滅亡を引き起こすが、それは同時に新しき世の始まりである。しかし七つの封印を開く者は誰なのか。この問いに答えることによって、第三部最終章「七つの封印」が『ツァラトゥストラ』の終わりをなすことの意味を明らかにできるだろう。

四　七つの封印を開ける者としての獅子

まず三部構成としての『ツァラトゥストラ』が含む難点について考察することから始めよう。ツァラトゥストラが永遠回帰の教師として大いなる正午を迎えるために果たすべき課題は二つあった。それは永遠回帰の思想を直視し肯定すること、そして同情の克服である。確かに第三部においてツァラトゥストラは永遠回帰の直視と肯定を成し遂げた。しかし同情の克服は第四部においてなされる（第三節五、六）。とすれば第三部最終章においてツァラトゥストラが大いなる正午（大いなる日）を迎えることはできないだろう。三部構成としての『ツァラトゥストラ』は、同情の克服をいまだ成し遂げていないという難点を持っている。

この難点は確かに認められねばならない。しかし第三部においても同情の克服がテーマとなっていることは確かである。「それは来る、それは迫っている、大いなる正午は」という言葉で終わる第三部「小さくする徳」においてツァラトゥストラは次のように語る。「確かに彼らは歩くことと前に歩くことを彼らなりに学ぶ。それを私はびっこを引くことと呼ぶ――。それによって彼らは急いでいる者にとって障害となる。／そして彼らの多くは前に進み、その際首を硬直させて後ろを振り返る。そうした人の体に私は好んで走りぶつかる」（「小さくする徳」二）。これは「序説」における道化師の行為を想起させる。道化師は「前に進め、足萎えよ。……お前より優れた者の自由な道をお前は塞いでいる」（「序説」六）と言って、綱渡り師を跳び越える。「びっこを引いて歩く者、急いでいる者の障害となる者」の体に走って突き当たることは、道化師と同質の行為であり、同情の克服なしには不可能だろう。同情の克服によるツァラトゥストラの残酷さは、第三部「新旧の板」二〇でも語られていた（第一節二）。「落ちるものは、またさらにそれを突き落とすべきである」という残酷な行為は、綱渡り師を跳び越え、綱から落とし死に至らしめる行為と同じである。ツァラトゥストラは同情を克服した道化師の立場を語っている。しかし三部構成においてツァラトゥストラが同情の克服を果たした姿で真に登場するのは、その最終章「七つの封印」においてである。このこともまた『ヨハネの黙示録』に即して示すことができる。

ツァラトゥストラに二つの課題を提示したのは、最も静かな時であった。「偉大なことを成し遂げることは困難である。しかし一層困難なことは、偉大なことを命令することである」。これはツァラトゥストラの二つの課題を示しているが、それに対してツァラトゥストラは「私には命令するための獅子の声が欠けている」と答えている（第三節五）。第三部「七つの封印」においてツァラトゥストラがこの「獅子の声」を獲得したと読むことが可能である。それによって「七つの封印」において大いなる正午を迎えたと解釈できるだろう。

第三部「七つの封印」の冒頭は『ヨハネの黙示録』（一〇・一－三）を想起させた（三）。そこには次のように書かれていた。「獅子がほえるような大声で叫んだ。天使が叫んだとき、七つの雷がそれぞれの声で語った」（黙示録一〇・三）。「獅子がほえるような大声で（mit großer Stimme, wie ein Löwe brüllt）」という言葉は、「最も静かな時」における「命令するための獅子の声（des Löwen Stimme zum Befehlen）」へ導くだろう。「七つの封印」の冒頭で『ヨハネの黙示録』（一〇・一－三）を暗示することは、ツァラトゥストラがここで「獅子がほえるような大声」、つまり「命令するための獅子の声」を獲得したことを示している。そもそも七つの封印を開くことは、古き世を滅亡させることであり、それは同情を克服しなければ不可能である。[24]

ツァラトゥストラが同情を克服し、獅子の声を獲得したことは、彼が七つの封印を開くことによって古き世を没落させることから一応理解できる。しかしさらに『ヨハネの黙示録』において七つの封印を開くのは誰か、という点から、はっきり主張することができる。「またわたしは、玉座に座っておられる方の右の手に巻物があるのを見た。表にも裏にも字が書いてあり、七つの封印（sieben Siegeln）で封じられていた。……この巻物を開くにも、見るにも、ふさわしい者がだれも見当たらなかったので、わたしは激しく泣いていた。すると、長老の一人がわたしに言った。『泣くな。見よ。ユダ族から出た獅子、ダビデのひこばえが勝利を得たので、七つの封印を開いて、その巻物を開くことができる』」（黙示録五・一、五・四―五）。『ヨハネの黙示録』において七つの封印を開くことができるのは、「ユダ族から出た獅子（der Löwe aus dem Stamm Juda）」である。『ヨハネの黙示録』が最終章「七つの封印」を規定しているのだから、『ツァラトゥストラ』においても七つの封印を開くのは獅子であろう。『ヨハネの黙示録』が『ツァラトゥストラ』第三部の展開、そしてその最終章を支配しているとすれば、第三部の最後でツァラトゥストラは獅子（七つの封印を開けることができる獅子）となったのである。それは第二部最終章「最も静かな時」において言われた「命令するための獅子の声」をツァラトゥストラがここで獲得したことを意味する。つまり「七つの封印」においてツァラトゥストラ自身が同情を克服した笑う獅子として登場している。ツァラトゥストラは古き世（ためらう怠惰な者たちの世）の没落と新しき世（ツァラトゥストラの世）の誕生を意志する道化師となったのである（序章一）。[25]

しかし『ヨハネの黙示録』において七つの封印を開く獅子は、「ダビデのひこばえ」、つまり小羊イエスである。「わたし、イエスは使いを遣わし、諸教会のために以上のことをあなたがたに証しした。わたしは、ダビデのひこばえ、その一族、輝く明けの明星である」（黙示録二二・一六）。『ヨハネの黙示録』は「イエス・キリストの黙示録」（黙示録一・一）である。それに対して、『ツァラトゥストラ』においてツァラトゥストラが七つの封印を開くのだから、ツァラトゥストラは『ヨハネの黙示録』のイエスと同じ位置を占めている。そしてツァラトゥストラは同情を克服した道化師なのだから、『ツァラトゥストラ』は「道化師ツァラトゥストラの黙示録」なのである。

『ツァラトゥストラ』を三部構成として読むとすれば、この物語がいかなる姿で立ち現われるかが、この節の主題であった。『ツァラトゥストラ』は「道化師ツァラトゥストラの黙示録」であるというのが、この問いに対する答えである。『ツァラトゥストラ』は『ヨハネの黙示録』によって方向づけられ、黙示録として終わる。とすれば『ツァラトゥストラ』第四部を最終部としたときも、ニーチェは同じように「道化師ツァラトゥストラの黙示録」として完成させたのだろう。四部構成としての『ツァラトゥストラ』というテーマを第九節で扱うことにしよう。

第九節　四部構成としての『ツァラトゥストラ』

「『よし、獅子が来た、私の子供たちが近づいている。ツァラトゥストラは熟した、私の時が来た。／これは私の朝だ、私の日が始まる。今や上がって来い、上がって来い、お前大いなる正午よ』／このようにツァラトゥストラは語り、彼の洞窟を立ち去った、燃えるように力強く、暗い山から来る朝の太陽のように」（「徴」）。

『ツァラトゥストラ』第四部はこのように終わっている。一八八五年二月にニーチェはこの第四部を最終部として書き上げた。このとき『ツァラトゥストラ』は四部構成として完結した。その後ニーチェが第四部に対していかなる態度をとったかに関わらず、四部構成として『ツァラトゥストラ』を読む可能性を否定することはできない。『ツァラトゥストラ』が四部構成だとすれば、ツァラトゥストラの最後の言葉は「今や上がって来い、上がって来い、お前大いなる正午よ」である。大いなる正午が『ヨハネの黙示録』の大いなる日であるとすれば、『ツァラトゥストラ』は『ヨハネの黙示録』を想起させることによって終わっている。三部構成としての『ツァラトゥストラ』が「道化師ツァラトゥストラの黙示録」であったのと同様に、四部構成としての『ツァラトゥストラ』も「道化師ツァラトゥストラの黙示録」という基本的性格を持っているだろう。前節と同様に、第四部のうちに『ヨハネの黙示録』の世界がいかなる仕方で登場しているかを考察することから始めよう。

一　第四部と『ヨハネの黙示録』

「昔――紀元元年だと思うが――／巫女が語った、葡萄酒なしで酔っ払って、／『不幸だ、何もかもうまくいかない。／頽廃だ、頽廃だ。世界がこれほど深く落ちぶれたことはない。／ローマは淫婦に、淫婦宿に落ちぶれた、／ローマの皇帝は畜生に落ちぶれ、神自身は――ユダヤ人になった』」。

第四部「王たちとの対話」一においてこのように書かれている。「ローマは淫婦（Hure）に落ちぶれた」という言葉は、『ヨハネの黙示録』における「大淫婦バビロン（der große Hure Babylon）」（『ヨハネの黙示録』第一七章の表題）に由来する。[1]『ヨハネの黙示録』においてバビロンはローマを指している。「さて、七つの鉢を持つ七人の天使の一人が来て、わたしに語りかけた。『ここへ来なさい。多くの水の上に座っている大淫婦に対する裁きを見せよう。地上の王たちは、この女とみだらなことをし、地上に住む人々は、この女のみだらな行いのぶどう酒に酔ってしまった』」（黙示録一七・一―二）。「ローマの皇帝が畜生に落ちぶれた」とは、皇帝ネロがキリスト教徒を迫害したことを意味するだろう。『ヨハネの黙示録』（一三・一八）の数字六六六は皇帝ネロを指すと解釈されている。[2]「神自身がユダヤ人になった」は、それが紀元元年であることからも、イエス・キリストの誕生、さらにキリスト教の成立を意味している。ツァラトゥストラにとってこれは頽廃であり、それに対置されるのは「最高の人間が地上においてまた最高の主であるべきだ」（「王たちとの対話」一）という言葉である。第四部「王たちとの対話」のこの箇所は、第三部「通り過ぎること」における「この大いなる都に不幸あれ……」に対応するだろう（第八節一）。第四部が『ヨハネの黙示録』によって規定されていることは、その最初の章から読み取ることができる。

「いつか来なければならず通り過ぎてはならないものは何か。それは我々の大いなるハツァールだ。つまり我々の大いなる、はるかなる人間の国、千年のツァラトゥストラの国（das Zarathustra-Reich von tausend Jahren）だ」（第四部「蜜のささげもの」）。

第四部最初の章「蜜のささげもの」においてツァラトゥストラはこのように語っている。ゾロアスター教の創始者ツァラトゥストラはペルシャ人であり、ハツァールは古代ペルシャ語で千を意味する。「私はツァラトゥストラという一人のペルシャ人に名誉を与えねばならなかった。つまりペルシャ人は初めて全体として歴史を思惟したのである。一連の諸発展、それぞれの発展を一人の予言者が主宰する。それぞれの予言者は彼のハツァール、千年の彼の国（sein Reich von tausend Jahren）を持っている」[3]（一八八四年春）。「千年のツァラトゥストラの国」はハツァールとして、ゾロアスター教の思想に由来することは否定できない。この断章はルナン『イエス伝』に由来するが、そこには「千年の国（règne de mille ans（chiliasme））」と書かれている[4]。chiliasme（Chiliasmus）は『ヨハネの黙示録』第二〇章に由来する「千年至福説」を意味する。つまり「千年のツァラトゥストラの国（das Zarathustra-Reich von tausend Jahren）」は同時に『ヨハネの黙示録』（二〇・一―六）の千年王国（das tausendjährige Reich）をも暗示している[5]。「彼らは生き返って、キリストと共に千年の間統治した。……彼らは神とキリストの祭司となって、千年の間キリストと共に統治する」（黙示録二〇・四、二〇・六）。さらに『ヨハネの黙示録』を背景にしている箇所を見ることにしよう。

「お前は聞こえるか。お前は聞こえるか。おお、ツァラトゥストラよ。叫びはお前に向けられているのだ。叫びはお前を呼んでいる。来てください、来てください、来てください（komm, komm, komm）、今やその時だ、まさにその時だ」（「困窮の叫び」）。

「蜜のささげもの」の次の章「困窮の叫び」において、第二部「予言者」に登場した「大いなる疲労の予言者」が再び現われ、このようにツァラトゥストラに語っている。この予言者はツァラトゥストラの最後の罪である同情へと誘惑しているのである。「来てください」というこの叫びは、高等な人間が救済を求める叫びである。この困窮の叫びは、『ヨハネの黙示録』における救済を求める「来てください」という叫びに対応するだろう[6]（五）。「『霊』と花嫁とが言う。『来てください（Komm!）』。これを聞く者も言うがよい、『来てください』と。……アーメン、主イエスよ、来てください（komm, Herr Jesus!）」[7]（黙示録二二・一七、二二・二〇）。

「アーメン。そして賛美と栄光と知恵と感謝と誉れと威力が、世々かぎりなく、我々の神にあるように（Amen! Und Lob und Ehre und Weisheit und Dank und Preis und Stärke sei unserm Gott, von Ewigkeit zu Ewigkeit!）」（「覚醒」二）。

「覚醒」二において高等な人間たちが驢馬を賛美するが、これはその連禱の最初の言葉である。この言葉が『ヨハネの黙示録』（七・一二）とほとんど同じであることは、ルター訳を見れば明白である。[8]「アーメン。賛美、栄光、知恵、感謝、誉れ、力、威力が、世々かぎりなくわたしたちの神にありますように、アーメン（Amen, Lob und Ehre und Weisheit und Dank und Preis und Kraft und Stärke sei unserm Gott von Ewigkeit zu Ewigkeit! Amen.）」[9]（黙示録七・一二）。

以上のように、『ヨハネの黙示録』を背景にしていることが明らかな箇所を第四部から取り出すことができる。このことは三部構成としての『ツァラトゥストラ』の場合と同様である（第八節一）。第三部を最終部とする場合、その最後の二つの章のうちに『ヨハネの黙示録』を読み取ることができた（第八節二、三、四）。四部構成としての『ツァラトゥストラ』においても同じことが言えるだろうか。「酔歌」のうちに『ヨハネの黙示録』の世界が見出せるか、それをまず見ることにしよう。

二 酔歌

『ツァラトゥストラ』第四部の最後から二番目の章は「酔歌（Das trunkene Lied）」という表題を持っている。この表題は葡萄酒の神、酒神としてのディオニュソスを示唆している。[10]「酔歌」において、「葡萄酒」（「酔歌」一、六）、「葡萄の房」（「酔歌」六）、「葡萄の木」（「酔歌」九）が登場する。さらに「酔った甘い竪琴」（「酔歌」八）、「酔った真夜中」（「酔歌」一一）が語られる。こうした言葉は酒神ディオニュソスを暗示している。しかしすでに触れたように（第八節二）、『ツァラトゥストラ』においてディオニュソスは『ヨハネの黙示録』のイエスと同一視されていた。とすれば「酔歌」においても『ヨハネの黙示録』が背景となっているだろう。

「酔歌」で歌われる歌は、第三部「第二の舞踏の歌」で歌われる歌と同じである。この歌は「第二の舞踏の歌」において、真夜中の鐘が一二時を打つ間にツァラトゥストラが考えることとして導入されていた。「酔歌」においても、真夜中の鐘に即して同じ歌が語り出されている。「お前たち高等な人間よ、真夜中が近づいた。そのとき私はお前たちの耳に或ることを言おう、あの古い鐘が私の耳に言うとおりに、――／――あの真夜中の鐘が私にそれを話しかけるように、ひそかに、恐ろしく、心をこめて。あの鐘は一人の人間より多く体験したのだ」（「酔歌」三）。真夜中の鐘は一二回の鐘を響かせる。真夜中の鐘が「酔歌」を全体として規定していることは、この章が一二節から成っていることから明らかである。一二節構成は真夜中の一二時の鐘に対応している。しかし一二回の鐘は正午にも打たれる。一二節構成はまた正午の一二時をも暗示している。「真夜中はまた正午である」（「酔歌」一〇）。一二という数字は真夜中を示すとともに、また正午、大いなる正午をも指し示している（第六節八）。

ニーチェは一二という数字にこだわっている。それは第三部最終章「七つの封印」が七節から成っていたことと同じである。七節構成は『ヨハネの黙示録』において七つの封印を一つ一つ開くことに由来していた（第八節三）。「酔歌」が一二節構成であることも、『ヨハネの黙示録』から解釈できるだろう。七という数字とともに、一二という数字も『ヨハネの黙示録』において重要である。この数字について指摘したこと（第八節二）が、「酔歌」にも妥当する。一二節から成る「酔歌」は、永遠回帰の肯定的な世界を歌うことによって、新しき世を歌うのである。

「酔歌」はディオニュソスと『ヨハネの黙示録』を背景としている。このことを「酔歌」二の冒頭から読み取ることができる。「しかしツァラトゥストラは、このようなことが最も醜い人間に起こったとき、酔った者のようにそこに立っていた。つまり彼の目から光が消え、彼の舌はもつれ、彼の足はよろめいた。そしていかなる思想がそのときツァラトゥストラの魂を横切ったか、誰が言い当てることができるのだろうか。しかし明らかに、彼の精神は後ずさりし、先へ逃げ、はるか遠方にあった。言わば『二つの海の間の高い山の背を、／――過ぎ去ったものと来るべきものの間を重い雲としてさまよい歩きながら』と書いてあるように」。真夜中の鐘が鳴り響く直前のツァラトゥストラの精神がこのように記述されている。ツァラトゥストラが酔った者のようであることは、酒神ディオニュソスから理解される。しかしさらに第三部「七つの封印」の冒頭からの引用によってツァラトゥストラの精神が描かれている。「私が一人の予言者であり、二つの海の間の高い山の背をさまよい歩くあの予言者的な精神に満ちているなら」という言葉によって、「七つの封印」は始まっていた。この言葉は『ヨハネの黙示録』（一〇・一―三）を背景として解釈できる（第八節三）。「酔歌」は「七つの封印」一からのこの引用によって、「七つの封印」の世界、『ヨハネの黙示録』の世界を一挙に呼び起こすのである。『ヨハネの黙示録』の世界は「酔歌」九にはっきりと現われる。「酔歌」九の冒頭と『ヨハネの黙示録』（一四・一七―二〇）が対応していることを示すために、両者を併記しよう。

(1)「お前葡萄の木（Weinstock）よ。なぜお前は私を讃えるのか。私はお前を切り取った（schnitt）のに。私は残酷だ、お前は血を流す（blutest）。私の酔った残酷さに対するお前の賛美は何を欲するのか。／『完全になったもの、すべての熟したもの（alles Reife）は――死ぬことを欲する』。そのようにお前は話す。葡萄摘みの小刀（Winzermesser）は祝福されよ、祝福されよ。しかしすべての未熟なものは生きることを欲する、不幸なことだ」（「酔歌」九）。

(2)「また、別の天使が天にある神殿から出て来たが、この天使も手に鋭い鎌を持っていた。すると、祭壇のところから、火をつかさどる権威を持つ別の天使が出て来て、鋭い鎌を持つ天使に大声でこう言った。『その鋭い鎌を入れて、地上のぶどうの房を取り入れよ。ぶどうの実は既に熟している（reif）』。そこで、その天使は、地に鎌を投げ入れて地上のぶどうを取り入れ（der Engel setzte sein Winzermesser an die Erde und schnitt die Trauben am Weinstock der Erde）、それを神の怒りの大きな搾り桶に投げ入れた。搾り桶は、都の外で踏まれた。すると、血

(Blut) が搾り桶から流れ出て、馬のくつわに届くほどになり、千六百スタディオンにわたって広がった」[11]（黙示録一四・一七―二〇）。

(1)と(2)は、熟した葡萄を切り取り、葡萄から血が流れるという場面が共通である。(1)と(2)の対応は、「葡萄を切り取った (schnitt)」、「熟したもの (alles Reife - reif)」、「血を流す (bluten - Blut)」といった用語の共通性からも明らかだろう。[12] (1)における「葡萄が血を流す」という残酷なイメージや「ツァラトゥストラの酔った残酷さ」は、(2)のような『ヨハネの黙示録』の世界を想定しなければ、理解できないだろう。「酔歌」九の記述が『ヨハネの黙示録』（一四・一七―二〇）を背景にしていることは否定できない。

しかし「酔った残酷さ」における「酔った」という形容詞は、酒神ディオニュソスを暗示している。さらに「葡萄摘みの小刀」という言葉は、第三部「大いなる憧憬」を想起させる。そこでは「葡萄摘みの者と葡萄摘みの小刀を求める葡萄の木の切迫」が語られ、次のように言われていた。「黄金の奇跡へ向かって、自由意志の小舟と小舟の主へ向かって。つまり小舟の主はダイヤモンドの葡萄摘みの小刀 (Winzermesser) を持って待っている葡萄摘みの者なのだ、――／――お前の大いなる救済者だ、おお、私の魂よ、名を持たない者だ、……」。すでに論じたように（第八節二）、小舟の主である葡萄摘みの者は、救済者としてのディオニュソスである。しかし「酔歌」九においてツァラトゥストラ自身が葡萄の木を切る葡萄摘みの者、つまり救済者ディオニュソスとなっている。『ツァラトゥストラ』を四部構成と考えれば、第四部「酔歌」においてツァラトゥストラは、第三部「大いなる憧憬」で憧憬されていた者となる。ツァラトゥストラは予言者であり、かつ予言の成就者である（第一節二）。

第四部「酔歌」はその背景にディオニュソスと『ヨハネの黙示録』を持っている。同じことが第三部「第二の舞踏の歌」にも言える（第八節二）。このことは「三部構成―四部構成」という問題、さらにイエス＝ディオニュソスとしてのツァラトゥストラへと導くだろう。

三　イエス＝ディオニュソスとしてのツァラトゥストラの黙示録

「三部構成－四部構成」という問題は『ヨハネの黙示録』から光を当てることができる。第三部も第四部も『ヨハネの黙示録』によって規定されているからである（第八節一、第九節一）。このことは第三部と第四部の終わりに即して示すことができる。

第三部「第二の舞踏の歌」と第四部「酔歌」はそれぞれの構成において、最後から二番目の章である。この二つの章において、真夜中の一二時の鐘とともに、同じ歌（永遠回帰の世界を肯定する歌）が歌われる。真夜中の一二時はまた正午の一二時である。それは「大いなる正午＝大いなる日（『ヨハネの黙示録』）」を暗示している。そして一二という数字は、『ヨハネの黙示録』において救われるイスラエルの子と聖なる都エルサレムを示す数字である。一二時の鐘は新しき世である永遠回帰の世界を肯定しているのである。同じ対応が最後の章にも見られる。

第三部「七つの封印」と第四部「徴」はそれぞれの構成において、最後の章となる。「七つの封印」において七つの封印を開くのは、『ヨハネの黙示録』の獅子としてのツァラトゥストラであった。七つの封印を開くことができるために、つまり古き世の没落と新しき世の誕生を意志するために、同情の克服が必要である。三部構成として読むとすれば、第三部最終章「七つの封印」においてツァラトゥストラは同情を克服した道化師となっている（第八節四）。「徴」において笑う獅子が登場するが、獅子はツァラトゥストラ自身の形象である。第四部最終章において、ツァラトゥストラは「命令するための獅子の声」を獲得する、つまり道化師ツァラトゥストラとなるのである（四）。

三部構成であれ、四部構成であれ、『ツァラトゥストラ』は獅子の登場によって終わる。そのことは、ツァラトゥストラが七つの封印を開く『ヨハネの黙示録』の獅子、道化師ツァラトゥストラとなったことを示している。ニーチェは『ツァラトゥストラ』を『ヨハネの黙示録』によって終わらせようとした。終わりは全体を全体たらしめるが故に、『ツァラトゥストラ』は全体として『ヨハネの黙示録』によって規定されている。ニーチェが三部構成と四部構成をともに考えることができた理由は、『ツァラトゥストラ』が「道化師ツァラトゥストラの黙示録」として構想されたことに求められる。

『ヨハネの黙示録』において救済者はイエスであるから、「ツァラトゥストラの黙示録」である『ツァラトゥストラ』において、ツァラトゥストラは救済者イエスの位置を占めている（第八節四）。しかし『ツァラトゥストラ』において救済者とされるのはディオニュソスであった（第八節二）。『ツァラトゥストラ』におけるイエスとディオニュソスとの関係を明らかにしなければならない。

『ツァラトゥストラ』は『ヨハネの黙示録』によって規定されている。しかしニーチェは『ツァラトゥストラ』について言う。「『ディオニュソス的』という私の概念はここにおいて最高の行為となった」[13]（『この人を見よ』「ツァラトゥストラ」六）。第三部「日の出前」における「然りとアーメン」という言葉は、『ヨハネの黙示録』に由来していた（第八節一）。しかし『この人を見よ』はこの「然りとアーメン」のうちにディオニュソスを見ている。「自らがすべての物に対する永遠の然りであること、『途方もない無制限な然りとアーメンを言うこと』……『すべての深淵のうちに私はなお私の祝福する然りを言うことを持って行く』……しかしこれが再びディオニュソスの概念なのである」（『この人を見よ』「ツァラトゥストラ」六）。第三部最終章の表題「七つの封印（あるいは然りとアーメンの歌）」は『ヨハネの黙示録』に由来していた。その章に対して『この人を見よ』（「なぜ私はかくも良い本を書くのか」四）は次のように書いている。「『七つの封印』という表題を付けられた『ツァラトゥストラ』第三部最終章のようなディオニュソス讃歌によって、私はこれまで詩と呼ばれていたものを千マイルも飛び越えた」。「七つの封印」三のうちに『ヨハネの黙示録』の諸形象を見ることができるが（第八節三）、「七つの封印」三のヴァリアントには「ディオニュソス」という表題が付けられている。[14] 一方で『ヨハネの黙示録』が『ツァラトゥストラ』の展開を導き、他方においてディオニュソスが『ツァラトゥストラ』をその根底から規定している。このことが可能であるのは、『ツァラトゥストラ』において『ヨハネの黙示録』のイエスとディオニュソスが同一視されているからである。『ヨハネの黙示録』の救済者イエスは『ツァラトゥストラ』において救済者ディオニュソスとなる。『ツァラトゥストラ』はイエス＝ディオニュソスとしてのツァラトゥストラの黙示録である。

『この人を見よ』は「ディオニュソス対十字架にかけられた者（Dionysos gegen den Gekreuzigten）」という言葉で終わっている。確かにこの「対（gegen）」は対立を意味している。[15] しかしこの対立の根底に両者の同一視という、より深い次元があることを忘れてはならない。ツァラトゥストラはイエス（十字架にかけられた者）＝ディオニュソスであり、来るべき神としてのディオニュソスはイエスと重ねられているからである。[16]

『ツァラトゥストラ』におけるイエス（十字架にかけられた者）＝ディオニュソスとしてのツァラトゥストラは、『ツァラトゥストラ』を成り立たせている極めて重要な芸術的技法である。しかしそれは単なる芸術上の技法にとどまるものではない。一八八九年一月の狂気の手紙において、ニーチェは「ディオニュソス」と署名し、あるいは「十字架にかけられた者」と署名している。[17] そしてニーチェは、ディオニュソスに対するアリアドネと彼が見なしていたコジマ・ワーグナーに書き送っている[18]（一八八九年一月三日）。「しかし今回私は、大地を祝祭日とするだろう勝利をおさめたディオニュソスとして来る。……私はまた十字架にかかった……[19]」。しかしそれは狂気に陥ったから書かれたのではない。『ツァラトゥストラ』においてツァラトゥストラはイエス＝ディオニュソスであった。それは単に物語の技法の一つにすぎないのでなく、ニーチェの実存のうちで分かちがたく結びついていたのである。[20]

狂気に陥ったニーチェについてもう一つ重要なのは、オーヴァーベクが報告している「新たな永遠性の道化師であるという、彼が自分自身に付与した天職」という言葉であった（第一節七）。狂気でさえ消し去ることのできないほどニーチェの実存を支配していたことは二つ、つまり「新たな永遠性の道化師」（道化師ツァラトゥストラ）、そして「ディオニュソスと同一視されたイエス（『ヨハネの黙示録』のイエス）」（黙示録）である。こうした実存の深みから、ニーチェは『ツァラトゥストラ』を「道化師ツァラトゥストラの黙示録」として構想したのである。

しかし『ツァラトゥストラ』というテキストに立ち返ろう。四部構成としての『ツァラトゥストラ』の最終章「徴」を最後に解明しなければならない。それによって『ツァラトゥストラ』が「道化師ツァラトゥストラの黙示録」であることが改めて明らかになるだろう。

四　鳩の群れを伴った笑う獅子

『ツァラトゥストラ』が四部構成であるとすれば、第四部最終章「徴」が『ツァラトゥストラ』の終わりをなす。それが終わりをなすことは、「鳩の群れを伴った笑う獅子」(「新旧の板」一)の登場によって示される。「『徴が来た』とツァラトゥストラは語り、そして彼の心は変容した。……そして鳩が獅子の鼻の上をかすめて飛ぶたびに、獅子は頭を振り、驚き、そして笑った」(「徴」)。これは「私の時が来たという徴」であり、「鳩の群れを伴った笑う獅子が来なければならない」(「新旧の板」一)とされたことの実現である。「私の時」とはツァラトゥストラが大いなる正午(＝大いなる日)を迎える時である(第八節一)。とすれば「徴」も『ヨハネの黙示録』を背景にしているだろう。鳩と獅子の登場の場面は福音書のイエスと『ヨハネの黙示録』を想起させる。鳩の群れは次のように登場する。

「彼は突然、無数の鳥がまわりに群がり、まわりを飛び交うような音を聞いた。……しかし見よ、ここでそれは愛の雲であり、しかも一人の新しき友の上に下って来たのだ(Aber siehe, hier war es eine Wolke der Liebe, und über einen neuen Freund.)」(「徴」)。

鳩の登場のこの描写は、イエスの洗礼の場面を想起させる。「イエスは洗礼を受けると、すぐ水の中から上がられた。そのとき、天がイエスに向かって開いた。イエスは、神の霊が鳩のように御自分の上に下って来るのを御覧になった。そのとき、『これはわたしの愛する子、わたしの心に適う者』と言う声が、天から聞こえた(Und siehe, da tat sich ihm der Himmel auf, und er sah den Geist Gottes wie eine Taube herauffahren und über sich kommen.)[21]」

（マタイ三・一六―一七）。ルター訳では「見よ」と同じように言われている。そして「一人の新しき友の上に（über einen neuen Freund）」下って来る「愛の雲」としての鳩は、「神の霊が鳩のように御自分の上に（wie eine Taube herauffahren und über sich kommen）」と対応するだろう。ツァラトゥストラはイエスと重ねられているのである。獅子は次のように登場する。

「そのとき彼は思いがけず、密生した暖かい房毛の中へ手を突っ込んだ。しかし同時に彼の前で咆哮が鳴り響いた。――穏やかな長い獅子のほえる声が」（「徴」）。

獅子の咆哮、「獅子のほえる声」は、『ヨハネの黙示録』を想起させる。「手には開いた小さな巻物を持っていた。そして、右足で海を、左足で地を踏まえて、獅子がほえるような大声で（mit großer Stimme, wie ein Löwe brüllt）叫んだ」[22]（黙示録一〇・二―三）。この獅子が七つの封印を開く獅子と重ねて理解できるとすれば（第八節四）、「徴」における「穏やかな長い獅子のほえる声（ein sanftes langes Löwen-Brüllen）」は、ツァラトゥストラが「獅子がほえるような大声」を獲得したこと、それ故ツァラトゥストラが七つの封印を開く獅子（『ヨハネの黙示録』のイエス）となったことを意味するだろう。「徴」において登場する獅子はツァラトゥストラの動物であり、ツァラトゥストラ自身の形象である。

鳩の群れと獅子はツァラトゥストラがイエス、『ヨハネの黙示録』のイエスに対応していることを示している。さらに鳩と獅子は第二部最終章「最も静かな時」へ導く（第三節五）。「『偉大なことを成し遂げることは困難である。しかし一層困難なことは、偉大なことを命令することである。／お前は力を持っているが、お前は支配することを欲しない。これがお前の最も許しがたいことだ』。それに対してツァラトゥストラは答える。『私には命令するための獅子の声が欠けている』。再びささやくようにツァラトゥストラに語りかける。『嵐をもたらすものは最も静かな言葉である。鳩の足で来る思想が世界を導くのだ』」（「最も静かな時」）。二つの課題（偉大なことを成し遂げること、偉大なことを命令すること）を果たしていないツァラトゥストラは、「私には命令するための獅子の声が欠けている」と答えざるをえなかった。しかし「徴」におけるツァラトゥストラはすでにこの二つの課題を成し遂げたから、「命令するための獅子の声（des Löwen Stimme zum Befehlen）」を獲得している。この獲得は笑う獅子の「穏やかな長い獅子のほえる声（ein sanftes langes Löwen-Brüllen）」として形象化されている。さらに二つの課題を果たすことによって、ツァラトゥストラの思想である永遠回帰の思想は「黒い重い蛇」から「鳩の足で来る思想」へと変容している。この変容は「愛の雲」としての鳩の登場によって示されている。ツァラトゥストラは嵐をもたらす「鳩の足で来る思想」を告知する「命令するための獅子の声」を獲得したのである。永遠回帰の思想は嵐（古き世を没落させ、新しき世を出現させる嵐）、黙示録の世界を実現するだろう。ツァラトゥストラ自身の形象である「笑う獅子」は、古き世の没落と新しき世の誕生を意志する獅子、『ヨハネの黙示録』における七つの封印を開く獅子である。

だからこそツァラトゥストラは言う。「よし、獅子が来た、私の子供たちが近づいている。ツァラトゥストラは熟した、私の時が来た」（「徴」）。「私の時」＝「大いなる正午」は『ヨハネの黙示録』の「大いなる日」、古き世が没落する「怒りの大いなる日」である。

五　暗い山から来る朝の太陽のように

「『これは私の朝だ、私の日が始まる。今や上がって来い、上がって来い、お前大いなる正午よ』／このようにツァラトゥストラは語り、彼の洞窟を立ち去った、燃えるように力強く、暗い山から来る朝の太陽のように」（「徴」）。『ツァラトゥストラ』はこのように終わっている。「一つの新しい詩句を作ることより、終止符を打つこと（ein Ende machen）はより勇気を必要とする」（「新旧の板」一七）というニーチェの言葉を想起しよう。作品を全体として完成させる終わりをどのようにするかは、いかなる著者にとっても最も重要な事柄に属する。(23) ニーチェが『ツァラトゥストラ』を黙示録によって終わらせようとしていたとすれば、その終止符のうちに『ヨハネの黙示録』を読み取れるはずである。実際ツァラトゥストラの最後の言葉「大いなる正午」は、彼の歩みのテロス（終わり）を意味し、『ヨハネの黙示録』の「大いなる日」を想起させる。『ツァラトゥストラ』というテキストの最後の言葉は、「暗い山から来る朝の太陽のように（wie eine Morgensonne, die aus dunklen Bergen kommt）」である。つまり『ツァラトゥストラ』に終止符を打つ語は「来る（kommt）」である。この語のうちに『ヨハネの黙示録』を聴き取ることができるだろうか。

「来る」という言葉は『ヨハネの黙示録』の最後へと導く。「以上すべてを証しする方が、言われる。『然り、わたしはすぐに来る（Ja, ich komme bald）』。アーメン、主イエスよ、来てください[24]」（黙示録二二・二〇）。イエスの言葉は、「来てください」への応えである。「『霊』と花嫁とが言う。『来てください（Komm!）』。これを聞く者も言うがよい、『来てください』と。渇いている者は来るがよい。命の水が欲しい者は、価なしに飲むがよい[25]」（黙示録二二・一七）。この「来てください（Komm!）」という救済への叫びに対して、イエスは「然り、わたしはすぐに来る」と応えているのである。

しかし『ヨハネの黙示録』の「来てください」という叫びは、『ツァラトゥストラ』第四部「困窮の叫び」を想起させる（一）。それは高等な人間が救済を求める叫び「来てください、来てください、来てください（komm, komm, komm）」である。「来てください」という叫びに対してイエスは直接に「然り、わたしはすぐに来る」と応えている。ではツァラトゥストラは「来てください」という叫びに対していかなる態度をとるのか。

「来てください」と語る『ヨハネの黙示録』は、「渇いている者は来るがよい。命の水が欲しい者は、価なしに飲むがよい（Und wen dürstet, der komme; und wer da will, der nehme das Wasser des Lebens umsonst.）[26]」と言う。この言葉に対してツァラトゥストラは「新旧の板」五において反対の立場を表明している。「高貴な魂のあり方はこのように欲する。つまり高貴な魂は何ものも価なしに持とうと欲しない、少なくとも生を価なしに持とうと欲しない」（「新旧の板」五）。「生を価なしに（umsonst）持とうと欲しない」という言葉は、明らかに『ヨハネの黙示録』

の「命の水が欲しい者は、価なしに（umsonst）飲むがよい」と対置されている。[27]とすれば『ヨハネの黙示録』の「来てください」に対応する困窮の叫びに対して、ツァラトゥストラはイエスと異なる態度をとるだろう。

「来てください」という困窮の叫びは、ツァラトゥストラにとって同情への誘惑であり、彼は同情という最後の罪を克服しなければならない。困窮の叫びから始まる長い一日は同情の克服の一日である。その翌日ツァラトゥストラは言う。「私の最後の罪として私になお残されていたものは何か。……同情だ。高等な人間に対する同情だ。……よし、それは——片づいた。……よし、獅子が来た、私の子供たちが近づいている。ツァラトゥストラは熟した、私の時が来た」（「徴」）。高等な人間に対する同情を克服し、ツァラトゥストラの教説（永遠回帰と超人の教説）にふさわしい者（私の子供たち＝一つの希望の子供たち）と共に大いなる正午を祝うために、「暗い山から来る朝の太陽のように」三回目の下山をするのである。確かに同情の克服は、「来てください」という高等な人間の困窮の叫びに応えることを拒否している。しかしそれは救済者イエスが同情から「然り、私はすぐに来る」と言うこととは違う仕方で、救済者ツァラトゥストラが「暗い山から来る朝の太陽のように」来ることを意味している。

第四部「高等な人間」一六においてツァラトゥストラは語る。「この地上においてこれまで最大の罪は何だったか。それは『ここで笑う人々は不幸だ』と語った者の言葉ではなかったか」。「ここで笑う人々は不幸だ」という言葉は、「今笑っている人々は、不幸である、あなたがたは悲しみ泣くようになる」（ルカ六・二五）というイエスの言葉を背景にしている。[28]笑いを否定するイエスが批判されているが、イエスに対して笑いを対置させることはツァラトゥストラの基本的なイエス批判である。「イエスがなお荒れ野にとどまり、善にして義なる者たちから離れていたなら。おそらく彼は生きることを学び、大地を愛することを学んだだろう——そしてさらに笑うことをも学んだだろう」[29]（「自由な死」）。さらにイエスの処刑の際にかぶせられた「イバラの冠（Dornenkrone）」（マタイ二七・二九）に対して「笑う者の冠」が対置される。[30]「笑う者のこの冠、このバラの花輪の冠。私自身がこの冠を私にかぶせた。私自身が私の笑いを神聖であると宣言した」（「高等な人間」一八）。ツァラトゥストラの笑いは牧人の笑い、さらに真夜中の笑いであり、その笑いから永遠回帰の世界が肯定される（第六節六）。ツァラトゥストラは同情によるイエスの救済に対して、同情を克服した笑いによる救済を対置させるのである。それは道化師ツァラトゥストラの笑いである。

『ヨハネの黙示録』の「来てください」―「然り、私はすぐに来る」という構図を使いながら、イエスの救済とは対照的なツァラトゥストラの救済が際立たされている。同情からの救済でなく、同情の克服による救済であることを、『ツァラトゥストラ』の最後の言葉「来る」は示している。キリスト教が同情の宗教であることに対して、ツァラトゥストラはアンチクリストとして来るのである。

「……大いなる吐き気から、無への意志から、ニヒリズムから我々を救済するだろう、未来のこの人間。意志を再び自由にし、大地にその目標を戻し与え、人間にその希望を戻し与える、正午と大いなる決断とのこの鐘の音。このアンチクリスト・反ニヒリスト、神と無とのこの勝利者――彼はいつか来なければならない（er muß einst kommen)」（『道徳の系譜』「第二論文」二四）。

「正午と大いなる決断とのこの鐘の音」とは大いなる正午（＝大いなる日）における一二時の鐘の音であり、救済者としてのこの未来の人間こそツァラトゥストラである（『道徳の系譜』「第二論文」二五）。ツァラトゥストラはアンチクリスト、同情を克服した笑いの道化師として来なければならない[31]。

道化師ツァラトゥストラは新たな救済者として「千年のツァラトゥストラの国」（『ヨハネの黙示録』の千年王国）を築くために、「暗い山から来る朝の太陽のように（wie eine Morgensonne, die aus dunklen Bergen kommt)」洞窟を立ち去る。『ツァラトゥストラ』に終止符を打つ「来る（kommt)」という語は、『ツァラトゥストラ』が「道化師ツァラトゥストラの黙示録」であることを鮮やかに示している[32]。

「私の目標に私は向かおう。私は私の道を行く。ためらう怠惰な者たちを私は跳び越えるだろう。このように私の歩みが彼らの没落であって欲しい」(「序説」九)。

本書はツァラトゥストラが獲得したこの真理のうちに、『ツァラトゥストラ』を「道化師ツァラトゥストラの黙示録」として読む可能性を読み取った(序章一)。「ためらう怠惰な者たちを跳び越える」道化師となったツァラトゥストラが「大いなる正午＝大いなる日(『ヨハネの黙示録』)」を迎えるために最後の下山をする場面で、『ツァラトゥストラ』は終わっている。その終わりは『ツァラトゥストラ』が「道化師ツァラトゥストラの黙示録」であることを見事に示している。このことを証示することが本書の課題であったから、それをもう一度引用することで本書に終止符を打つのがふさわしいだろう。

「『これは私の朝だ、私の日が始まる。今や上がって来い、上がって来い、お前大いなる正午よ』／このようにツァラトゥストラは語り、彼の洞窟を立ち去った、燃えるように力強く、暗い山から来る朝の太陽のように」。

註

第七節

(1)「孤独な高みが永遠に孤独でなく自己に満足しないこと、山が谷へ至り、高みの風が低地へ至ること——／おお、誰がこうした憧憬に対して適切な洗礼名と徳の名を見出すだろうか。『贈る徳』——このようにツァラトゥストラは名づけえないものをかつて名づけた」(「三つの悪」二)。

(2) Cf. G. Naumann, *Zarathustra-Commentar*, vol. I, p.94.

(3) KGW VII-1, p.635 Herbst 1883 21[3].

(4) KGW VII-3, p.188 April-Juni 1885 34[144].

(5) 夕焼けが死を比喩していることは、ツァラトゥストラの言葉から読み取れる。「お前たちの死において、なおお前たちの精神と徳が赤々と輝くべきだ、大地を囲む夕焼けのように (gleich einem Abendrot um die Erde)。そうでないと、お前たちの死は失敗してしまう」(「自由な死」)。

(6) 同じことは「新旧の板」三においても言われている。「人間が橋であって目的ではないということ、つまり新しい曙光への道として、自分の正午と夕方の故に自分を至福なものとして讃えること。／つまり大いなる正午についてのツァラトゥストラの言葉、そしてその他、深紅の第二の夕焼けのように、私が人間たちの上に掲げたもの」。「夕方への彼の道を最高の希望として祝うときである。なぜならそれは新しい朝への道だからである」という「贈る徳」三の言葉は、「新しい曙光への道として、自分の正午と夕方の故に自分を至福なものとして讃える」と言い換えられている。では「深紅の第二の夕焼け」とは何を意味するのか。この言葉は「第一の夕焼け」を想定している。それはツァラトゥストラの没落における夕焼けである。彼は最初の者として、夕方の太陽が海に光を注ぐように、つまり「深紅の第一の夕焼け」として没落する(本節二)。「深紅の第二の夕焼け」(複数)はツァラトゥストラの相続者たちの夕焼けを意味するだろう。

(7) 「私が人間において愛するものは、彼が過渡であり没落であるということである」(「高等な人間」三)。

(8) 「この一つのことを断念するよりは、私はむしろ没落する方がいい。そしてまことに、没落と落葉があるところに、見よ、生は自らを犠牲にする――力のために」(第二部「自己克服」)。「そして私は自己を保持しようと欲しない者たちを愛する。没落する者たちを私は私の愛のすべてをもって愛する、なぜなら彼らは向こう側へ渡って行くから」(「新旧の板」六)。Cf. KGW VI-4, p.866.

(9) Cf. *Duden*, 6, Dudenverlag, 1981, p.2705.

(10) 「夕方への彼の道を最高の希望として祝うときである。なぜならそれは新しい朝への道だからである」を、「序説」一での太陽のモデルで解釈することが考えられる。夕方太陽は海のかなたに沈む(没落する)が、それは海のかなたの暗き下界に新しい朝をもたらすことを意味する。この意味において「夕方への道＝新しい朝への道」である。しかしこの解釈はここでは成り立たないだろう。「没落＝破滅」という意味が込められているのだから。

(11) 「しかしお前たち動物は私に告げるのか、太陽はすでに正午に位置している、と。永遠性と呼ばれる蛇がすでに輪を描いている、と。ツァラトゥストラは目がくらむ」(KGW VII-1, p.43 Sommer-Herbst 1882 2[9])。この断章は「認識の太陽」と「太陽」の違いがあるだけで、基本的に(2)と同じである。「太陽はすでに正午に位置している」ことが、「永遠性と呼ばれる蛇がすでに輪を描いている」と言い換えられている。「太陽が正午に位置している」ときは、「永遠性と呼ばれる蛇が輪を描いている」ときである。「永遠性と呼ばれる蛇」は永遠回帰の思想の形象である。とすれば「太陽が正午に位置している」という言葉も、永遠回帰の思想が現われる時を形象化している。

「太陽が正午に位置していたとき」という表現が「序説」一〇において使われている。そのときツァラトゥストラが見たのは「蛇は鷲の首に輪を描いて巻き付いていた」という光景である。輪を描く蛇は永遠回帰の形象であり、空に大きな円を描く鷲は永遠回帰の思想に対するツァラトゥストラの姿勢（ツァラトゥストラ自身）の形象である（第三節一）。つまり『ツァラトゥストラ』においても「太陽が正午に位置しているとき」は永遠回帰の思想が現われる時である。

(12) しかも「贈る徳」三は次のように始まっている。「ツァラトゥストラがこれらの言葉を言って、沈黙したが、自分の最後の言葉を言っていない者のようであった」。これは「自分の最後の言葉」としての永遠回帰の思想を語っていないことを暗示している。さらに「支配する思想」（「贈る徳」一）のうちに、永遠回帰の思想を読み取ることもできるだろう。

(13) 「神々が死ぬとき、神々は多様な仕方で死ぬ」とされるが、神々の多様な死に方のうちに「神は或る日、あまりにも大きな同情のために窒息した」（第四部「退職」）ことが、つまりキリスト教の神の死が含まれている。

(14) Cf. J. Figl, "Tod Gottes und die Möglichkeit neuer Götter", in: *Nietzsche-Studien*, 29, 2000, p.92.

(15) KGW VII-1, p.541 Herbst 1883 16[49].

(16) Cf. KSA14, 319.

(17) LB, p.335. Cf. Biblia, p.2303.

(18) LB, p.365. Cf. Biblia, p.2332.

(19) LB, p.523. Cf. Biblia, p.2497.

(20) LB, p.10. Cf. Biblia, p.1972. イエスにおける「神の国」については、大貫隆『イエスという経験』岩波書店、二〇〇三年参照。

(21) LB, p.75. Cf. Biblia, p.2031.

(22) LB, p.503. Cf. Biblia, p.2474.

(23) LB, p.535. Cf. Biblia, p.2512. 「預言の言葉」（黙示録一・三、二二・七、二二・一〇、二二・一八、二二・一九）。

(24) LB, p.512. Cf. Biblia, p.2484.

(25) ハンマーは永遠回帰の思想の形象であるから、ハンマーと大いなる正午が結びつくのは当然である。「永遠回帰」という表題の構想に「第五部　ハンマーと大いなる正午」（KGW VII-2, p.295 Sommer-Herbst 1884 27[82]）とある。『ツァラトゥストラ』においてもハンマーは、第二部「有名な賢者」において「精神のハンマーの残酷さ」として言及され、また第二部「至福の島」においても語られる。「今や私のハンマーがこの像の牢獄に向かって残酷に荒れ狂う。石から破片が飛び散る。そんなことは私にはどうでもいいのだ」（「至福の島」）。この表現は「私は同情を克服した。大理石の叫びにおける芸術家の歓呼の声」という言葉と同じことを意味しているだろう（第一節六）。つまりハンマーは『ヨハネの黙示録』の「怒りの大いなる日」を暗示している。しかし『この人を見よ』において、「至福の島」の言葉に対してニーチェは次のように書いている。「ハンマーの堅さ、破壊に対する快そのものが、決定的な仕方でディオニュソス的な課題にとっての前提条件に属する」（『この人を見よ』「ツァラトゥストラ」八）。ハンマーという形象のうちに、黙示録とディオニュソスを読み取ることができる。この問題は「イエス＝ディオニュソスとしてのツァラトゥストラの黙示録」へと導くだろう（第九節三）。

（26）　KGW VII-1, p.538 Herbst 1883 16[41].

（27）　「一方、自分の領分を守らないで、その住まいを見捨ててしまった天使たちを、大いなる日の裁き（das Gericht des großen Tages）のために、永遠の鎖で縛り、暗闇の中に閉じ込められました」（ユダ書六）。Cf. LB, p.499; Biblia, p.2463.「主の黙示の大いなる日（der große Tag der Offenbarung des Herrn）」（使徒言行録二・二〇）。「新約聖書では主の日はユダヤ教黙示思想での展開のあとを受けて、時間的に厳密に規定された意味を持っている。それはこの世（アイオーン）の終わり、新しい時代の初めを表わす。それは『最後の日』であって、世界の審判がそれに伴う。……それよりももっと遅い時期の著者たちは、審判の『大いなる』日をユダヤ教黙示思想の線で表現する（第二ペテロ書三・一二、ユダ書六節、黙示録六・一七、一六・一四）」（『聖書大事典』五九三頁）。黙示録的世界から初めて、ツァラトゥストラが同情の克服を重視していることの意味・重さが理解できるだろう。

（28）　旧約聖書と新訳聖書の影響は、KBW VII-4, pp.863-942; KSA14, pp.282-344 を見れば、明らかである。Cf. H. Weichelt, *Zarathustra-Kommentar*, pp.300-311; T. Kleffmann, *Nietzsches Begriff des Lebens und die evangelische Theologie*, Mohr Siebeck, 2003, pp.263-264.

（29）　「『大いなる正午』の形象とそれに結びついている固有にニーチェ的な正午の問題構制は、『ツァラトゥストラ』において中心的な位置を占めている」（K. Schlechta, *Nietzsches gorßer Mittag*, p.46)。「ニーチェは大いなる正午という彼の形象に、終末論的な希望のようなものを結びつける」（ibid., p.42)。

（30）　「私は三五歳の終わりにいる。……この歳にダンテは彼の幻視を見、彼の詩の最初の言葉においてそれについて語っている」（KGB II-5, p.441)。一八七九年九月一一日のケーゼリッツ宛の手紙においてニーチェはこのように書いている。この手紙の二年後、ニーチェはツァラトゥストラの幻視を見た。ニーチェはその幻視について彼の詩において歌っている。その詩の表題「シルス・マリア」は、永遠回帰の思想が襲来した場所を指している。「ここに私は座っていた、待ちながら、待ちながら、——しかし何も待たずに、／善悪の彼岸で、或るときは光を／或るときは影を楽しみながら、すべてはただ戯れ、／すべては湖、すべては正午、すべては目標なき時間。／このとき、突然、恋人よ／一つが二つになった——／——そしてツァラトゥストラが私の傍らを通り過ぎた……」（『喜ばしき知』付録「プリンツ・フォーゲルフライの歌」）。このようにしてニーチェは「ツァラトゥストラの幻視者」となった。

（31）KGB III-1, p.327.

（32）「ツァラトゥストラの福音書（Zarathustra-Evangelium）」（KGW VIII-1, p.240 Sommer 1886-Frühjahr 1887 6[4]）。『ツァラトゥストラ』は「良き知らせ」をもたらす。「目を覚まし、耳を澄ませ、お前たち孤独な者たちよ。未来から風がひそかな羽ばたきでやって来る。そして繊細な耳に良き知らせが届く」（「贈る徳」二）。「良き知らせ（gute Botschaft）」という言葉は、福音（die Frohe Botschaft = Evangelium）を念頭に置いている。『この人を見よ』は次のように書いている。「私以来初めて再び希望が、使命が、文化への指示されるべき道が存在している。——私はこの福音の使者（froher Botschafter）である、まさにそれ故に私はまた一個の運命である」（『この人を見よ』「偶像の黄昏」二）。こうした言葉はイエスの福音との対比を意味している。「結局のところ一人のキリスト者のみがいただけであり、彼は十字架で死んだ。『福音（Evangelium）』は十字架で死んだ。この瞬間から『福音』と呼ばれるものはすでに、彼が生きたものの正反対、つまり『悪しき知らせ（schlimme Botschaft）』、『禍音（Dysangelium）』であった」（『アンチクリスト』三九）。

（33）LB, p.523. Cf. Biblia, p.2497.

（34）KGB III-1, p.466. 「私の『ツァラトゥストラ』は一四日前に完成しました、すっかり完成しました」（KGB III-1, p.473）（一八八四年二月一日のケーゼリッツ宛の手紙）。「私の『ツァラトゥストラ』は三幕として完成しました」（KGB III-1, p.479）（一八八四年二月二二日のローデ宛の手紙）。

（35）KGB III-1, p.481, p.482.

（36）KGB III-1, p.474, p.491.

（37）KGB III-3, p.9.

（38）KGB III-3, p.19, p.21.

(39) KGB III-3, p.21, p.46, p.74.

(40) KGW VI-2, p.257.

(41) ニーチェは第四部を『ツァラトゥストラの誘惑』として出版する計画を持っていた。そのために友人に贈られた第四部の私家版を回収しようとした。Cf. KGW VI-4, pp.955-956, p.957 n.26.

(42) E. Fink, *Nietzsches Philosophie*, p.114. ガダマーも同じである。「ニーチェ自身はそう感じ、第三部を真のフィナーレと呼んだ。事実この第三部は特にドラマティックな尖鋭化という性質を持っている」(H.-G. Gadamer, "Nietzsche – der Antipode. Das Drama Zarathustra", p.456)。

(43) E. Fink, *Nietzsches Philosophie*, p.114.「一八八四－八五年の秋と冬に書かれた第四部は、三部構成の第二群の第一部として構想された。それは文体において著しく劣っており、新しいアイディアを含んでいない。……第三部の輝かしい終局が『ツァラトゥストラ』の真のクライマックスである」(R. J. Hollingdale, *Nietzsche : The Man and His Philosophy*, Routledge & Kegan Paul, 1965, p.190)。

(44) 『ツァラトゥストラ』そのものに即して、三部構成の問題点を指摘できる。第一部「贈る徳」三において次のように語られていた。「そしてさらにいつかお前たちは私の友となり、一つの希望の子供たちとなるべきである。そのとき私は、お前たちと共に大いなる正午を祝うために、三回目にお前たちのもとにいたいのだ」。しかし三部構成においては、この三回目の下山に至っていないし、永遠回帰の思想にふさわしい「一つの希望の子供たち」も登場していない。第二部最終章「最も静かな時」はツァラトゥストラの二つの課題（永遠回帰の思想の直視、同情の克服）を示していたが、同情の克服が果たされるのは第四部においてである。さらに第三部「新旧の板」においてツァラトゥストラは「鳩の群れを伴った笑う獅子が来なければならない」と語っているが、鳩と獅子が登場するのは第四部最終章「徴」においてである。そしてそこにおいて初めて、「お前たちと共に大いなる正午を祝う」と言われた「私の子供たち」に言及される。「よし、獅子が来た、私の子供たちが近づいている。ツァラトゥストラは熟した、私の時が来た」(「徴」)。このように語りうるのは、第四部において同情の克服がなされたからである。同情は高等な人間たちに対する同情であり、同情の克服のためには高等な人間たちの登場が不可欠である。彼らを最終的に拒否することによって、「一つの希望の子供たち」に出会いうる。それ故第四部は三回目の下山で終わっている。以上の意味において作品の構成から見れば、『ツァラトゥストラ』を四部構成として読むことの方が自然である。第四部を「痛ましく惨めな逸脱」と見なすことは、悲劇としての『ツァラトゥストラ』という先入見に起因しているのだろう。

（45）ニーチェ自身が『ツァラトゥストラ』第三部と第四部をどのように位置づけたか、を詳細に辿った論文、清水本裕「『ツァラトゥストラ』は未完作品か？」（『明星大学研究紀要――人文学部――』第二三号、一九八七年、二一－三一頁）は、次のように終わっている。「『ツァラトゥストラ』の完結についてのニーチェの意思は、見てきたとおり複雑に揺れており、結局、著者自身の発言はどれも決定的な証言とはなりえないのである。／第三部と第四部の成立前後におけるニーチェ自身の意識を探ることがこのように無効であることが明らかになった今、『ツァラトゥストラ』が未完作品であるかどうかという問題には、作品に内容上の統一性・完結性があるかどうかという判断基準しか残っていない」。『ツァラトゥストラ』を一つの全体としての物語と捉えることが本書の基本姿勢であるが、特に本書の第八節と第九節において、『ヨハネの黙示録』という解釈視点によって、『ツァラトゥストラ』の三部構成と四部構成の内容上の統一性・完結性を問うことが課題となる。

第八節

（1）「前兆。／大いなる都の火災」（KGW VII-1, p.637 Herbst 1883 21[4]）。

（2）「主は彼らに先立って進み、昼は雲の柱をもって導き、夜は火の柱（Feuersäule）をもって彼らを照されたので、彼らは昼も夜も行進することができた」（出エジプト記一三・二一）。Cf. KGW VI-4, p.903.

（3）LB, p.528. Cf. Biblia, p.2504.

（4）「炎の舌（Flammen-Zungen）」という言葉は、『使徒言行録』へ導くだろう（cf. KGW VI-4, p.902）。「そして、炎のような舌が分かれ分かれに現れ（Und es erschienen ihnen Zungen zerteilt, wie von Feuer）、一人一人の上にとどまった。すると、一同は聖霊に満たされ、霊が語らせるままに、ほかの国々の言葉で話しだした」（使徒言行録二・三－四）（LB, p.228, cf. Biblia, p.2192）。彼らは次のように語ったのである。「神は言われる。／終りの時に、／わたしの霊をすべての人に注ぐ。／すると、あなたたちの息子と娘は預言し、／若者は幻を見、老人は夢を見る。／わたしの僕やはしためにも、／そのときには、わたしの霊を注ぐ。／すると、彼らは預言をする。／上では、天に不思議な業を、／下では、地に徴を示そう。／血と火と立ちこめる煙が、それだ。／主の偉大な輝かしい日が来る前に、／太陽は暗くなり、／月は血のように赤くなる。／主の名を呼び求める者は皆、救われる」（使徒言行録二・一七－二一）。これが「炎の舌を持った告知者」が告知する内容である。「主の偉大な輝かしい日」が大いなる正午であり、「主の偉大な輝かしい日が来る前に、／太陽は暗くなり、／月は血のように赤くなる」ことが「正午前の秘密」である。

（5）「私は毎日、神殿の境内で一緒にいたのに、あなたたちはわたしに手を下さなかった。だが、今はあなたたちの時（eure Stunde）で、闇が力を振るっている」（ルカ二二・五三）（LB, p.168, cf. Biblia, p.2130）。Cf. KGW VI-4, p.902.

（6）「しかし彼らの時が来る、つまりそのとき私の時も来る」（KGW VI-4, p.388）。

（7）「五章では小羊（＝イエス）の死・勝利＝天上界への登場以来、小羊の主導下に終局史が既に始まっており、最終的終末の到来は今や間近く迫っていることを明らかにし、特に一二章では、信徒に対する迫害の激化は、（キリストの敗北の徴ではなく、まさにその反対に）ミカエル（＝キリスト）が天上界で竜（＝悪魔）に対し決定的勝利を収め、彼を天上界から地上へと追放したことの結果であるとして、艱難の中にかえって終末的希望の確固たる根拠を見いだすべきことを教えている」（『聖書大事典』一二五六頁）。

（8）KGW VII-1, p.636 Herbst 1883 21[3].

（9）Cf. KGW VI-4, p.901.

（10）LB, p.534. Cf. Biblia, p.2510.

（11）Cf. E. Fink, *Nietzsches Philosophie*, p.108.

（12）Cf. KGW VI-4, p.917.

（13）LB, p.510. Cf. Biblia, p.2480.

（14）LB, p.503. Cf. Biblia, p.2474.

（15）「七つの封印」の原型は「指輪のなかの指輪」という表題の断章に求められるが、その五つの詩句もすべて Wenn で始まっている（KGW VII-1, p.609 Herbst 1883 18[48]）。

（16）Cf. LB, pp.511-514; Biblia, pp.2481-2488.

（17）Cf. KGW VI-4, p.917.

（18）LB, p.1410. “wer solt nicht weissagen”（Biblia, p.1600）.

（19）『ヨハネの黙示録』（六・一三）の「まるで、いちじくの青い実が、大風に揺さぶられて振り落とされるようだった」は、第二部「至福の島」の冒頭を想起させる（cf. KGW VI-4, p.881）。「いちじくの実が樹から落ちる。いちじくの実は良質で甘い。落ちることによっていちじくの実の赤い皮が裂ける。私は熟したいちじくの実にとって北風である」。

（20）地震による古き世から新しき世への転換は、「新旧の板」二五において語られている。「地震は多くの泉を埋め、多くの渇きで苦しむ者たちを生みだす。地震はまた内的な力と秘密を光の下にもたらす。／地震は新しい水源を露にする。古い民族の地震において、新しい水源が噴出する」。

（21） LB, pp.533-534. Cf. Biblia, p.2510.

（22） Cf. KGW VI-4, p.918.

（23） LB, p.517. Cf. Biblia, p.2490.

（24）「七つの封印」六における「私の悪意は笑う悪意である」という言葉は、ツァラトゥストラが同情を克服したことを示している。

（25） LB, p.510. Cf. Biblia, p.2480.

第九節

（1） Cf. KGW VI-4, p.921.

（2） 田川建三『キリスト教思想への招待』勁草書房、二〇〇四年、三〇〇―三〇二頁参照。

（3） KGW VII-2, p.49 Frühjahr 1884 25[148].

（4） Cf. KGW VI-4, p.919.

（5） Cf. KGW VI-4, p.919.

（6） Cf. KGW VI-4, p.920.

（7） LB, p.536. Cf. Biblia, pp.2512-2513.

（8） Cf. KGW VI-4, p.939.

（9） LB, p.514. Cf. Biblia, p.2485.

（10） この章の表題は初版において「夜をさまよう者の歌（Das Nachtwandler-Lied）」であった。ニーチェは手稿本においてこの表題を「酔歌」と変えたのである。しかし「夜をさまよう者の歌」という表題もディオニュソスを暗示している。

（11） LB, p.524. Cf. Biblia, p.2499.

（12） ⑴で葡萄を切り取るのは「葡萄摘みの小刀（Winzermesser）」であり、⑵においては「鎌」であり、一五四五年のルター聖書において Hippe という訳語が使われている。しかし Winzermesser = Hippe（*Duden*, 6, p.2888）であり、一九八四年のドイツ語聖書では Winzermesser が使われている（LB, p.524)。

（13）「ツァラトゥストラというディオニュソス的な怪物」（「自己批判の試み」七）。「私は哲学者ディオニュソスの弟子である。私は聖者であるよりむしろサチュロスであることを選ぶだろう」（『この人を見よ』「序文」二）。「私、神ディオニュソスの最後の弟子・精通者」（『善悪の彼岸』二九五）。「私、哲学者ディオニュソスの最後の弟子、――私、永遠回帰の教師」（『偶像の黄昏』「私が古人に負っているもの」の最後）。

（14）Cf. H. Weichelt, *Zarathustra-Kommentar*, p.307; KGW VI-4, p.543.

（15）「ディオニュソス対十字架にかけられた者」は次のように対置される。「問題は苦悩の意味である、つまりキリスト教的な意味か、悲劇的な意味か。前者の場合、至福な存在への道とされるが、後者の場合、巨大な苦悩をさらに正当化するのに十分なほど存在が至福であると見なされる」（KGW VIII-3, p.58 Frühjahr 1888 14[89]）。

ディオニュソスと十字架にかけられた者との関係については、cf. T. Kleffmann, *Nietzsches Begriff des Lebens und die evangelische Theologie*, Mohr Siebeck, 2003, pp.317-331.

（16）「すべての古代の神々のなかでディオニュソスは、『来るべき神』であるが故に、ユダヤ-キリスト教的文化のメシア的な希望と最も容易に宥和し、それに匹敵する」（M. Frank, *Der kommende Gott. Vorlesungen über die Neue Mythologie*, Suhrkamp, 1982, p.41）。ヘルダーリンの詩「パンと葡萄酒」で語られる「来るべき神（der kommende Gott）」において、酒神ディオニュソスとイエスが重ねられている。「彼（ヘルダーリン）は心をこめてこの乏しい時代のありように思いをひそめた結果、パンと葡萄酒の象徴のもとに、さながら対蹠的な性格をもつこの二神格者を、前人未到の仕方で結びつけようとしたのである。論理的に整理すれば、イエスも父なるエーテルのもとに出現した一精霊ということになり、彼もヘルダーリンがつねに説いてやまぬ神々の世界の中へ編入されたことになる。そう見ることも決して誤りではないが、心情的には、新たにイエスをディオニュソスに併置せざるをえなかったところに、彼の心の動きを見る。そしてこれからイエスの問題は時と共に彼の心内において重さを増してゆくことになるだろう」（手塚富雄『ヘルダーリン　下』中央公論社、一九八一年、一六一-一六二頁）。Cf. M. Frank, ibid., pp.268-301.

（17）KGB III-5, pp.571-577. Cf. J. Figl, "Dionysos und der Gekreuzigte", in: *Nietzsche-Forschung*, vol. 9, 2002, pp.148-151.

（18）ニーチェにおけるアリアドネの問題については、cf. A. Del Caro, "Symbolizing Philosophy: Ariadne and the Labyrinth", in: *Nietzsche Critical Assessments*, vol. I, Routledge, 1998, pp.58-88.

（19）KGB III-5, p.573.

（20）「最も重い思想はニーチェのディオニュソス的知恵の頂点である。しかし我々が考察している草稿においてニーチェが『将来の予感。将来を祝うのであって、過去を祝うのでない。将来の神話を創作する。希望のうちで生きる』と言うとき、彼はディオニュソス的な神の顕現を終末論的啓示として祝っている。それ故キリストとディオニュソスとの統一は狂気の紙片において初めて示されているのでなく、すでに『ツァラトゥストラ』の草稿において示されているし、人がこのことに注意深くなれば、他の多くの箇所にも示されている。キリストとディオニュソスとの結合の神秘は最初に古代教会において現われるが、その後消え去り、ヘルダーリンにおいて再び姿を現わし、今やニーチェにおいて彼の最も重い思想の隠された中心に立っている。この統一がニーチェの哲学を根本において規定している……」(G. Picht, *Nietzsche*, Klett-Cotta, 1988, p.190)。「崩壊の数日後、ニーチェは彼の友人に一連のメッセージを送ったが、それは外から見れば狂気の徴である。このメッセージの一群は『ディオニュソス』と署名され、他の一群には『十字架にかけられた者』と書かれている。すでにシャルル・アンドレは彼の著書『ニーチェ――彼の生涯と思想』(第四版、パリ、一九五八年)において、ここにおいて単なる狂気以上のものが表現されていることを示そうと試みた。彼が証明しようとしたのは、ニーチェの後期著作がディオニュソスとイエスの総合において頂点に達する、ということである。それによってニーチェは、その意義を彼が最初のドイツ人として認識した詩人の隣人に、つまりヘルダーリンの隣人となる」(ibid., p.398)。

(21) LB, pp.8-9. Cf. Biblia, p.1971.

(22) LB, p.517. Cf. Biblia, p.2490.

(23) 作品の終わり(終止符)は著者にとってだけでなく、読者にとっても重要である。それを十分に解明できるかどうかが、作品の理解の試金石となるだろう。ニーチェ『この人を見よ』は「十字架にかけられた者対ディオニュソス」という言葉で終わっている。この対立と同一性こそがニーチェ哲学の基層をなしている(本節三)。

三つの哲学書(ヘーゲル『精神の現象学』、ウィトゲンシュタイン『論理哲学論考』、ハイデガー『存在と時間』)の印象的な終わりを考えてみよう。「この精神の国という杯から/絶対精神にその無限性が泡立つ」(GW9, 434)というシラーの詩からの引用(少し変えた形の引用)によってヘーゲル『精神の現象学』は閉じられている。この言葉は「この精神の国という杯(精神哲学)から、絶対精神にその無限性(論理学)が泡立つ」を意味することによって、ヘーゲルの哲学体系(論理学―自然哲学―精神哲学)の円環性を見事に言い表わしている(拙著『ヘーゲル現象学の理念』創文社、二〇〇二年、第三節参照)。「言いえないものについて人は沈黙しなければならない」という言葉によってウィトゲンシュタイン『論理哲学論考』は終止符を打っている。それは沈黙することによって「言いえないもの(神秘的なもの)が存在する」ことを示すのである(拙著『形而上学者ウィトゲンシュタイン』三〇四―三〇五頁参照)。ハイデガー『存在と時間』は「時間そのものが存在の地平として露となるだろうか」という「存在と時間」への問いによって終わっている。問いによって終わっていることは、『存在と時間』がトルソーにとどまったということだけでなく、問いの哲学としてのハイデガー哲学、ハイデガー哲学の途上性を鮮やかに示している（拙著『ハイデガー哲学の射程』創文社、二〇〇〇年、四〇頁参照）。

(24) 確かに二二・二〇に続けて、「主イエスの恵みが、すべての者と共にあるように」（黙示録 二二・二一）と書かれている。しかしこれは『ヨハネの黙示録』の本文に属さない。「恵みへの願いが、パウロの手紙の最後にもあるように、最後の言葉である」（E. Lohse, *Die Offenbarung des Johannes*, Vandenhoeck & Ruprecht, 1960, p.106）。

インゲボルク・バッハマン『ウンディーネ行く』の最後の言葉（Komm. Nur einmal. Komm.）は、『ヨハネの黙示録』二二・二〇から解釈されている。小黒康正博士論文『トーマス・マンにおける黙示録的アレゴリー――その成立と展開――』（一九九八年）の補説「黙示録的アレゴリーの行方　インゲボルク・バッハマンの『ウンディーネ行く』」参照。さらに小黒康正『黙示録を夢みるとき――トーマス・マンとアレゴリー――』（鳥影社、二〇〇一年）、「『水の女』の黙示録　インゲボルク・バッハマンの『ウンディーネ行く』をめぐって」（『文学研究』第一〇七号、二〇一〇年）参照。

(25) LB, p.536. Cf. Biblia, pp.2512-1513.

(26) LB, p.536. Cf. Biblia, p.2512.

(27) Cf. KGW VI-4, p.910.

(28) 「ルカ六・二五　笑う人々への呪い――」（KGW VII-2, p.49 Frühjahr 1884 25[150]）。Cf. KGW VI-4, p.933.

ニーチェは『偶像の黄昏』（「箴言と矢」四三）で言う。「今日最もよく笑う者は、また最後に笑う（wer heute am besten lacht, lacht auch zuletzt.）」。これは「最後に笑う者は、最もよく笑う（Wer zuletzt lacht, lacht am besten.）」という諺を逆転させたものであるが、また「今笑っている人々は、不幸である」（ルカ六・二五）というイエスの言葉への批判を意味するだろう。

(29) 続けて次のように語られている。「私の言うことを信ぜよ、私の兄弟たちよ。彼はあまりに早く死んだのだ。彼が私の年齢にまで達したとすれば、彼は自ら彼の教えを撤回しただろう。そうした撤回をなしうるほど彼は高貴だった」（「自由な死」）。「荒れ野に（in der Wüste）とどまること」と「私の年齢にまで達すること」が可能であったなら、「生きること、大地を愛すること、笑うこと」を学び、彼の教えを撤回しただろう、とツァラトゥストラは語っている。このことは福音書へ導く。「それから『霊』はイエスを荒れ野に（in die Wüste）送り出した。イエスは四十日間そこにとどまり、サタンから誘惑を受けられた」（マルコ一・一二－一三）（LB, p.75. Cf. Biblia, p.2031）。「イエスが宣教を始められたときはおよそ三十歳であった」（ルカ三・二三）。ここから『ツァラトゥストラ』の冒頭に光を当てることができる。「ツァラトゥストラが三〇歳であったとき、彼は彼の故郷と故郷の湖を離れ、山へ入った。ここで彼は彼の精神と孤独を享受し、一〇年間それに倦むことを知らなかった」(「序説」一)。イエスにおける荒れ野の試練の四〇日に対して、精神と孤独の享受の一〇年間が対比され、イエスの三〇歳に対して、ツァラトゥストラの四〇歳(「私の年齢」)が対置されている(cf. KGW VII-4, p.863)。吉沢伝三郎訳『ツァラトゥストラ』(上)二七三頁参照。『ツァラトゥストラ』はイエスとの対照を背景として始まったように、その最後の「来る」のうちもイエスとの対照を読み取ることができるだろう。

(30) Cf. H. Weichelt, *Zarathustra-Kommentar*, p.308, pp.310-311.

(31) ツァラトゥストラという名は、「誠実さからの道徳の自己克服、道徳家がその反対のものへ、私へと自己克服すること」(『この人を見よ』「なぜ私は一個の運命なのか」四)を意味していた(序章四)。それ故アンチクリストとしてのツァラトゥストラは、キリスト教の単なる反対者でなく、キリスト教が自己克服した姿である。「アンチクリストはそれ自身真のキリスト者の展開における必然的な論理であり、私のうちでキリスト教自身が自己を克服する」(KGW VIII-3, p.434 Oktober-November 1888 24[1])。だからこそイエスに対して、「おそらく彼は生きることを学び、大地を愛することを学んだだろう——そしてさらに笑うことをも学んだだろう」(「自由な死」)と言われるのである。

(32) 「来る(kommt)」という言葉は、『ヨハネの黙示録』の「然り、わたしはすぐに来る(Ja, ich komme bald)」(黙示録二二・二〇)だけでなく、「来るべき神(der kommende Gott)」としてのディオニュソスをも想起させる。「来る」という最後の語のうちに、『ツァラトゥストラ』は「イエス＝ディオニュソスとしてのツァラトゥストラの黙示録」であること(本節三)、そしてツァラトゥストラは「来るべき神」であることが読み取れるだろう。

あとがき

ニーチェとの出会いは高校時代に遡る。当時高校の近くにあった市立図書館でいろいろな本を借りて読んでいたが、そのなかに阿部次郎のいくつかの著作・論文も含まれていた。彼の解釈（『ニイチェのツァラツストラ　解釋竝びに批評』と「ダンテの『神曲』とニイチェの『ツァラツストラ』」）を通して、私は『ツァラトゥストラ』に初めて触れたことになる。今回四〇年以上の時を経て改めて読み、高校時代を懐かしく思い起こした。しかし高校生の私が『ツァラトゥストラ』を理解できたとはとても言えないし、パスカル『パンセ』ほどの衝撃を受けたわけでもなかった。

大学院時代にはニーチェの著作をほとんど読んでいたが、テキストを正確に読み解くという作業は、ニーチェ『道徳の系譜』をテーマとした一九九七年の演習が初めてであった。しかし一年にわたるこの演習によっても、ニーチェが私を強く惹きつけることもなく、ニーチェへの洞察が深まったという感覚もなかった。ニーチェ演習の続きとして一九九八年前期から『ツァラトゥストラ』を取り上げた。その序説を読むことを通して、ツァラトゥストラが「綱渡り師を跳び越える道化師」という魅力的な姿で私に立ち現われた。芸術家・哲学者としてニーチェが私を魅了し始めたのである。ハイデガーのニーチェ解釈を知っていた私は、道化師ツァラトゥストラが従来の解釈を覆すことを即座に理解した。『ツァラトゥストラ』演習を始めて一ヶ月後に書かれた「道化師」草稿がパソコンの中に残っている。『ツァラトゥストラ』についての最初の論文構想であるが、すでに「ツァラトゥストラ＝道化師」の基本的な論点が示されている。そしてハイデガーの悲劇解釈に対置して、『ツァラトゥストラ』は全体としてパロディである！」と書かれている。『道化師ツァラトゥストラの黙示録』への最初の一歩である。これが本書の第一章と第二章の展開を導くことになる。

本書への第二の歩みは、同じ頃にベンヤミンに触れたのがきっかけとなっている。彼の思想に強い印象を受けた瞬間に、私はハイデガーの黙示録的思考を想起するとともに、『ツァラトゥストラ』を黙示録から解釈できる、という思いに襲われた。私はすぐに、『ツァラトゥストラ』を『ヨハネの黙示録』の視点からどれほど読めるかを確認する作業にとりかかった。この試みは『ツァラトゥストラ』の「三部構成－四部構成」問題へのアプローチを可能にした。本書の第三章への道が切り拓かれたのである。こうして「道化師ツァラトゥストラの黙示録」という本書の基本的な解釈視点が可能となった。

一九九八年前期から二〇〇〇年前期までの、二年半にわたる『ツァラトゥストラ』演習から本書の原型は生まれた。この演習では、参加者全員がテキストの一部を読み、分からないテキストの箇所を質問し、問題提起をすることになっていた。すべての問題が提示された後、それらを整理し、一つ一つに答えていくのである。テキストの極めて細かい読みというレベルから『ツァラトゥストラ』全体、さらにニーチェ哲学をどう見るかという大きな問題までいろいろ議論される。私はこの演習の進め方が気に入っている。参加者の読みの力が鍛えられるだけでなく、私自身の力が試され、さらに高められるからである。二年半にわたる演習は『ツァラトゥストラ』を読み解く力を私に不断に与え続けた。

この『ツァラトゥストラ』演習に、ミュンヘン大学からの二人の留学生、トビアス・バウアーさん（現熊本大学准教授）とフロリアン・ノイマンさん（現香川大学講師）が出席してくれたことは、懐かしい想い出になっている。本書の成立に関して最初に感謝したいのは、ニーチェ演習において議論に参加した学生、院生、助手の大崎晴美さんと中本幹生君、そしてドイツからの二人の留学生である。ニーチェに関するいかなる研究書・論文からよりも、この演習から多くのことを学んだのだから。

特に当時大学院生であった新名隆志君にはお礼を言いたい。ニーチェの演習に参加する前に、新名君はすでにニーチェの研究を始めていた。『ツァラトゥストラ』解釈の彼の基本視点は、(1)「悲劇を超えた高みからの笑い」に定位すること、そして(2)四部構成をギリシア悲劇の上演形式、つまり「三つの悲劇と一つのサチュロス劇」から理解することであった。(1)という独自な解釈視点を知っていたからこそ、道化師ツァラトゥストラが私の前に姿を現わしたのだろう。道化師ツァラトゥストラは「悲劇を超えた高みからの笑い」の体現者である。

(2)に対して私が新名君に指摘したのは、四部構成を「悲劇－サチュロス劇」から捉えるのは根拠がないこと、ただし「悲劇－喜劇」という解釈視点は優れており、ニーチェ解釈に有効なだけでなく西洋哲学と文学を読み直す射程を持っていること、であった。しかし(2)によって私は、『ツァラトゥストラ』の「三部構成－四部構成」問題の重要性に気づかされた。彼が第四部の重要性・不可欠性を強調することは、第三部を頂点と見なす通説との自覚的な対決であった。この問題への私の道は、黙示録という別の方向から切り拓かれた。ともかくニーチェを論じるきっかけを私に与えたのは、新名君のニーチェ解釈であった。彼との議論（個人的な、そして演習での）なしに、本書の原型が構想されることはなかっただろう。このことに改めて感謝したい。

本書の原型が出来てからも、完成へ向けて繰り返し見直し・書き直しを続けた。その作業にあたっては日本学術振興会科学研究費補助金「基盤研究(C)(2)」（平成一六年度から一八年度まで）を受けた。ここに記して感謝の意を表したい。しかしその研究成果報告書として提出された「道化師ツァラトゥストラの黙示録としての『ツァラトゥストラ』」は、経過報告という性格を持つにすぎない。その後も何度も『ツァラトゥストラ』に立ち返り、自分の草稿を読み直し、検討を加え続けた。私のパソコンの中には、「書き換え」と「書き換え（済み）」というフォルダが作られ続け、「完成」、「新完成」、「最終版」、「決定版」と形容されたフォルダがいくつも残っている。これほど長い時間草稿を手許において書き換えの作業を続けたのは、初めての経験である。一冊の本を仕上げるには、一〇年以上の年月が必要なのかもしれない。費やされた時間にふさわしい完成度に、本書が達していることを心から願っている。

九州大学出版会の尾石理恵さんには、本書出版に至る最初からすべてにわたりお世話いただいた。特に校正段階での何度にもわたる書き直しにも親切に対応してくださった。尾石さんの丁寧な仕事に対して、改めてここでお礼を申し上げます。

本書の出版にあたっては、九州大学出版会の第一回「学術図書刊行助成」を受けた。ここに記して感謝の意を表する。

二〇一〇年三月一四日

細川亮一

人名索引

第四部

『ツァラトゥストラ』章名索引

著者略歴

細川亮一（ほそかわ・りょういち）

1947年東京都に生まれる。1970年東京大学文学部卒業。1975年東京大学博士課程修了。1984-1986年フンボルト奨学生としてドイツ留学。1995-1996年アメリカ合衆国留学。文学博士（東京大学）。

現在，九州大学大学院人文科学研究院教授。

著書：『意味・真理・場所』（創文社，1992年），『ハイデガー哲学の射程』（創文社，2000年），『ハイデガー入門』（ちくま新書，2001年），『形而上学者ウィトゲンシュタイン』（筑摩書房，2002年），『ヘーゲル現象学の理念』（創文社，2002年），『アインシュタイン　物理学と形而上学』（創文社，2004年），『純化の思想家ルソー』（九州大学出版会，2007年）

訳書：『真理の本質について』（ハイデッガー全集　第34巻，創文社，1995年）

編書：『幸福の薬を飲みますか』（ナカニシヤ出版，1996年）

道化師《どうけし》ツァラトゥストラの黙示録《もくしろく》

2010年6月1日　初版発行

著　者　細　川　亮　一

発行者　五十川　直　行

発行所　(財)九州大学出版会

〒812-0053　福岡市東区箱崎7-1-146
九州大学構内
電話　092-641-0515（直通）
振替　01710-6-3677

印刷／城島印刷㈱　製本／篠原製本㈱

ISBN978-4-7985-0021-8

九州大学出版会・学術図書刊行助成

九州大学出版会は，1975 年に九州・中国・沖縄の国公私立大学が加盟する共同学術出版会として創立されて以来，大学所属の研究者等の研究成果発表を支援し，優良かつ高度な学術図書等を出版することにより，学術の振興及び文化の発展に寄与すべく，活動を続けて参りました。

この間，出版文化を取り巻く内外の環境は大きく様変わりし，インターネットの普及や電子書籍の登場等，新たな出版，研究成果発表のかたちが模索される一方，学術出版に対する公的助成が縮小するなど，専門的な学術図書の出版が困難な状況が生じております。

この時節にあたり，本会は，加盟各大学からの拠出金を原資とし，2009 年に「九州大学出版会・学術図書刊行助成」制度を創設いたしました。この制度は，加盟各大学における未刊行の研究成果のうち，学術的価値が高く独創的なものに対し，その刊行を助成することにより，研究成果を広く社会に還元し，学術の発展に資することを目的としております。

第 1 回助成対象作（2010 年刊行）

道化師ツァラトゥストラの黙示録

細川亮一（九州大学大学院人文科学研究院教授）

中世盛期西フランスにおける都市と王権

大宅明美（九州産業大学経済学部教授）

＊詳細については本会ホームページ（http://www.kup.or.jp/）をご覧ください。